HELENE BUKOWSKI
DIE KRIEGERIN

Blumenbar

HELENE BUKOWSKI

DIE KRIEGERIN

Roman

»Eine Frau bleibt auf Ewigkeit
ein Gegenstand«
Finch

»Schmeck mein Blut, Junge
Schmeck mein Blut«
Ebow

ERSTER TEIL

SALZWASSER

Lisbeth schreckte auf. Die Dunkelheit war so dicht, dass sie nicht wusste, ob sie die Augen geöffnet oder geschlossen hatte. Sie tastete nach dem Nachttisch, fand ihr Handy, hielt es sich vor das Gesicht. Der Bildschirm leuchtete hell, für einen Moment sah Lisbeth nichts. Sie blinzelte. Drei Uhr dreißig. Malik seufzte im Schlaf, drehte sich zu ihr. Zwischen ihnen lag das Kind, atmete ruhig, schlief tief. Lisbeth schlug die Decke zurück, stand auf, schlüpfte in ihre Hausschuhe, zog einen Pullover über, verließ das Zimmer, ging durch den dunklen Flur, schaltete die Lampe in der Küche an. Im Licht begutachtete sie ihre Arme. Die Haut war wund, in den Armbeugen blutverschmiert. Sie überprüfte ihre Fingernägel, pulte Schorf unter ihnen hervor, setzte Wasser auf, füllte Kaffeepulver in eine Tasse.

Im Badezimmerspiegel sah sie, dass sie auch ihren Hals aufgekratzt hatte. Sie duschte kalt, spülte das Blut von ihrem Körper, trocknete sich vorsichtig ab, cremte sich ein, aber ihre Haut hörte nicht auf zu brennen. Zurück in der Küche trank sie den Kaffee, aß eine Scheibe Toast, schlüpfte in ihre fliederfarbene Daunenjacke und verließ die Wohnung.

Sie hatte den Transporter des Blumengeschäfts in einer Seitenstraße geparkt, unter einer Linde, die bereits ihre Blätter verlor. Lisbeth sammelte einige von der Frontscheibe, setzte sich ins Auto, startete den Motor.

Die Straßen waren leer. Sie kam zügig voran. Das Radio hatte sie so leise gestellt, dass sie nicht verstand, worüber gesprochen wurde, nur ein leises Murmeln war zu hören.

Auf dem Großmarkt war noch nicht viel los, der Geruch der Blumen füllte die Halle. Lisbeths Bewegungen wurden ruhiger. Systematisch ging sie alle Stände ab, griff nach den Blüten, überprüfte ihre Stabilität, feilschte, reichte Geld hinüber, unterhielt sich über das Wetter. Nachdem sie alles bekommen hatte, was auf ihrer Liste stand, verstaute sie die Blumen im Transporter und rauchte auf dem Parkplatz eine Zigarette, den Rücken gegen das kühle Metall des Autos gelehnt. Eine Sirene erklang, schnitt durch die Nacht. Lisbeth roch Verbranntes, sah sich um, glaubte für einen Moment, in einem Regen aus Asche zu stehen, blinzelte, sofort war es still. Sie rieb sich über ihre Arme, verstärkte den Druck.

»Verdammt«, fluchte sie und schüttelte ihre Hände aus, widerstand dem Drang, sich zu kratzen, warf die Zigarette fort und stieg ins Auto.

Lisbeth fuhr aus der Stadt hinaus, parkte an einem Kanal, lief durch das hochstehende Unkraut. Blätter und Kletten blieben an ihrer Hose haften. Sie holte ihr Klappmesser aus der Jackentasche, schnitt im Licht ihres Handys Spitzwegerich, Kerbel, Wiesen-Goldhafer, ein paar Schlehenzweige. Langsam ließ der Juckreiz nach. Am Horizont war ein erster Streifen Licht zu sehen.

Als sie zurück in die Stadt fuhr, ging die Sonne auf. Rot glühte sie im Rückspiegel.

Das Blumengeschäft befand sich nahe der Spree. An diesem Tag konnte Lisbeth das Wasser riechen. Sie stellte den Transporter an der Uferkante ab und trug die Blumen und das geschnittene Unkraut zum Laden, verteilte sie dort auf die Emaillekübel, sortierte über Nacht Verwelktes aus, schrieb neue Preise auf die Schilder, sah die Bestellungen durch, arrangierte Töpfe und Pflanzen draußen vor der Tür und fuhr die Markise aus.

Es blieb ein ruhiger Tag. Nur ein paar Menschen kamen in den Laden und kauften Blumen. Lisbeths Hände rochen nach Pistaziengrün, sie hatte mehrere Sträuße mit den Gräsern vom Kanal gebunden und war immer wieder nach draußen in den Hinterhof gegangen, um dort auf einem ausrangierten Stuhl zu sitzen und zu rauchen.

Am Nachmittag rief die Besitzerin des Geschäfts an, gab die Blumenwünsche für die Gestecke einer Hochzeit durch, legte grußlos auf. Lisbeth schrieb eine Liste, fegte die abgeschnittenen Blätter und Stiele zusammen, die sich über den Tag angesammelt hatten und als dichte Schicht den Boden bedeckten, wechselte das Wasser in den Kübeln, heftete Quittungen ab, legte den Schlüssel des Transporters in die Kasse und rauchte eine letzte Zigarette, bevor sie alle Töpfe von draußen wieder nach drinnen räumte, die Markise einfuhr, einen der Sträuße mit den Gräsern und Zweigen vom Kanal in Papier einschlug und sich unter den Arm klemmte.

Um achtzehn Uhr schloss sie die Tür des Blumengeschäfts ab, hielt den Strauß kopfüber. Sie spürte das Gewicht ihrer Hände, die raue Haut, die Schnitte, schob die Finger tief in die Taschen ihrer Daunenjacke und lief unter den schon fast kahlen Platanen hindurch, den Gehsteig entlang, unter ihren Füßen vibrierte die U-Bahn.

In ein paar Wochen würde es dunkel sein, wenn sie das Geschäft am Morgen aufschloss, und es würde dunkel sein, wenn sie es abends verließ.

Ein feiner Nieselregen setzte ein. Lisbeth zog sich die Kapuze ihrer Jacke tief ins Gesicht. Sie spürte die Kälte des Wassers, die Straßenlaternen waren angegangen. In dem orangenen Licht sah der Regen aus wie Schnee. Zu Lisbeths Linken tat sich eine Lücke zwischen den Häusern auf. Hoch standen die Brennnesseln. Lisbeth verließ den Bürgersteig, lief hindurch, kümmerte sich nicht darum, dass die Nässe der Blätter auf ihrer

Hose zurückblieb. Im Frühling hatte jemand in die Mitte der Brache Herbstastern gepflanzt. Noch blühten sie. Lisbeth sah sich um. Am Boden zwischen den Blumen kauerte ein weißer Hund. Sie fing an zu schwitzen. In ihrem Kopf verhallte ein Schuss. Sie blinzelte und erkannte, dass es kein Hund war. Eine weiße Plastiktüte hatte sich zwischen den Stielen verfangen. Auf Lisbeths Haut brannte der Schweiß. Sie schob die Ärmel ihrer Daunenjacke nach oben, fuhr über ihre Armbeugen, die Handgelenke, versuchte, nicht die Fingernägel zu benutzen, pulte am Schorf. Dann bückte sie sich nach der Plastiktüte, ging das Beet einmal ab, fand auch noch eine zerknüllte Alufolie, ein leeres Trinkpäckchen und drei Plastikkorken. Sie verließ die Brache, warf alles in einen Mülleimer und lief weiter.

Lisbeth schloss die Haustür auf, stieg die Treppe nach oben, merkte, wie sie immer langsamer wurde. Vor der Wohnungstür blieb sie stehen. Neben der Fußmatte lagen Maliks Turnschuhe, daneben die gelben Gummistiefel des Kindes und noch drei andere Paar Schuhe, die Lisbeth nicht kannte. Sie fühlte ihren Körper schwer werden, in Zeitlupe drehte sie den Schlüssel im Schloss, öffnete die Tür. Die Wohnung war hell erleuchtet. Warme Luft schlug ihr entgegen. Es roch nach Essen. Ein Stimmengewirr kam aus der Küche. Lisbeth hängte ihre Jacke an die Garderobe, ging durch den breiten Flur, stieg über Spielzeug, blieb im Türrahmen zur Küche stehen, hielt den eingeschlagenen Strauß vor der Brust. Malik hantierte am Herd. Drei Freunde von ihm saßen um den ausgezogenen Küchentisch. Sie grüßten Lisbeth. Eden befand sich in ihrer Mitte, mit einem Lätzchen um den Hals. In dem Moment, in dem Eden Lisbeth sah, reckte Eden die speckigen Arme in die Luft und gluckste.

»Da bist du ja«, sagte Malik, drehte sich zu ihr, lächelte sie an. »Wir wollten gerade anfangen.«

Lisbeth hielt den Strauß fester. Vom hellen Licht brannten ihre Augen. Eden streckte noch immer die Arme nach ihr aus, aber sie schaffte es nicht, den Schritt über die Türschwelle zu machen, ganz in den warmen Raum hineinzutreten, sich an den gedeckten Tisch zu setzen, nach einem Weinglas zu greifen, mit den anderen anzustoßen, sich am Gespräch zu beteiligen.

Malik hatte sich wieder den Töpfen zugewandt, öffnete eine Packung Nudeln, entleerte sie in das kochende Wasser. Sein Körper wirkte dabei so leicht, dass er Lisbeth hohl vorkam. Sie schaute zum Tisch, auch das Kind sah mit einem Mal aus, als wäre es aus Pappmaschee.

»Ich habe etwas im Laden vergessen«, murmelte sie, drehte sich um, nahm hastig die Jacke von der Garderobe und verließ die Wohnung. Als sie unten war, hörte sie, wie oben die Tür aufging, hörte, wie Malik nach ihr rief, hörte das Kind weinen, aber sie blieb nicht stehen.

Unten auf der Straße schnappte sie nach Luft. Der Regen war stärker geworden, sie lief durch die Pfützen, ihre Schuhe wurden nass. Lisbeths Auto stand im Halteverbot, sie knüllte den Strafzettel zusammen, setzte sich hinein, hielt das Gesicht in den Blumenstrauß, brüllte, biss zu. Die Dunkelheit schlug hohe Wellen, füllte Lisbeths Lungen, zerdrückte ihre Brust, schmeckte nach Asche. In ihrer Jackentasche vibrierte ihr Handy. Sie holte es heraus. Zwei verpasste Anrufe von Malik. Mechanisch startete Lisbeth den Motor, schaltete den Scheibenwischer ein, fuhr los. Sie hatte sich die Strecke so oft auf einer Karte angesehen, dass sie genau wusste, wie sie fahren musste. Schnell war sie aus der Stadt, beschleunigte auf der Autobahn, fuhr Richtung Norden.

Kurz vor Mitternacht erreichte sie die Ostsee. Keine Wolke war am Himmel. Im hellen Licht des Mondes stürzte Lisbeth zum Strand, setzte sich in die Dünen. Der Sand war nass. Sie grub ihre Hände hinein, starrte auf das Wasser, ignorierte die Kälte.

Erst gegen Mitternacht ging sie zurück zu ihrem Auto, rollte sich auf der Rückbank zusammen, ihre Jacke als Decke, schlief sofort ein. Wie in den vergangenen Nächten lief sie im Traum wieder über eine verbrannte Ebene, suchte nach drei Steinen, verlor sie, bückte sich erneut.

Am Morgen bedeckte eine feine Eisschicht die Scheiben des Autos. Lisbeth stieß die Tür auf. Der Himmel war weit. Möwen trieben im Wind.

Bei einer Bäckerei holte Lisbeth sich noch warmes Gebäck und Kaffee, setzte sich an den Strand, aß und trank und schaute wieder auf das Meer. Zogen sich die Wellen zurück, hinterließen sie große Schaumreste auf dem Sand, die in der Sonne glitzerten und nach und nach in sich zusammenfielen.

Lisbeths Handy zeigte mehrere verpasste Anrufe. Sie drückte den Kaffeebecher zusammen, zündete sich eine Zigarette an und wählte Maliks Nummer. Er nahm sofort ab.

»Was ist passiert?«, fragte er, mit schwerer Stimme.

»Ich bin an der Ostsee.«

»Warum?«

»Ich kann das jetzt nicht erklären.«

»Wann kommst du wieder?«

»Ich fahre gleich los.«

»Was ist denn?«

Lisbeth schwieg, aschte in den Sand. »Mir geht es gut. Mach dir keine Sorgen.«

Malik atmete hörbar aus.

»Ich melde mich, wenn ich in die Stadt hineinfahre«, sagte Lisbeth, verabschiedete sich, legte auf. Sie ließ den Zigarettenstummel in den Kaffeebecher fallen. Es zischte. Auf dem Meer zog langsam ein Frachter vorbei. Lisbeth erhob sich, klopfte sich den Sand von der Hose, wollte loslaufen, doch stattdessen fiel sie zurück. Sie versuchte erneut, aufzustehen, aber ihre Muskeln gehorchten nicht. Gefühlt eine Ewigkeit kämpfte sie gegen sich selbst, dann gelang es ihr endlich, sich zu erheben. Stolpernd verließ sie den Strand, stieg in ihr Auto, wollte den Motor starten, aber ihre Hände lagen reglos auf ihren Oberschenkeln.

Sie schlug den Kopf gegen das Lenkrad. So fest, dass ihr für einen Moment schwindelig wurde.

»Es geht nicht«, sagte sie, lachte schrill, konnte es selbst nicht glauben.

Dort, wo sie am Strand gesessen hatte, war noch ein Abdruck im Sand. Lisbeth verwischte ihre Spur, lief zum Wasser und dann weiter, entfernte sich immer mehr von ihrem Auto. Eine Schar Möwen pickte in einem Teppich aus angespülten Muscheln. Sie flogen nicht auf, als Lisbeth dicht an ihnen vorbeilief. Die Schalen knackten unter ihren Schuhen. Sie erklomm die Dünen, schirmte ihre Augen mit der Hand ab. Vor ihr lag ein Bungalow. Die Holzfassade war verwittert. Ausgeblichene Vorhänge verdeckten die Fenster. Das Haus schien verlassen. Lisbeth stieg die Dünen hinunter, sofort war das Rauschen des Meeres nur noch gedämpft zu hören. Sie versuchte durch einen Spalt zwischen den Gardinen hineinzublicken, aber drinnen war es dunkel. Sie wandte sich ab, umrundete den Bungalow. In der Einfahrt standen Baufahrzeuge, gestapelte Steine auf einer Palette, ein Container, ein silberner Jeep. Auf der Treppe saß ein alter Mann und rauchte. Zu seinen Füßen ein schwarzer Hund. Der Hund sprang auf, bellte. Lisbeth hob die Hand und sagte: »Ich war hier früher immer im Sommer mit meinen Eltern.«

Der alte Mann musterte sie. »Ich erinnere mich. Das Kind mit der kaputten Haut.«

Lisbeth war froh, dass sie ihre Daunenjacke trug und er ihre Arme nicht sehen konnte.

»Machst du Urlaub?«, fragte er.

Sie nickte, ohne ihn dabei anzusehen.

»Und wo schläfst du?«

»Ich wollte im Ort fragen.«

Der alte Mann lachte und schnipste die Zigarette in die Dünen. »Wenn du willst, vermiete ich dir den Bungalow. Eigentlich sollte hier jetzt der Umbau beginnen, aber auf Menschen ist eben kein Verlass«, er kraulte den Hund, vergrub die rissigen Hände im schwarzen Fell, sah Lisbeth an.

»Für wie lange?«

»Anderthalb Wochen?«

»In Ordnung.« Lisbeth hielt ihm die Hand hin. Er schüttelte sie und griff dann in seine Hosentasche, zog einen Schlüsselbund hervor und überreichte ihn ihr zusammen mit einer Visitenkarte.

»Ist alles so wie früher hier. Wenn du was brauchst, ruf mich an.« Er nahm den Hund am Halsband, zog ihn mit sich, bugsierte ihn in den Jeep. Lisbeth rührte sich nicht, bis er davongefahren war. Erst dann drehte sie sich um, schloss die Tür auf und trat hinein. Es roch wie damals. Sie ging die Räume ab. Auch die Einrichtung war unverändert. Ausgeblichene Polster. Laminatboden. Möbel aus Kiefernholz. Sofort hatte sie ihren Vater vor Augen, wie er in einem weiten T-Shirt und Shorts mit sandigen Haaren durch die Zimmer lief.

Lisbeth trat auf die Terrasse. Durch die salzige Luft und die Sonne war das Holz noch heller geworden. Sie setzte sich auf einen verrosteten Stuhl und holte ihr Handy hervor. Die Besitzerin des Blumengeschäfts hatte versucht, sie anzurufen. Sie schaltete es aus und lehnte sich zurück.

Lisbeth schlief viel. Meist stand sie erst gegen Mittag auf. Die Nachmittage verbrachte sie am Strand, lief unaufhörlich, bis die Sonne unterging. Am Abend aß sie in einem der Restaurants im Ort. Man musterte sie. Als Frau ohne Begleitung fiel sie auf. Dass es niemanden an ihrer Seite gab, der die gleiche Regenjacke wie sie trug, oder dessen Hand sie hielt, während sie am Strand entlanglief. Lisbeth kümmerte sich nicht darum.

In einer kleinen Boutique hatte sie sich Turnschuhe, Oberteile, eine Sporthose, Unterwäsche und eine Reisetasche gekauft, in der Drogerie eine Zahnbürste, Seife, Zahnpasta. Es gefiel ihr, die neue Kleidung zu tragen und die ihr fremden Hygieneartikel zu benutzen. Die Zahnpasta schmeckte anders.

Nachts, wenn sie aufschreckte und ihr Haar nach dem Rauch der verbrannten Ebene aus dem Traum roch, zog sie die Turnschuhe an und ging am Strand laufen. Sie lief so lange, bis ihr Körper wieder müde wurde. Erst dann kehrte sie in den Bungalow zurück, legte sich schlafen, träumte nichts.

Wenn sie an Malik und Eden dachte, fühlte es sich an, als wären sie weit weg, in einem fernen Land auf einem anderen Kontinent.

Am fünften Tag rief ihre Mutter an.

»Wo bist du?«, fragte sie.

»Hat dich Malik angerufen?«, fragte Lisbeth. Sie saß im Wohnzimmer des Bungalows, die Beine ausgestreckt.

»Aus der Nase musste ich es ihm ziehen. Was ist passiert?«

»Ich bin im Bungalow«, sagte Lisbeth.

Ihre Mutter schwieg.

»Dort, wo wir immer Urlaub gemacht haben.«

»Warum?«, fragte ihre Mutter.

»Ich kann nicht zurück nach Berlin.«

»Was heißt, du kannst nicht?«

»Es geht einfach nicht.«

»Und was hast du jetzt vor?«

Lisbeth schwieg. Ihre Mutter seufzte. »Du musst Malik anrufen.«

»Er braucht mich nicht.«

»Was redest du da?«, rief ihre Mutter.

Lisbeth biss sich auf die Lippen. Die Haut in ihren Kniekehlen begann zu brennen. Sie fuhr sich über den Hals. »Ich muss jetzt auflegen«, sagte sie.

»Ruf ihn bitte an, sprich mit ihm.«

Lisbeth verstärkte den Druck ihrer Finger.

»Hast du gehört, was ich dir gesagt habe?«, fragte ihre Mutter.

»Ich ruf ihn an.«

»Versprich es mir.«

»Ich verspreche es dir.«

Ihre Mutter seufzte erleichtert. »Gut.«

Lisbeth legte auf.

Draußen war es dunkel geworden. Blinzelnd saß sie in dem fehlenden Licht. Sie machte sich einen Kaffee, ging zurück zum Sofa, wählte Maliks Nummer.

»Hallo«, sagte sie und kratzte sich an ihrem Schlüsselbein. Er sagte nichts.

»Ich muss für eine Weile hierbleiben.«

»Verdammt, Lisbeth.«

»Es tut mir leid.«

»Was soll ich Eden sagen?«

»Ich weiß nicht.«

»Habe ich etwas falsch gemacht?«

»Nein.«

»Kann ich etwas tun, damit du wiederkommst?«

Lisbeth schwieg.

Im Hintergrund erklang das Weinen des Kindes.

»Ich kann jetzt nicht weiter telefonieren«, sagte Malik.

»Ich melde mich«, beeilte sich Lisbeth zu sagen, aber da hatte er das Gespräch schon beendet. Benommen lag sie auf dem Sofa. Schließlich schaffte sie es, aufzustehen, schaltete das Licht an, ging ins Bad. Erst im Spiegel bemerkte sie, dass sie sich am Hals aufgekratzt hatte. Sie verrieb das Blut, wusch es ab, putzte sich die Zähne.

Als sie im Bett lag, nahm sie ihr Handy und suchte im Internet nach den Begriffen *Floristin, Job, Ausland* und scrollte sich durch die Anzeigen. Auf zwei Kreuzfahrtschiffen wurden Floristinnen gesucht. Lisbeth speicherte die Seiten und löschte das Licht.

Am nächsten Morgen lief sie über den Strand bis zum Ort. Im Kiosk befand sich in einem Hinterraum ein Internetcafé. Die Computer schienen schon seit langer Zeit nicht mehr benutzt worden zu sein. Schwerfällig dröhnten die Lüftungen. Lisbeth bezahlte für vier Stunden, erstellte eine Bewerbung, verschickte sie an die Adressen, die sie am Tag zuvor herausgesucht hatte. Sie fühlte sich benommen, als sie den Kiosk wieder verließ. Das Flimmern des Bildschirms stand ihr noch immer vor Augen. Die Wolken hingen an diesem Tag tief. Es roch nach Schnee, obwohl es nicht kalt war. Rauchend schlenderte Lisbeth zum Meer.

Das Wasser war aufgewühlt. Möwen schrien in der Ferne. Langsam lief sie Richtung Bungalow. Eine Frau kam auf sie zu. Erst als Lisbeth sie fast passiert hatte, sah sie das Baby, das die Frau unter der Jacke trug und fest umschlungen hielt. Lisbeth hatte Eden nur ein einziges Mal auf diese Art getragen. Sie war U-Bahn gefahren. Eden war erst wenige Wochen alt. Wie die

Frau hatte Lisbeth einen dicken Wintermantel angehabt. Als an einer Station zwei Männer mit blonden zurückgegelten Haaren dazugestiegen waren, hatte Lisbeth sofort das Bild im Kopf gehabt, wie einer von ihnen ein Messer zückt und damit auf sie einsticht, ohne zu bemerken, dass sich das Kind unter ihrem Mantel befindet. Sie hatte zu schwitzen begonnen, hatte die Männer nicht aus den Augen gelassen und war zwei Stationen zu früh ausgestiegen. Danach hatte sie Eden nie wieder so eng am Körper getragen, hatte stattdessen immer den Kinderwagen genommen, auch wenn nur wenige der U-Bahn-Stationen einen Aufzug besaßen. Malik dagegen hatte immer nur das Tragetuch benutzt, hatte Eden behutsam an seiner Brust verstaut, sich vor nichts gefürchtet oder vielleicht bloß gewusst, dass er Eden im Ernstfall verteidigen könnte.

Lisbeth nickte der Frau zu und beeilte sich, den Abstand zu ihr zu vergrößern. Sie sah auf den Boden, wo Algen, Steine und Muscheln im Sand lagen.

»Vorsicht.«

Lisbeth hob den Kopf, blieb stehen.

Aufrecht stand die Kriegerin vor ihr. Ihre Augen waren wach. Die Lippen spröde, das Gesicht kaum gealtert. Nur ihr Haar war jetzt weiß, wie bei einer alte Frau.

Für eine Weile sahen sie sich nur an. Dann brach Lisbeth das Schweigen.

»Was machst du hier?«

»Baden«, sagte die Kriegerin und grinste.

Erst jetzt fiel Lisbeth auf, dass die Kriegerin ihre Schuhe und Socken ausgezogen hatte.

»Das meine ich nicht«, sagte Lisbeth.

»Ich bin hier aufgewachsen. Hast du das vergessen?«

Lisbeth schüttelte den Kopf. Natürlich hatte sie es nicht vergessen.

»Und du?«, fragte die Kriegerin.

»Urlaub«, sagte Lisbeth knapp.

»Allein?« Die Kriegerin sah sich um, als würde sie erwarten, dass im nächsten Moment eine Reisegruppe hinter Lisbeths Rücken hervorsprang.

»Allein«, sagte Lisbeth mit Nachdruck. »Ist es nicht ein bisschen kalt zum Baden?«

»Ich bin ganz andere Temperaturen gewohnt«, sagte die Kriegerin, zog ihre Laufjacke aus, die Jogginghose, den Sport-BH und den Slip, bis sie, bis auf ihre Mütze, nackt vor Lisbeth stand. Dann wandte sie sich ab und ging, ohne zu zögern, ins Meer hinein. Sie schwamm ein Stück, nur ihr Kopf war zu sehen. Lisbeth musste an ihre Mutter denken. Auch sie hatte sich nie nach ihr umgedreht, wenn sie ins Wasser gegangen war.

Die Kriegerin schwamm zurück, kam wieder heraus. Ihre Haut leuchtete rot durch die Kälte. Aber sie schien es nicht eilig zu haben, zurück in ihre Kleidung zu kommen, ließ sich Zeit beim Anziehen.

»Wo wohnst du?«, fragte sie.

Lisbeth deutete in die Richtung des Bungalows.

Die Kriegerin schloss den Reißverschluss ihrer Laufjacke und zog sich ihre Handschuhe an.

»Ich habe ein Zimmer im Hotel direkt am Pier. Gibt eine gute Bar dort. Wenn du magst, komm doch heute Abend vorbei, dann trinken wir ein Bier.« Sie nickte Lisbeth zu und lief dann den Strand entlang Richtung Ort. Noch eine Weile sah Lisbeth ihr nach, dann hastete sie zum Bungalow.

Sie hatte sich fest vorgenommen, nicht zum Hotel zu gehen, die Kriegerin vergeblich warten zu lassen, aber als es dunkel wurde, reagierte ihr Körper automatisch. Er zog sich die Schuhe an, schlüpfte in die Jacke und fuhr mit dem Auto in den Ort, parkte vor dem Hotel, stieg aus und betrat die Lobby. Ein riesiger Kronleuchter hing an der Decke, der Marmorboden spiegelte sein Licht, eine dunkel vertäfelte Bar teilte den Raum. Lisbeth sah die Kriegerin sofort. Sie saß in einem wuchtigen Ledersessel direkt vor der Fensterfront und guckte nach draußen auf das Meer, vor sich ein halb leeres Bierglas.

»Da bist du ja«, sagte sie, als Lisbeth sich neben sie setzte. Im Licht des Kronleuchters war das graue Haar der Kriegerin noch auffälliger. Lisbeth hatte das Bedürfnis, danach zu greifen, wollte sich vergewissern, dass es echt war. Schnell schob sie sich die Hände unter die Oberschenkel.

»Hast du es gefärbt?«, fragte sie.

Die Kriegerin nahm einen großen Schluck aus ihrem Glas und schüttelte den Kopf. »Muss wohl ein Gendefekt sein. Meine Großmutter ist auch in den Kriegsjahren ergraut.«

»Krieg?«

Die Kriegerin verzog spöttisch den Mund. »Stimmt, kein Krieg, *friedenserhaltende Maßnahmen*.« Sie streckte die Beine aus und lehnte sich zurück. Kommentarlos stellte eine Kellnerin ein Bierglas vor Lisbeth auf den Tisch und verschwand so lautlos, wie sie gekommen war. Lisbeth nahm einen Schluck, spürte den Schaum an ihren Lippen, wischte sich über den Mund. In ihrer unförmigen Daunenjacke, der ausgeblichenen Hose, den sandigen Schuhen, kam sie sich deplatziert vor. Sie veränderte ihre Position.

»Also, bist du noch Soldatin?«, fragte sie.

»Fallschirmjäger«, erklärte die Kriegerin. Der Stolz in ihrer Stimme war nicht zu überhören. »Und du?«

Lisbeth dachte an das Blumengeschäft, dachte an Malik, dachte an das Kind. »Ich bewerbe mich gerade auf Kreuzfahrtschiffen.«

»Als was?«

»Als Floristin.«

»Stimmt, das hattest du ja gelernt, bevor –« Die Kriegerin verstummte, senkte den Blick, verschob ihr Glas. »Kommt mir vor wie eine Ewigkeit, dass wir uns ein Stockbett geteilt haben.« Sie lachte, lachte wie früher, breit und mit allen Zähnen.

Lisbeth öffnete den Reißverschluss ihrer Daunenjacke. »Wie geht es deiner Großmutter?«, fragte sie.

»Gestorben. Schon vor einer Weile.«

»Das tut mir leid.«

»Muss es nicht. Sie war alt«, sagte die Kriegerin und lehnte sich zurück. »Was ist in deinem Leben passiert, seitdem wir uns das letzte Mal gesehen haben?«

»Nicht viel. Verschiedene Jobs. Verschiedene Orte. Zuletzt war ich Floristin in Berlin.«

»Und deine Familie?«

»Meiner Mutter geht es gut.«

Die Kriegerin nickte, griff in die Tasche ihres Mantels und legte drei vom Salzwasser rund geschliffene Steine neben ihr Bierglas. Lisbeth starrte auf die Steine.

»Was ist?«

»Woher hast du die Steine?«, fragte Lisbeth.

»Vom Strand. Da liegen einige.«

»Ich träume davon.«

»Von was?«

»Von Steinen.«

Das Gesicht der Kriegerin wurde ernst. Sie richtete sich in ihrem Sessel auf.

»Was genau träumst du?«, fragte sie.

»Ich laufe über eine Ebene. Die Landschaft ist wie in einem anderen Jahrhundert, alles ist voller Morast und Asche, es gibt keine Straßen. Manchmal treffe ich auf andere, aber wir ziehen grußlos aneinander vorbei. Und während ich laufe, mustere ich die ganze Zeit den Boden, suche nach Steinen. Erst wenn ich drei gefunden und sie in meiner Tasche verstaut habe, werde ich ruhiger. Aber dieser Zustand hält nie lange an, denn kurze Zeit später bemerke ich immer, dass meine Tasche ein Loch hatte, dass ich nicht mehr drei Steine bei mir trage, sondern nur noch zwei, einen oder keinen, und die Suche beginnt erneut.« Sie musterte die Kriegerin, versuchte, ihr Gesicht zu lesen, aber es verriet nichts.

»Das klingt sehr düster«, sagte die Kriegerin und erhob sich ruckartig. »Würde es dir etwas ausmachen, wenn wir nach oben gehen? Die Musik hier bereitet mir Kopfschmerzen.«

Erst jetzt registrierte Lisbeth die Geräusche um sie herum. Irgendwo wurde Klavier gespielt, vielleicht war es aber auch nur eine Konzertaufnahme, die zu hören war. Sie ließ ihr halbvolles Bier am Tisch zurück und folgte der Kriegerin. In der engen Kabine des Fahrstuhls standen sie so nah beieinander, dass sie sich fast berührten. Die Kriegerin musste sich am Spiegel abstützen, um nicht das Gleichgewicht zu verlieren. Sie fuhren in die oberste Etage, liefen über einen langen Flur. Ein dicker Teppich dämpfte das Geräusch ihrer Schritte. Mit einer unbedruckten weißen Karte öffnete die Kriegerin die Tür zu ihrem Zimmer. Helle Vorhänge verdeckten das Fenster. Dahinter vermutete Lisbeth das Meer. Die Kriegerin steckte die Karte ein. Das Licht ging an. Erst jetzt sah Lisbeth, dass überall auf den Ablageflächen Steine lagen. Manche rund geschliffen wie die, die die Kriegerin auf dem Tisch in der Lobby zurückgelassen hatte. Andere waren scharfkantig. Es gab kleine, große, helle, dunkle. Reglos stand Lisbeth da. Die Kriegerin zog ihren Mantel aus. Darunter trug sie nur einen Seidenpyjama. Die glänzende Oberfläche schimmerte im Licht. Sie setzte sich auf das Bett.

»Warum liegen hier so viele Steine?«, fragte Lisbeth.

»Warum träumst du meine Träume?«

»Deine Träume?«

Die Kriegerin nickte. »Ist das schon mal vorgekommen, dass du die Träume von anderen träumst?«, fragte sie.

Lisbeth vermied es, die Kriegerin anzusehen. Noch immer

stand sie in der Mitte des Zimmers. »Kann ich hier schlafen?«, fragte sie.

»Du beantwortest meine Frage nicht.«

»Ich sollte nicht mehr Autofahren.«

Die Kriegerin seufzte. »Weil du ein halbes Bier getrunken hast?«

Lisbeths Haut begann zu spannen. »Ich dachte –«

»Das Bett ist groß genug«, sagte die Kriegerin.

Erleichtert löste sich Lisbeth aus ihrer Starre. Etwas unbeholfen setzte sie sich auf die Matratze.

»Ist dir nicht warm?«, fragte die Kriegerin und deutete auf die Daunenjacke.

»Stimmt.« Lisbeth zog sich die Jacke aus, fuhr sich über das Gesicht. Jetzt, wo sie der Kriegerin so nahe war, konnte sie deutlich ihren Alkoholatem riechen.

»Warum träumst du, dass du Steine sammelst?«, fragte sie, faltete die Daunenjacke zusammen, drückte die Luft heraus.

Die Kriegerin schwieg.

»Willst du nicht darüber sprechen?«

Die Kriegerin rutschte unter die Decke. »Es gibt keinen Grund.«

»Die Träume kommen aus dem Nichts?«, fragte Lisbeth. Die Kriegerin zuckte mit den Schultern, griff sich die Fernbedienung vom Nachttisch. »Lass uns etwas schauen.«

»Du willst jetzt fernsehen?«

»Irgendetwas.«

Lisbeth nickte.

Die Kriegerin schaltete den Fernseher ein, ging die Programme durch, entschied sich für eine billige Sitcom. Lisbeth lehnte sich zurück. Auch auf dem Fernseher lagen Steine.

Sie schauten schweigend. Mehrmals musste die Kriegerin über eine Pointe lachen. Ihr ganzer Körper vibrierte dabei. Irgendwann schlief sie ein. Ihr Kopf rutschte auf Lisbeths Schulter.

Lisbeth bewegte sich nicht. Erst als die Kriegerin sich auf die andere Seite drehte, rührte sie sich, schaltete den Fernseher aus, stand auf, löschte das Licht, ging zum Fenster, schob den Vorhang zur Seite. Unter ihr lag die Ostsee. Lautlos brachen sich die Wellen. Lisbeth wandte sich ab, legte sich zurück ins Bett, deckte die Kriegerin zu, dachte an das Wasser, schlief ein.

Auch in dieser Nacht irrte sie ziellos über die Ebene, sammelte Steine. Aber diesmal vergaß sie dabei nicht, dass es irgendwo das Meer gab, das Salz und das Licht.

Eine von Lisbeths ersten Erinnerungen war, wie sie im Wohnzimmer auf dem Teppich stand und von ihren Eltern eingecremt wurde, im Hintergrund die Geräusche des leise gestellten Fernsehers.

Mit neun Monaten, zwei Jahre zuvor, war bei ihr ein atopisches Ekzem diagnostiziert worden. »Neurodermitis, vielleicht ist ihnen das der geläufigere Begriff«, hatte die Ärztin Lisbeths Eltern erklärt, Rezepte ausgestellt, Salben und Medikamente verschrieben und gesagt, sie sollten nicht zu behutsam mit Lisbeth umgehen. »Das Kind muss lernen, robust zu sein.«

Das Eincremen von Lisbeths Haut wurde zum abendlichen Ritual. Manchmal machten ihre Eltern ihr auch Wickel aus Schwarztee. Morgens, wenn sie ihr beim Anziehen halfen, achteten sie darauf, dass es Stoffe waren, die nicht rieben. Alle Milchprodukte wurden aus dem Haus entfernt. Auch Nüsse waren verboten.

Aber Lisbeths Haut blieb porös. Vor allem in den Nächten war der Juckreiz so stark, dass sie sich wälzte wie ein Tier. Ihr Wimmern weckte ihre Eltern. Sie kamen in ihr Zimmer, legten ihr die Hand auf die Stirn. Versuchten es mit kühlenden Tüchern, einer weiteren Schicht Creme. Oder sie stellten sie unter das kalte Wasser der Dusche. Lisbeth kratzte sich trotzdem, kratzte, bis es blutete. In der Schule versteckte sie sich in ihrer Kleidung und trug auch im Sommer lange Hosen und Oberteile.

»Warum sehe ich so aus?«, fragte sie ihre Eltern oft, hielt ihnen ihre wunden Arme vor das Gesicht. »Warum löse ich mich auf?« Sie bekam keine zufriedenstellende Antwort. An einem Abend schlug ihre Mutter ein Naturkundebuch auf und zeigte ihr Bilder von Korallen. »Auch deine Haut blüht.«

Aber Lisbeth wollte keine Haut, die aussah wie ein Nesseltier. In einem unbeobachteten Moment nahm sie das Küchenmesser, mit dem ihr Vater die Kartoffeln geschält hatte. Sie zog die Klinge über das Handgelenk, nicht tief, trotzdem füllte sich der Schnitt mit Blut. Einfach die Haut abziehen, dachte sie. Vielleicht wäre auf die Haut, die nachwachsen würde, mehr Verlass. Aber so weit kam sie nicht. Ihre Mutter fand sie in der Küche, nahm ihr seltsam ruhig das Messer aus der Hand, verband ihr den Arm. Lisbeth versuchte es nicht noch einmal. Der Schnitt wuchs zu. Es bildete sich Schorf. Aber auch den kratzte Lisbeth ab, fuhr mit der Zunge über das austretende Blut. Pulte an der Wunde. Wie an vielen anderen Stellen ihres Körpers blieb eine Narbe.

Lisbeth verbrachte die Nachmittage damit, sich vorzustellen, ihre Haut wäre nur ein Kostüm, Stoff, der sich ablegen ließ, umtauschbar wäre. Dass sie mit ihrer Mutter bloß zur Nachbarin gehen müsste und sich dort aus dem Schrank der Tochter eine neue Haut heraussuchen könnte, so wie sie es bei Kleidung tat, wenn ihre eigenen Sachen zu klein geworden waren. An den Wochenenden, wenn es warm war, nahm ihre Mutter sie mit zum See. Während Lisbeth auf der Decke im Schatten blieb, sich nicht traute, sich auszuziehen, schwamm ihre Mutter zum gegenüberliegenden Ufer. Es war so weit entfernt, dass Lisbeth die Augen zusammenkneifen musste, um den Kopf ihrer Mutter noch zu erkennen. Jedes Mal hielt Lisbeth die Luft an, bis ihre Mutter sich umdrehte und zu ihr zurückschwamm.

»Ich halte es nicht mehr aus«, sagte sie zu ihrem Vater. Sie war nachts aufgestanden und zu ihm in die Küche gekommen, wo er gerade damit beschäftigt war, Grünlilien umzutopfen.
»Kannst du nicht schlafen?«, fragte er, während er die Wurzelballen festdrückte.

Lisbeth nickte. Er wusch sich die Hände ab, hob sie hoch, trug sie nach draußen. Zum Haus gehörte eine Gärtnerei. Lisbeths Vater führte sie, seit er dreiundzwanzig war. Immer hatte er Erde unter den Nägeln, Blätter oder Zweige im Haar. War er zu lange in Innenräumen, sprang er auf und stürzte nach draußen, zwischen die Stauden, schnitt Zweige, harkte Laub.

»Irgendwann wirst du selbst zu einem Baum«, scherzte Lisbeths Mutter oft, griff ihm ins Haar, sammelte heraus, was sich über den Tag darin verfangen hatte.

Er setzte Lisbeth zwischen die Beete. Der Frühling hatte noch nicht begonnen, aber die Erde war nicht mehr gefroren. Lisbeth fröstelte in ihrem Nachthemd. Er gab ihr seinen Pullover, holte aus dem Gewächshaus zwei Gartenscheren.

»Alles, was vertrocknet ist, kann weg«, sagte er und deutete auf die braunen Stiele der Astern. Sie arbeiteten schweigend. Lisbeths Körper wurde ruhiger. Nach einer Stunde nickte ihr Vater ihr zu.

»Das reicht für heute.«

Von da an half Lisbeth ihrem Vater, so oft es ging, in der Gärtnerei. Arbeitete sie neben ihm, vergaß sie ihre Haut.

Manchmal holte ihre Mutter Lisbeth von der Schule ab. Mit der Straßenbahn fuhren sie zusammen nach Hause. Sie sprachen viel, vor Berührungen aber schreckte Lisbeth zurück. Jeder Hautkontakt verstärkte den Juckreiz.

Es war bei einer dieser Straßenbahnfahrten, dass sie von einer Frau angesprochen wurden. Sie hatte das blondierte Haar unter eine Regenhaube geschoben und trug ein graues Kostüm. Wasser tropfte von der Spitze ihres geschlossenen Schirms auf Lisbeths Füße.

»Entschuldigen Sie die Störung, aber das Kind braucht Salzwasser. Und Licht, Sonne. Fahren sie dorthin, wo es beides gibt«, sagte die Frau mit Blick auf Lisbeths trockene Hände. Ihre

Mutter richtete sich auf und sah die Frau an, die sich jetzt vertraulich zu ihnen beugte: »Mein Neffe ist dadurch seit ein paar Jahren beschwerdefrei.«

Die Straßenbahn hielt. Die Frau nickte ihnen zu und stieg aus. Den Schirm öffnete sie im Gehen und ging mit federnden Schritten davon. Lisbeth und ihre Mutter sahen ihr noch nach, da war die Straßenbahn längst um die nächste Kurve gefahren.

Ihre Mutter erzählte ihrem Vater am Abend von der Frau und was sie gesagt hatte. Lisbeth lauschte an der Tür, sah durch das Schlüsselloch.

»Wir sollen mit ihr ans Meer?«, hörte sie ihren Vater fragen.

»Sie ist nicht die Erste, die uns das rät.«

»Und wie sollen wir das anstellen, Rita? Ich kenne niemanden mit einem Haus an der Ostsee. Und das mit dem Kurplatz haben wir doch schon probiert«, sagte ihr Vater ungehalten. »Außerdem, wer übernimmt für die Zeit die Arbeit in der Gärtnerei?«

»Was ist, wenn es ihr wirklich hilft?«

»Das Gärtnern hilft.«

»Sie ist erst acht.«

Lisbeths Vater seufzte.

»Du musst dich um nichts kümmern. Ich nehme das in die Hand«, sagte ihre Mutter.

In den Wochen danach fragte sie Freunde und Bekannte, ob sie jemanden kannten, der etwas am Meer vermieten würde. Obwohl ihr zunächst niemand helfen konnte, blieb sie hartnäckig. Schließlich schrieb ihr in der Kantine beim Mittagessen eine Arbeitskollegin einen Namen und eine Telefonnummer auf. Der Person gehöre ein Bungalow an der Ostsee. Vielleicht wäre noch etwas frei. Lisbeths Mutter telefonierte von einem Münztelefon. Mit den Fingern trommelte sie gegen das Glas. Sie erreichte sofort jemanden und hatte Glück. Für zwei

Wochen im Sommer könnten sie kommen, sagte ihr der Mann am anderen Ende der Leitung. Am Abend, während sie ihr Brot mit Leberwurst beschmierte, erzählte sie davon. Auch, wie sie gegrinst und die Faust geballt hatte.

»Also, wir fahren ans Meer.« Sie sah Lisbeth an. »Freust du dich?« Lisbeth nickte zögernd. Ihr Vater hatte die Arme vor der Brust verschränkt. »Und die Gärtnerei?«

»Wann hast du das letzte Mal Urlaub gemacht?«

»Die Blumen müssen gegossen werden.«

»Wir finden jemanden, der das übernimmt.«

Lisbeths Vater kniff die Augen zusammen, aber später, als er Lisbeth ins Bett brachte, erzählte er ihr von dem einzigen Mal, das er an der Ostsee gewesen war. Eine Wanderung am Fuß der Steilklippen entlang. Die Stämme der Buchen wie geschält. Am Abend Sturmflut. Damals sei er noch ein kleiner Junge gewesen.

»Ich glaube, es wird dir gefallen«, sagte er und deckte sie zu.

Lisbeth schlug jeden Tag den Bildband über die Ostsee auf, den sie im Regal ihrer Eltern gefunden hatte. In der Mitte des Buches gab es eine schwarz-weiße Fotografie, die beide Seiten einnahm und nicht mit Text versehen war. Das abgebildete Wasser wirkte auf Lisbeth wie ein Versprechen. Sie stellte es sich wie eine Ritterrüstung vor, die sie sich anziehen konnte, wäre sie erst einmal da. Ein echter Panzer über der rissigen Haut. In der Nacht vor der Reise schreckte sie immer wieder hoch, knipste das Nachttischlicht an, überprüfte, ob sich das Bild noch in dem Buch befand. Als die Sonne aufging, saß sie bereits auf ihrer gepackten Tasche im Flur, streckte ihre Füße ins Licht, das durch die Buntglastür fiel. Ihre Eltern hatten sich ein Auto geborgt. Einen weißen Trabbi. Sie beluden ihn mit dem wenigen Gepäck, das sie hatten. Während der Fahrt hörten sie Radio und kurbelten alle Fenster nach unten. Es war der erste Urlaub zu dritt.

Als Lisbeth den Bungalow sah, kam es ihr vor, als wäre er halb in die Dünen gerutscht, so nahe war er dem Strand. In jedem Zimmer war die Ostsee zu hören. Die Wände waren dünn, die Räume klein. Die Fassade mit braunem Holz verkleidet. Aber Lisbeth und ihre Eltern hielten sich nur selten im Inneren auf. Stattdessen waren sie den ganzen Tag am Strand.

Das Meer hatte nichts gemein mit dem Bild aus dem Buch. Unschlüssig stand Lisbeth ihm am ersten Tag gegenüber und grub ihre Zehen in den Sand.
»Worauf wartest du?«, rief Rita, die schon hineingegangen war. Lisbeth sah sich um. Niemand beachtete sie. Langsam zog sie sich aus, verschränkte ihre schorfigen Arme vor der Brust, trat an die Wasserkante. Eine Welle schwappte über ihre Füße. Sie schnappte nach Luft. Das Wasser zog sich zurück. Die nächste Welle folgte kurz darauf. Lisbeth tastete sich in den Rhythmus hinein, ging vorwärts, stand bis zu den Knien im Wasser, dann bis zum Bauch. Es kühlte ihre Haut. Sie tauchte unter, um sie herum war alles grün. Sie schwamm bis zur Sandbank, wo ihre Mutter auf sie wartete, ihr die Hände entgegenstreckte und sie an sich zog.

Die zwei Wochen verbrachte Lisbeth hauptsächlich damit, nach Algen und Quallen zu fischen und Löcher im Sand zu graben. Sie suchte Hühnergötter, fädelte sie auf eine Schnur, trug sie als Kette und spürte das Gewicht auf der nackten Brust.
»Damit gehst du aber nicht ins Wasser«, sagten ihre Eltern und nahmen ihr die Kette wieder ab. Wenn ihre Mutter nicht schwamm, döste sie auf der Decke, ihr Vater lag die meiste Zeit lesend im Schatten. Auch ihre Körper schienen leichter. Sie lachten viel, waren ausgelassen.
Durch die Sonne wurde Lisbeths Haar fast weiß. Nachts schlief sie mit offenem Mund, den Arm pendelnd von der Camping-

liege geschoben. Das Salz bildete eine dünne Schicht auf ihrer Haut. Die von ihr immer wieder aufgekratzten Wunden heilten.

Nach den Sommerferien ging Lisbeth auf die anderen Kinder zu. Zum ersten Mal beteiligte sie sich an ihren Spielen. Beim Völkerball ließ sie sich in eine Mannschaft wählen und malte mit ihnen Kreidekästchen auf den Boden. Sie machte mit beim Gummitwist, rief wie sie »Fischer, Fischer, wie tief ist das Wasser?« und aß neben ihnen auf der Bank unter dem Kastanienbaum ihr Pausenbrot. Von der Lehrerin wurde ihr eine neue Aufgewecktheit attestiert.

Ihre Eltern gewöhnten sich an ihre heile Haut, die ruhigen Nächte, dass Lisbeth sich nicht mehr versteckte, zurückschreckte, im Schatten blieb.

Im Winter erkrankte der Bruder von Lisbeths Banknachbarin. Leukämie. »Er wird jeden Tag dünner«, erzählte sie Lisbeth mit ernstem Gesicht. Im Unterricht saß sie still und stumm an ihrem Tisch. Lisbeth streckte die Finger nach ihr aus, wollte sie trösten, legte ihr die Hand auf den Arm.

In der Nacht träumte sie sich einen Bruder, der forttrieb, während sie selbst im seichteren Wasser stand. Beim Aufwachen stellte sie fest, dass sie sich blutig gekratzt hatte. In der Schule saß sie genauso still und stumm im Klassenzimmer wie das Mädchen. Ihr Körper drückte in den Boden, selbst das Aufstehen fiel ihr schwer. Ihre Haut bekam wieder Risse, brach auf, nässte. Erst als das Mädchen für eine Woche nicht zur Schule kam, beruhigte sich ihre Haut. Lisbeth bat die Lehrerin, allein an einem Tisch sitzen zu dürfen. Als das Mädchen wieder in der Schule erschien, saß Lisbeth ganz hinten im Klassenzimmer, in der letzten Reihe. Auch in den Pausen blieb sie allein. Auf dem Hof sammelte sie Stöcke, baute einen Zaun, grub Löcher in den Sandkasten, legte sich hinein, versteckte sich hinter den Mülltonnen, behielt ihre Regenjacke an, auch wenn die Sonne schien. Langsam begann ihre Haut wieder zu heilen.

»Warum lädst du niemanden mehr zu uns ein?«, fragte ihr Vater besorgt. Lisbeth half ihm, die Beete vor dem Frost zu schützen. Die Hände in groben Arbeitshandschuhen verteilte sie Stroh, der Herbst neigte sich bereits dem Ende. Sie hielt in ihrer Bewegung inne und sah ihn an, wollte sich gegen ihn lehnen, sich in seine Arme flüchten, aber stattdessen machte sie einen Schritt zurück, vergrößerte den Abstand und zuckte mit den Schultern.

»Ich mache mir Sorgen, Rita«, hörte Lisbeth ihn am Abend zu ihrer Mutter sagen, als sie gerade die Treppe nach oben gehen wollte. Lautlos lief sie zur offen stehenden Küchentür, hielt ihren Atem an. Sie sah, wie sich ihr Vater über die Augen rieb, aufstand und die Teller vom Abendbrot in die Spüle räumte. Ihre Mutter zündete sich eine Zigarette an, sah ihm dabei zu.

»Ihrer Haut geht es wieder besser.«

Er öffnete den Hahn, ließ Wasser über das Geschirr laufen, drehte sich zu ihr um.

»Aber zu welchem Preis?«

In diesem Moment bemerkte Rita Lisbeth im Türrahmen. Sie sprang auf. »Du solltest doch längst schlafen«, rief sie und scheuchte sie nach oben.

Im Bett liegend wünschte sich Lisbeth zur Ostsee zurück.

Die Kriegerin stornierte ihr Hotelzimmer und zog in den Bungalow. Am ersten Abend legte sie sich wie selbstverständlich neben Lisbeth ins Bett.

»Wann musst du zurück in der Kaserne sein?«, fragte Lisbeth und zog sich die Decke bis zum Kinn.

»In einer Woche.«

»Und in der Zwischenzeit?«

»Machen wir Urlaub«, sagte die Kriegerin. Lisbeth dachte an Malik, dachte an das Kind. Es hatte keinen weiteren Anruf gegeben. Auch keine SMS. Seit sie die Kriegerin getroffen hatte, schwieg ihr Handy. Sie öffnete den Mund, aber dann sagte sie doch nichts. Stattdessen lauschte sie dem ruhigen Atmen der Kriegerin.

»Bist du eingeschlafen?«, flüsterte sie. Die Kriegerin antwortete nicht. Lisbeth drehte den Kopf. Die Kriegerin hatte die Augen geschlossen. Lisbeth schaute über sie hinweg zum Fenster. Die Vorhänge waren geöffnet. Durch das Glas konnte sie die Konturen der Terrasse erkennen. Die zwei Stühle, auf denen sie am Nachmittag nebeneinandergesessen und sich eine Zigarette geteilt hatten, die Dünen dahinter. Alles war an seinem Platz. Lisbeth drehte sich auf den Bauch, schloss die Augen und schlief ein.

Am Morgen gingen Lisbeth und die Kriegerin am Strand spazieren. Zwei Stunden waren sie unterwegs, liefen so lange, bis alle anderen Menschen hinter ihnen zurückgefallen waren, erst dann kehrten sie um. Am Tag darauf waren sie vier Stunden unterwegs. Und am dritten Tag waren sie erst am Nachmittag wieder beim Bungalow. Lisbeth entging nicht, dass die Kriegerin stets drei Steine in ihrer Tasche verstaute, wenn sie den Strand entlangliefen. Wenn sie zurück im Bungalow waren, nahm sie sie wieder heraus und legte sie irgendwo ab.

Lisbeth hatte geglaubt, die Dunkelheit aus Berlin würde sie spätestens jetzt wiederfinden und in Beschlag nehmen, doch die Tage blieben hell. Manchmal gingen die Kriegerin und sie noch am Abend laufen. Im letzten Licht rannten sie um die Wette, joggten dicht am Wasser entlang. Lisbeths Haut wurde weich, spannte kaum noch. Nur die Träume blieben. Lisbeth sammelte weiterhin Steine. Aber sobald sie morgens aus dem Bett aufstand, verloren sich der Rauchgeruch und die Kälte der Ebene.

Während ihrer Spaziergänge am Strand erzählte die Kriegerin von den vergangenen Jahren. Sie sprach über ihre Einsätze in Mali, Albanien, Afghanistan, dem Kosovo, der Türkei, über die abgeriegelten Camps, die nur durch mehrere Sicherheitsschleusen verlassen werden konnten, von unwirklichen Landschaften, von Fahrten mit gepanzerten Fahrzeugen und der Waffe im Anschlag, von extremen Wetterbedingungen und der Unterbringung in Containern, Zelten oder im freien Feld.
»Du glaubst gar nicht, wie viel wir dort immer schlafen, das ist die beste Droge gegen Langeweile.«
Lisbeth versuchte sich das alles vorzustellen, während sie neben der Kriegerin am Strand entlanglief, aber die Bilder hatten in ihrem Kopf keine Haftung, wurden vom Wasser der Ostsee aufgesogen, weggeschwemmt, aufgelöst.
»Im Einsatz habe ich oft an dich gedacht, habe mich gefragt, wo du gerade bist, wie du deine Zeit verbringst, ob du es vermisst, eine Uniform zu tragen«, sagte die Kriegerin. Ihre Kapuze war heruntergerutscht, sie fuhr sich durch das graue Haar.
»Warum hast du mich nicht angerufen?«, fragte Lisbeth, ver-

lagerte das Gewicht, so dass sich die Fersen ihrer Turnschuhe in den Sand drückten und sie ihr Gleichgewicht neu austarieren musste. »Oder mir eine Mail geschrieben oder eine SMS?«

»Du warst diejenige, die gegangen ist, ohne sich zu verabschieden. Warum hast du dich nicht gemeldet?«

Lisbeth gab keine Antwort. Eine Welle kam. Sie trat einen Schritt zurück. Die Kriegerin war nicht ausgewichen. Das Wasser schwappte über ihre Schuhe, zog sich zurück. Die Nässe färbte das Leder dunkler.

»Auf der Schießbahn warst du die beste, sogar besser als ich.«

Lisbeth schwieg.

»Ich dachte, wir sind ein Team. Und dann haust du einfach ab.«

Auch darauf erwiderte Lisbeth nichts.

»Warum hast du einfach aufgegeben?«, fragte die Kriegerin.

»Das war kein Aufgeben.«

»Aber du hast mich im Stich gelassen.«

»Du hast keine Ahnung.«

Eine neue Welle kam, wieder blieb die Kriegerin, wo sie war, sah Lisbeth nur an.

»Du bekommst nasse Füße«, sagte Lisbeth und zog sie auf den trockenen Sand, dorthin, wohin die Wellen nicht reichten.

»Du weichst mir aus«, sagte die Kriegerin.

»Schluss jetzt. Das ist zu lange her«, sagte Lisbeth. Sie hielt noch immer den Ärmel der Kriegerin fest, spürte den Stoff der Jacke, nicht aber ihre Haut.

»Ich will mich nicht streiten«, sagte sie. Die Kriegerin zuckte mit den Schultern, blickte in eine andere Richtung. An diesem Tag hatte das Wasser der Ostsee eine grüne Farbe. Lisbeth musste an abgeschliffenes Glas denken, an die Scherben, die sie als Kind hier im Sand gefunden und für Edelsteine gehalten hatte, bis ihre Eltern sie über diesen Irrtum aufklärten. Danach hatte das Sammeln seinen Reiz verloren, sie hatte sich anderen Dingen zugewandt und die Scherben am Ende des Urlaubs in der Nachttischschublade des Bungalows vergessen.

Am Abend saß Lisbeth auf der Terrasse und rauchte, den Schal um Kopf und Hals gewickelt gegen den Wind und die Kälte, als ihr Handy in ihrer Jackentasche klingelte. Hastig klaubte sie es heraus. Eine unbekannte Festnetznummer wurde ihr angezeigt. Eine Frauenstimme meldete sich, plapperte drauflos. Lisbeths Bewerbung sei gelesen worden. Eine der Floristinnen habe sehr kurzfristig gekündigt, sie erwarte ein Kind. Wenn Lisbeth wolle, könne sie am nächsten Montag anfangen. Zunächst würde es eine Woche Einführung mit Sicherheitstraining geben, danach könne es dann losgehen. Die ersten zehn Tage an Bord würde ihr zur Geschäftsübergabe noch jemand zur Seite stehen, danach wäre sie dann ganz auf sich allein gestellt. Sechs Monate auf See. Nach Ablauf dieser Zeit könne sie dann entscheiden, ob sie den Vertrag verlängern wolle. Lisbeth drückte ihr Handy fest ans Ohr, versuchte, es sich vorzustellen. Es wäre das erste Mal, dass sie außerhalb Europas sein würde. Sie sagte zu. Erst, nachdem sie auflegte, bemerkte sie, dass die Kriegerin zu ihr auf die Terrasse getreten war.

»Hast du eine Zusage?«, fragte sie.

Lisbeth nickte.

»Wir sollten anstoßen. Gibt es hier Alkohol?«

»Ich habe keinen gekauft.«

»Dann gehen wir aus«, sagte die Kriegerin, drehte sich um, ging zur Tür und blieb stehen, als sie merkte, dass Lisbeth ihr nicht folgte.

»Hast du keine Lust?«

Lisbeth erhob sich, hielt inne.

Die Kriegerin sah sie an. »Was ist?«

»Ich bin froh, dass wir uns wieder über den Weg gelaufen sind«,

sagte Lisbeth, spürte, wie ihr Körper verkrampfte, sich wapp-
nete. Die Kriegerin lächelte. »Ich auch.«
Erleichtert atmete Lisbeth aus.

Sie nahmen das Auto. Die Kriegerin fuhr. »So ist es einfacher,
ich kenne den Weg.«
Sie drehten die Musik laut auf. Es fühlte sich fast an wie früher,
wenn sie am Freitagabend aufgebrochen waren, in eine größere
Stadt, um tanzen zu gehen.
Die Bar lag hinter dem Bahnhof in einer schlecht beleuchteten
Seitenstraße. Beim Eintreten spürte Lisbeth den Blick der an-
deren Anwesenden auf sich. Die Musik schwappte ihnen ent-
gegen. Ein Großteil des Raumes war verspiegelt. Die Theke, die
Tische, die Hälfte der Wände. Alles andere war rot gestrichen
oder mit rotem Stoff bezogen.
Die Kriegerin ging zur Bar, bestellte eine Flasche Sekt. Dann
setzten sie sich in eine Ecke, zogen die Jacken aus, lehnten sich
zurück.
»Wo sind wir hier?«, fragte Lisbeth.
»Früher war das mein Stammlokal.«
»Du bist als Jugendliche regelmäßig in einen Stripclub gegangen?«
»Inzwischen ist es nur noch eine Bar.«
»Aber früher war es das nicht?«, fragte Lisbeth.
Statt zu antworten, öffnete die Kriegerin die Flasche Sekt, die
die Kellnerin zusammen mit zwei Gläsern vor ihnen abgestellt
hatte. Sie füllte beide Gläser und hielt eines Lisbeth hin.
»Du kannst mich nicht an diesen Ort schleppen, mir erzählen,
früher wäre das hier dein Stammlokal gewesen und dann erwarten, dass ich keine Fragen stelle«, sagte Lisbeth, ohne das
Glas zu ergreifen. Die Kriegerin seufzte und stellte beide Gläser
zurück auf den Tisch. Dabei verschüttete sie etwas vom Alkohol. In der Pfütze brach sich das bläuliche Licht der Decken-

scheinwerfer. Lisbeth wollte hineinfassen, die Flüssigkeit verschmieren, aber sie behielt ihre Hände im Schoß.

»Drei ältere Jungs aus meiner Schule haben überall herumerzählt, dass sie den Laden hier besucht haben«, sagte die Kriegerin. »Ich wollte, dass sie mich beim nächsten Mal mitnehmen. Aber sie haben gesagt, dass ich mich eh nicht trauen würde. Das hat mich nur noch mehr angestachelt. Als wir dann hier waren, hat sich herausgestellt, dass keiner von ihnen wirklich schon einmal drinnen war. Nicht mal bis zur Tür sind sie mit mir gegangen. Ich habe es trotzdem durchgezogen. Ich hatte mir sogar einen gefälschten Ausweis besorgt. Den wollte der Türsteher dann aber überhaupt nicht sehen. Auch dass ich kein Mann war, hat ihn nicht gestört. Vielleicht fand er es auch einfach lustig, mich reinzulassen. Damals war der Raum hier noch schummriger. Man durfte rauchen, auf den Tischen standen Kristallaschenbecher, so groß und unhandlich, dass man mit ihnen gut jemanden hätte erschlagen können. Ich suchte mir einen Platz in einer Ecke, setzte mich breitbeinig hin wie die Männer, tat, als wäre ich einer von ihnen und schaute hinauf zu den Frauen, wie sie zu billiger Musik auf den Podesten tanzten. Sie kamen mir vor wie Hologramme. Als wären sie nur Projektionen und nicht aus Fleisch und Blut. Ich hätte gerne die Hand nach ihnen ausgestreckt, aber ich habe mich nicht getraut und saß auch viel zu weit entfernt. Eine der Frauen fiel mir besonders auf. Ich habe nicht verstanden, wieso. Sie bewegte sich wie die anderen, auch ihre Kleidung, oder besser gesagt: ihre Unterwäsche und die Schuhe stachen nicht hervor. Erst nach einer Weile verstand ich, warum mein Blick an ihr hängen geblieben war. Sie hatte eine auffällige Narbe auf der rechten Wange, die aussah wie eine schlecht verheilte Brandblase. Oder als hätte ihr jemand Säure ins Gesicht gekippt. Die Haut schuppig, verkrustet. Sie tanzte wie die anderen, aber ihre Kopfhaltung unterschied sich. Sie hielt das Gesicht immer so, dass die Narbe im Schatten lag.

Ich konnte nicht aufhören, sie anzustarren. Zwischen ihr und mir spürte ich eine Verbindung. Von da an bin ich jeden Freitag hergekommen. Der Türsteher ließ mich jedes Mal hinein, ich musste nichts bezahlen. Auch die Kellnerinnen gewöhnten sich an mich. Sobald ich mich setzte, stellten sie mir kommentarlos ein Glas Traubenschorle an meinen Platz. Ich saß immer hier in dieser Ecke, und immer wartete ich darauf, dass die Tänzerin mit der Narbe das Podest betrat.«

Die Kriegerin schaute dorthin, wo sich einmal die Bühne befunden haben musste, jetzt aber nur ein paar Tische standen. Sie lächelte und schüttelte den Kopf.

»Und dann bin ich der Tänzerin einmal in der Einkaufsstraße begegnet. Sie stand rauchend in der Mitte, zwischen den Geschäften. Um sie herum drängten sich die Menschen, aber sie kümmerte sich nicht darum. Und auch dort, im hellen Licht des Tages, schaffte sie es, die schlecht verheilte Verletzung in ihrem Gesicht in den Hintergrund zu rücken, dafür zu sorgen, dass sie fast unsichtbar war, dafür zu sorgen, dass man die Narbe sofort wieder vergaß. Dort, in dieser vollen Einkaufsstraße, habe ich ihr schließlich gesagt, was ich die ganze Zeit nicht geschafft hatte, ihr zu sagen, nämlich, dass ich mich in sie verliebt hatte.«

Wieder machte die Kriegerin eine Pause. Noch immer schaute sie zu den Tischen auf der anderen Seite des Raumes. Träge stieg die Kohlensäure in den Sektgläsern nach oben.

»Sie hat mich zuerst lange angesehen. Vielleicht hat sie überlegt, woher wir uns kennen. Ob wir uns überhaupt kennen. Und dann hat sie angefangen zu lachen, laut und tief. Und weil ihr Lachen so gar nicht zu ihrer zierlichen Statur gepasst hat, habe ich mich noch mehr in sie verliebt.«

Die Kriegerin griff nach dem Glas, hielt es Lisbeth hin. »Jetzt habe ich viel zu viel erzählt. Wir wollten anstoßen. Herzlichen Glückwunsch zum neuen Job.«

Lisbeth griff sich das andere Glas. Sie stießen sie gegeneinander. Die laute Musik schluckte das klingende Geräusch.

»Aber was ist dann passiert?«, fragte Lisbeth, trank einen Schluck, schob ihre Arme unter den Tisch, versteckte ihre Haut.

»Wie meinst du?«

»Na, nachdem du ihr gesagt hast, dass du dich in sie verliebt hast?«

»Sie hat mir die Hand gereicht. Ich habe sie gegriffen. Für einen Moment haben wir so dagestanden. Ich wollte sie nicht mehr loslassen, aber dann hat sie sich aus meinem Griff gelöst, hat mir zugenickt und ist davongegangen. Und als ich das nächste Mal hier in die Bar kam, gab es eine neue Tänzerin, eine ohne Narbe, die ihren Platz eingenommen hatte. Und kurze Zeit später waren die tanzenden Frauen ganz verschwunden. Ich erfuhr, dass der Besitzer gewechselt hatte, und seitdem ist es nur noch eine ganz normale Bar.« Lisbeth leerte ihr Glas, füllte es auf, streckte den Rücken durch, sah die Kriegerin nicht an.

»Erinnerst du dich an die Richtschützin, die wir einmal während der Grundausbildung bei diesem Fest getroffen haben?«, fragte sie.

»Hm.«

»Sie hat mir an dem Abend verraten, dass ihr erster Impuls bei einem Angriff immer ist, zuerst ihr Gesicht zu schützen, weil sie selbst in so einer Extremsituation und obwohl sie Soldatin ist, noch den Spruch ihrer Mutter im Kopf hat, dass ihr Gesicht ihr Kapital sei.«

»Warum erzählst du mir das jetzt?«

»Ich frage mich, ob Soldatinnen immer einen Nachteil haben, einfach, weil sie Frauen sind.«

»Nur weil der Beruf nichts für dich ist, heißt es nicht, dass es ein generelles Problem ist«, sagte die Kriegerin.

»So habe ich das nicht gemeint«, sagte Lisbeth.

Die Kriegerin schnaubte. »Ich glaube, Männer sind nur deshalb mehr dafür gemacht, Soldaten zu sein, weil sie von klein auf lernen, ihre Verletzungen zu verstecken. Frauen dagegen tragen sie zur Schau, als würde es sich um Schmuckstücke handeln.«

»Und mit Frauen meinst du mich?«, fragte Lisbeth.

Die Kriegerin schaute überrascht. Dann schüttelte sie den Kopf, aber Lisbeth glaubte ihr nicht. Jemand hatte die Musik aufgedreht. Die Boxen schepperten im Bass. Die Luft war stickig. Lisbeth schwitzte. »Ich muss auf Klo«, sagte sie, stand auf und bahnte sich ihren Weg bis zur Toilette. Im Spiegel über dem Waschbecken begutachtete sie ihr Gesicht. Es war ebenmäßig. Die helle Haut glatt, nur ein paar feine Falten um die Augen herum. Lisbeth ließ kaltes Wasser über ihre Hände laufen, ihre Unterlippe zitterte. Mit der Faust schlug sie gegen die Fliesen. Der Schmerz zog sich bis in ihren Oberarm.

Als sie von der Toilette wiederkam, saß ein Mann auf ihrem Platz neben der Kriegerin. Er trug ein eng anliegendes T-Shirt, unter dem sich deutlich seine Brustmuskeln abzeichneten, sein Haar war millimeterkurz, die Haut gebräunt.

»Das ist mein Platz«, sagte Lisbeth.

Der Mann sah zu ihr hoch. »Was?«, fragte er.

»Ich sitze hier.«

Er grinste, hielt ihrem Blick stand, rutschte dann aber doch an die Kriegerin heran, so, dass sich Lisbeth setzen konnte.

»Ein Kamerad«, sagte die Kriegerin und nannte einen Namen, den Lisbeth sofort vergaß. Sie seien zusammen in Mali gewesen.

»Aber ich bin nicht so ein Einsatzjunkie wie die hier«, sagte der Soldat und grinste. »Und was machst du?«, fragte er Lisbeth.

»Ich bin Floristin.«

»Eine Floristin und eine Soldatin. Klingt wie der Anfang eines Witzes. Oder der Titel eines Pornos.«

Die Kriegerin lachte. Lisbeth trank ihr fast noch volles Glas in einem Zug aus, goss es voll, leerte auch dieses. Das Polster in ihrem Rücken fühlte sich klebrig an. Der Soldat und die Kriegerin vertieften sich wieder in ihr Gespräch. Es ging um ihre letzten Einsätze, dann sprachen sie über den Alltag in den Kasernen, andere Soldaten, die sie beide kannten. Sie waren an unterschiedlichen Standorten stationiert, erörterten die Vor- und Nachteile. Lisbeth versuchte, sich an dem Gespräch zu beteiligen, doch mehr als ein paar Sätze fielen ihr nicht ein, und schließlich gab sie es auf und saß schweigend neben ihnen.

»Es beruhigt mich übrigens, dich hier zu treffen. Ein Bekannter hatte mir erzählt, sie hätten dich beurlaubt wegen eines Vorfalls auf der Schießbahn, aber der hat dich wohl verwechselt«, sagte der Soldat. Das Lächeln der Kriegerin gefror.

»Wer hat das erzählt?«

Der Soldat nannte einen Namen.

»Das ist hier ganz normaler Urlaub«, entgegnete die Kriegerin. »Auch ich brauch manchmal eine Pause.«

»Wie gesagt, ich hab es auch gar nicht glauben können«, sagte der Soldat, fügte dann aber noch hinzu, dass ihm jemand erzählt habe, sie hätte die vielen IEDs beim letzten Einsatz in Afghanistan nicht gut weggesteckt. »Er meinte, er hätte dich dabei beobachtet, wie du Steine sammelst, als wärst du irgendwo am Strand auf Kur und nicht bei einer Übung.«

Die Kriegerin fletschte die Zähne. An ihrem Hals pochte eine Ader. Sie öffnete den Mund, aber Lisbeth kam ihr zuvor. »Wir müssen los«, sagte sie, stand mit einem Ruck auf und deutete auf die Uhr an ihrem Handgelenk. »Ich muss den letzten Zug bekommen.«

Der Soldat sah überrascht zu ihr auf. Auch die Kriegerin war überrumpelt. Lisbeth griff sich ihre Jacke und zog sie an. »Kommst du?«, fragte sie. Die Kriegerin nickte, erhob sich und folgte Lisbeth, ohne sich noch einmal umzudrehen.

Draußen war es eisig. Lisbeth schloss den Reißverschluss ihrer Daunenjacke. Schweigend liefen sie zum Auto. Die Flasche Sekt war noch halb voll gewesen, trotzdem fühlte sich Lisbeth betrunken.

»Fährst du?«, fragte sie.

Die Kriegerin nickte mit fest zusammengepressten Zähnen, deutlich trat ihr Kiefermuskel hervor. Sie stiegen in das Auto. Lisbeth rieb sich die kalten Finger und schob den Sitz zurück, so dass sie ihre Beine ausstrecken konnte.

»Danke«, sagte die Kriegerin, ohne sie anzusehen. Lisbeth hatte sich gerade anschnallen wollen, jetzt hielt sie in der Bewegung inne.

Die Kriegerin schluckte.

»Habe ich verlernt, meine Narben zu verstecken?«

»Wie meinst du das?«, fragte Lisbeth, streckte die Hand nach ihr aus und legte sie ihr auf die Schulter, spürte ihre Körperwärme. Durch die Kriegerin ging ein Ruck. »Egal«, sagte sie, schüttelte den Kopf, griff den Schlüssel, startete den Motor, schaltete für Lisbeth die Sitzheizung an.

Während der Fahrt schwiegen sie. Lisbeth war froh, als sie zwischen den Häusern für einen Moment das Meer sah.

Im Bungalow putzten sie sich die Zähne. Die Kriegerin vermied Lisbeths Blick im Spiegel. Später im Bett hatten sie einander den Rücken zugekehrt.

Am nächsten Morgen wurde Lisbeth davon wach, dass die Kriegerin nicht mehr neben ihr lag. Graues Licht sickerte durch das Fenster. Lisbeth hatte das Gefühl, sich tief am Grund der Ostsee zu befinden, Tonnen von Wasser über sich, die auf ihren Brustkorb drückten und ihr die Luft zum Atmen nahmen. Zum ersten Mal hatte das Salzwasser nichts Tröstendes an sich. Sie sprang auf, so schnell, dass ihr für einen Moment schwindelig wurde. Der Rollkoffer der Kriegerin befand sich nicht mehr im Zimmer. Lisbeth stürzte hinaus. Auch in der Küche, dem Wohnzimmer, dem Bad war die Kriegerin nicht. Nur ihre Steine hatte sie zurückgelassen. Lisbeths Körper wurde taub, sie musste sich an der Küchenanrichte festhalten, um nicht das Gleichgewicht zu verlieren. Mit zitternden Beinen schaffte sie es auf die Terrasse. Von dort durch die Dünen, bis zum Strand. Der Himmel war grau und schwer. Unverändert lag die Ostsee da.

Auf dem Kreuzfahrschiff schien Lisbeth ihr altes Leben weit entfernt. Sie gewöhnte sich schnell an das Gefühl, alles hinter sich gelassen zu haben. Jeder Tag war gleich strukturiert. Die Vormittage verbrachte Lisbeth damit, sich um die Dekoration in den Restaurants und im Spa-Bereich zu kümmern. Es gab hüfthohe Vasen aus schwerem Porzellan, deren Wasser sie täglich wechseln musste. War auch nur eine Blume verwelkt, mussten die Sträuße und Gestecke sofort komplett ersetzt werden. Auch die Pflege der vielen Topfpflanzen war Lisbeths Aufgabe. Am Nachmittag kümmerte sie sich um das Logistische. Sobald das Schiff in einem Hafen anlegte, wurden Blumen geliefert. Noch nie hatte Lisbeth so frische Strelitzien, Callas, Ruhmeskronen, Orchideen oder Kaprosen gesehen. Sie überwachte ihre Annahme, überprüfte die Qualität, ging sicher, dass nichts fehlte. Danach sah sie die am Tag zuvor eingegangenen Aufträge durch und fertigte alles an. Erst um achtzehn Uhr musste sie den Blumenladen öffnen. Dann hatten die Passagiere Zeit, Sträuße zu kaufen und etwas vorzubestellen. Meist ging es um besondere Anlässe. Geburtstage, Verlobungen, Hochzeiten, Hochzeitstage. Die am häufigsten verkauften Blumen waren rote Rosen. Mehrere Eimer hatte Lisbeth von ihnen im Kühlraum vorrätig. Fast immer waren es Männer, die zu ihr in den Laden kamen und Sträuße für ihre Freundinnen, Verlobten oder Ehefrauen bestellten. Waren ihre Gesichter nicht von der Sonne verbrannt, war es der Alkohol, der ihrer Haut eine ungesunde Farbe gab. Ihre Körper kamen Lisbeth so weich vor, wie die mehrstöckigen Sahnetorten, die jeden Abend beim Büfett als Dessert angeboten wurden. Alle zwei Wochen gab Lisbeth am Samstag einen Blumenbindekurs. Da waren es immer die Frauen, die zu ihr in den Laden kamen, gut gelaunt, meist schon leicht angetrunken, schwere Goldringe an den Fingern. Sie sprachen Lisbeth mit »Mein Herzchen« an, waren geschickt mit den Händen, aber langweilten sich schnell und erwarteten von Lisbeth, dass sie die Gestecke für sie zu Ende brachte, wenn sie keine Lust mehr hatten und die restliche Zeit lieber den von einer Kellnerin servierten Sekt trinken wollten.

Lisbeths Arbeitsbedingungen, allem voran ihr Gehalt, waren besser als die der philippinischen Angestellten, die den Großteil der Crew ausmachten. Im Gegensatz zu ihnen sah Lisbeth während ihrer Schicht Tageslicht. Der Blumenladen befand sich auf dem Pooldeck, und auch in die anderen Gästebereiche durfte sie, da es dort überall Pflanzendekorationen gab, um die sie sich kümmern musste.

Wenn Lisbeth im Geschäft hinter dem Verkaufstisch stand, konnte sie sogar durch eine Glasfront das Meer sehen. Inzwischen war das Schiff so weit südlich, dass jeden Tag die Sonne schien und die Gäste, gingen sie an Deck, keine Jacke mehr trugen.

In den ersten Wochen schmerzten Lisbeths Finger nach jeder Schicht so sehr, dass sie beim Abendessen in der Messe das Besteck nicht mehr halten konnte. Nachts wurde sie davon wach, dass ihr die Finger einschliefen, ein Kribbeln in den Spitzen, das sich oft auch bis in die Arme zog. Weitere Begleiterscheinung der Arbeit waren Verfärbungen durch den Pflanzensaft, geschwollene Handgelenke, dickere Hornhaut. Anders als zuletzt in Berlin arbeitete Lisbeth hier sieben Tage die Woche, zehn Stunden am Tag. Das Schiff war riesig. Die Wege lang. Einmal aktivierte Lisbeth den Schrittzähler auf ihrem Handy. Am Abend zeigte er ihr an, dass sie seit dem Aufstehen zwölf Kilometer gelaufen war. Aber es war gerade diese körperliche Belastung, deretwegen Lisbeth der Job auf dem Schiff gefiel. Die extreme Anstrengung der Arbeit erinnerte sie an die Grundausbildung. Und das war nicht die einzige Parallele, die sie sah. Wie damals beim Militär musste sie auch an Bord jeden Tag die gleiche Uniform tragen. Auch Rückzugsorte gab es kaum. Nur wenige Crewmitglieder hatten eine eigene Kabine. Die meisten teilten sich zu zweit einen Raum. Sogar der Ton der Vorgesetzten war so ruppig wie der Ton der Ausbilder in der Kaserne.

Wenn Lisbeth im Laden am Verkaufstisch stand und einen Strauß nach dem anderen band, dachte sie daran zurück, wie die Kriegerin und sie Stunden damit zugebracht hatten, Waffen auseinanderzubauen, zu reinigen und wieder zusammenzusetzen.

Auch in anderen Situationen dachte Lisbeth an die Kriegerin. Oft sah sie sie vor sich, wie sie in der Ostsee baden gegangen war, das weiße Haar unter ihre Mütze geschoben. In Lisbeths Kopf schwamm die Kriegerin davon, entfernte sich von ihr, wurde irgendwann vom Meer verschluckt. Sie glaubte nicht, dass sie noch einmal etwas von ihr hören würde.

An ihrem ersten Tag auf dem Schiff hatte Lisbeth noch gedacht, sich in einer völlig fremden Welt zu befinden. Nachdem sie ihr Gepäck in der dunklen Kabine gelassen hatte, die sie sich mit einer Personal Trainerin teilte, war sie in den Vorführungsraum der Crew gegangen. Dort hielt man eine Willkommensrede für die Neuen. Lisbeth stellte sich so, dass sie sich mit dem Rücken gegen die Wand lehnen konnte und jeden Blick bemerkte, der sie streifte. Eine Stunde später wurde die erste Seenotrettungsübung durchgeführt. Der Ablauf war minutiös geplant. Wie alles auf dem Schiff. Zuerst gab es einen hohen Warnton. Dann eine Ansage: »Alle Passagiere begeben sich in ihren Rettungswesten auf die Sammelplätze.« Etwas abseits verfolgte Lisbeth die Einweisung in das korrekte Anziehen der Weste. Die anderen Passagiere standen dicht gedrängt und rissen Witze darüber, dass sie nach all dem Essen, das sie noch zu sich nehmen würden, bald nicht mehr von den Westen über Wasser gehalten werden würden. Über ihren Köpfen hingen die Rettungsboote und schaukelten im Wind. Als das Ende der Übung angesagt wurde, klatschten die Passagiere, als hätten sie einer Theatervorstellung beigewohnt. Danach löste sich die Menge auf.

Eine Stunde später lief das Schiff aus dem Hafen aus. Das Rumoren der Motoren ließ den Boden vibrieren. Das Schiffshorn ertönte. Die Auslaufmusik wurde gespielt. Die Taue wurden eingeholt. Das Wasser schäumte. Langsam setzte sich das Schiff in Bewegung. Lisbeth, die sich wie ein paar der anderen neuen Crewmitglieder einen Platz an der Reling gesichert hatte, blickte zum Hafen. Menschen standen jetzt am Pier und winkten. Ihre Funktionsjacken leuchteten im Licht. Der Tag war kalt, aber sonnig. Ein Mann fiel Lisbeth ins Auge. Er hob ein Kind auf seine Schultern, richtete sich auf. Lisbeth wendete den Blick ab, schaute stattdessen zu den Passagieren. Servicekräfte balancierten zwischen ihnen Tabletts auf den Händen, schenkten Sekt und Orangensaft aus. Die Passagiere stießen miteinander an, lachten, während sie sich gleichzeitig fotografierten und filmten.

Am Abend hatte die Personal Trainerin, die sich mit dem Namen Sunny vorgestellt hatte, Lisbeth mit in die Crewbar genommen. Auch dieser Ort hatte sie an früher erinnert. Wie im Mannschaftsheim roch es dort nach Rauch. Die Getränke wurden in Plastikbechern verkauft. Selbst die guten Weine waren billig. Nur null Komma fünf Promille waren erlaubt. Natürlich hielten sich nicht alle daran. Später wurde sogar getanzt. Wer

nicht noch seine Uniform trug, hatte Jogginghose und Bade-
latschen an. Lisbeth registrierte, dass die meisten Anwesenden
Deutsch sprachen.

»Ist die Bar nicht für alle offen?«, fragte sie Sunny, die sich gleich
zwei verschiedene Longdrinks bestellt hatte und abwechselnd
aus jedem Becher einen Schluck nahm.

»Doch, aber nicht alle haben Zeit zu feiern.«

Den ganzen Abend hatte Lisbeth am Tresen gestanden. Irgendwann waren ihr die ausgelassenen Gesichter der anderen zu
viel geworden und sie hatte sich stattdessen auf die Leucht-
punkte der Diskokugel konzentriert, die in endlosen Runden
über den Boden gezogen waren.

Auch hier auf See träumte Lisbeth von der verbrannten Ebene.
Aber wie schon an der Ostsee vergaß sie dabei nicht, dass es das
Meer gab. Wenn sie aufwachte, erinnerte sie sich, dass sie nicht
nur auf der Suche nach Steinen gewesen war, auch nach der
Kriegerin hatte sie Ausschau gehalten. Ihre Haut spannte kaum
noch. Der Juckreiz war völlig verschwunden. Es kam ihr vor,
als habe sie ihren Körper auf dem Schiff nun ganz in Sicherheit gebracht, und sie glaubte, dieses Gefühl würde anhalten,
solange sie auf dem Meer war.

Im Gegensatz zu den anderen deutschen Crewmitgliedern
nutzte Lisbeth kaum eine der wenigen Chancen, die es gab, an
Land zu gehen. Sie interessierte sich nicht für Lissabon, Mal-
lorca, Neapel, Athen, Limassol, Salalah, Abu Dhabi oder Singa-
pur. Wenn die anderen von ihren Ausflügen wiederkamen, ihr
die Fotos auf ihren Handys zeigten, davon schwärmten, was
sie alles gesehen, gegessen und erlebt hatten, nickte Lisbeth
freundlich und verabschiedete sich schnell.

Nur das kostenlose WLAN in Cafés war für sie ein Grund,
das Schiff zu verlassen. Oder wenn es die Möglichkeit gab, zu

einem Strand zu fahren und baden zu gehen. Dort ließ Lisbeth sich dann im seichten Wasser treiben, die Augen geschlossen. Das Meer verließ sie erst wieder, wenn die anderen bereits alles zusammengepackt hatten und ungeduldig nach ihr riefen.

Lisbeth war seit drei Monaten auf dem Schiff, als einer der Animateure sie im Crewfitnessraum ansprach, in dem sie täglich eine halbe Stunde auf dem Laufband lief.
»Auf der Poststation haben sie einen Brief für dich«, sagte er zu Lisbeth, die gerade auf das Gerät hatte steigen wollen. Überrascht hielt sie in der Bewegung inne. »Für mich?«
»Heißt du nicht Lisbeth?«
»Doch, doch«, beeilte sie sich zu sagen, griff sich ihre Wasserflasche, bedankte sich, verließ den Fitnessraum und ging ohne Umwege zur Poststation. Sie ließ das Mittagessen ausfallen, suchte sich einen windgeschützten Ort auf dem Crewsonnendeck. Dort auf einer Liege öffnete sie den Brief. Sie erkannte die Schrift der Kriegerin sofort: ordentliche Buchstaben, leicht schräg gelegt und doch kam es ihr vor, als hätte eine Fremde den Brief geschrieben. Lisbeth las ihn mehrmals, versuchte der Kriegerin die Worte in den Mund zu legen, aber sie waren widerständig, nahmen nicht den Klang ihrer Stimme an.
In den Tagen danach trug Lisbeth den Brief in der Brusttasche ihrer Uniform. Hatte sie einen Strauß fertig gebunden, holte sie ihn heraus und las ihn erneut. Mit der Zeit wurde ihr die Stimme darin vertrauter. Was sie antworten sollte, wusste Lisbeth trotzdem nicht. Ob sie überhaupt antworten sollte. Dann meldete sich die Kriegerin selbst. Das Schiff lag vor Sizilien, als Lisbeth die kurze Sprachnachricht erhielt. Die Stimme der Kriegerin klang vergnügt. Gerade befinde sie sich auf einem Lehrgang in den USA. Sie erzählte vom Wetter. Dazu ein kurzes Video, wie sie sich grinsend die sonnenverbrannte Haut vom Gesicht abzog. Den Brief erwähnte sie mit keinem

Wort. Lisbeth antwortete ein paar Tage später, empfahl ihr Aloe-Vera-Saft zum Kühlen der Verbrennungen und schickte ihr eine Aufnahme, die sie heimlich von mehreren Passagieren auf Deck gemacht hatte, die sich um den besten Platz für ein Foto vor dem Sonnenuntergang stritten. Auch Lisbeth erwähnte den Brief nicht.

In den darauffolgenden Wochen blieben sie bei diesen kurzen Nachrichten und Videos, manchmal schickten sie sich auch nur ein Bild. Die Kriegerin meldete sich alle zwei Tage. Lisbeth immer dann, wenn das Schiff in einem Hafen lag und die Nutzung des Internets günstig war.

Abends in ihrer Kabine scrollte sich Lisbeth durch den Nachrichtenverlauf und sah sich die Fotos und Videos der Kriegerin wieder an.

Noch immer kratzte sie sich im Schlaf kaum. Ihre Haut war glatt, ohne Rötungen oder trockene Stellen. Ein paar Narben aus der Stadt waren noch zu sehen. Ganz selten fand Lisbeth am Morgen nach dem Aufwachen Kratzspuren auf ihren Armen, aber sie waren so leicht, dass Lisbeth sie sich überschminkte und nicht weiter den Kopf darüber zerbrach.

In einer Nachricht, die Lisbeth mitten in der Nacht bekam, schrieb die Kriegerin, dass sie ein neues Hobby habe. Sie nutze gerade jeden ihrer freien Tage dafür, mit anderen Menschen zu schlafen. Immer ging sie mit zu ihnen. *Die Wohnung verlasse ich dann noch, bevor es hell wird. Oft sage ich ihnen noch nicht einmal meinen Namen.*

Du erzählst ihnen überhaupt nichts von dir?, fragte Lisbeth. Die Kriegerin schrieb ihr sofort zurück: *Natürlich nicht.*

Aber wollen sie denn nichts wissen?

Die wenigsten sind interessiert. Sobald du ihnen viele Fragen stellst, fällt ihnen gar nicht auf, dass ich nichts von mir preisgebe, antwortete die Kriegerin.

Was bringen dir diese Nächte?
Auch ich möchte manchmal berührt werden, als gehe es um etwas.

Darauf wusste Lisbeth nichts zu erwidern und legte ihr Handy beiseite, versuchte wieder einzuschlafen.

Am nächsten Abend in der Kabinentoilette stellte sich Lisbeth vor den Spiegel und griff sich in den Nacken, wie es Malik getan hatte, wenn er sie hatte beruhigen wollen. Aber auch wenn sie ihre Augen schloss, gelang die Vorstellung nicht, dass es eine fremde Hand war, die nach ihr griff.

Malik hatte ihr zunächst noch geschrieben. Seine erste SMS hatte sie zwei Wochen, nachdem das Schiff abgelegt hatte, erhalten. Er sei mit Eden im Tierpark gewesen, Eden aber sei von den echten Tieren überhaupt nicht beeindruckt gewesen und habe stattdessen die ganze Zeit die Tierstatuen ansehen wollen, die überall zwischen den Gehegen standen und deren raue Oberflächen eine feine Moosschicht bedeckte. In der nächsten Nachricht, ein paar Tage später, beschrieb er, wie er mit Eden einen Ausflug zum See gemacht hatte. Welche Wörter Eden jetzt schon sagen konnte, dass Eden die Puppe kein einziges Mal hatte aus der Hand legen wollen, während sie mit der U-Bahn einmal quer durch Berlin gefahren waren. Lisbeth hatte die Nachrichten und auch alle folgenden gelesen. Aber geantwortet hatte sie nicht. Nach einiger Zeit war der Abstand zwischen den Nachrichten größer geworden, dann hatten sie ganz aufgehört. Stattdessen schickte ihr Malik nun Sprachnachrichten, auf denen nur ein Rauschen zu hören war. Lisbeth hatte eine Weile gebraucht, um zu verstehen, dass es die Spree war, die er ihr aufgenommen hatte. Gelegentlich klickte sie noch auf Maliks Profilbild. Er schaute darauf über seine Schulter in die Kamera. Sie selbst hatte dieses Foto gemacht. Je mehr Zeit verging, desto mehr schien es ihr, dass er den Kopf von ihr abwandte.

Wann sie wieder in Deutschland sein würde, fragte die Kriegerin, kurz nachdem Lisbeth ihren Vertrag um fünf weitere Monate auf See verlängert hatte. Sie telefonierten, während Lisbeth im Laden stand, einen Strauß weißer Rosen vor sich, deren Stiele sie gerade von Dornen befreit hatte. Sie waren für den Tisch eines Paares, das an diesem Abend Diamantene Hochzeit feierte. Lisbeth presste das Handy fester ans Ohr, kürzte die Rosenstiele um einen Zentimeter und nannte der Kriegerin das Datum, an dem ihr Vertrag endete.

»Für zwei Wochen bin ich dann in Deutschland. Ich wollte eigentlich sofort wieder eine neue Tour beginnen, aber das war nicht möglich.«

»Zwei Wochen?«

»Ja, warum fragst du?«

Die Kriegerin wollte antworten, aber in dem Moment lief die Hotelmanagerin am Blumenladen vorbei, blickte zu Lisbeth und gab ihr mit einem Blick zu verstehen, dass sie sofort das Telefon weglegen sollte.

»Du, ich muss Schluss machen«, sagte Lisbeth, legte auf, lächelte der Hotelmanagerin zu und griff nach den Lilien, die sie sich schon bereitgelegt hatte.

In der Nacht schickte die Kriegerin einen Link zu einer Buchungsseite. *Habe den Bungalow für vierzehn Tage reserviert.* Lisbeth klickte auf den Link. Sie erkannte die Räume kaum wieder. Es gab neue große Fenster. Sterile Möbel. Glänzende Arbeitsflächen.

Ich freue mich, schrieb sie zurück, speicherte die Bilder und sah sie sich in den folgenden Tagen immer wieder an, versuchte sich vorzustellen, wie es sein würde, zwei Wochen mit der Kriegerin im umgebauten Bungalow zu sein.

Für eine Weile hörte sie nichts von ihr. Die Tage waren eintönig. Oft wusste Lisbeth das Datum nicht, wo sich das Schiff gerade befand, welches Land, welcher Hafen als Nächstes angesteuert werden sollte. Auch die Passagiere unterschieden sich nicht, dabei wechselten sie ständig. Lisbeths Träume wurden wieder dunkler, das Meer weniger greifbar. Morgens waren feine Blutspuren auf Lisbeths Laken. Sie wusch die Flecken heimlich auf der Toilette aus, bevor sie die Bettwäsche in die Wäscherei gab.

Lisbeths letzter Monat auf See brach an. Die Kriegerin schickte ihr eine Sprachnachricht. Auf einem Dorffest in der Umgebung der Kaserne hatte sie einen Streit vom Zaun gebrochen, von dem sie jetzt nicht mehr sagen konnte, was der genaue Auslöser gewesen war. Der Streit hatte in einer Prügelei geendet, bei der noch halb gefüllte Bierkrüge durch das Festzelt geflogen waren und die Kriegerin mit einer Stichverletzung ins Krankenhaus eingeliefert wurde. Zu der Sprachnachricht, in der sie sich anhörte, als sei sie noch immer betrunken, schickte sie Lisbeth auch ein Bild der genähten Wunde. Ihr blau-violett geschwollenes Gesicht glänzte im hellen Licht des Behandlungszimmers.
Während der Grundausbildung hatte die Kriegerin auch im betrunkensten Zustand nie unkontrolliert gewirkt. Lisbeth hatte sie immer dafür bewundert.
So kenne ich dich überhaupt nicht, ist alles in Ordnung?, schrieb sie ihr. Die Antwort kam erst ein paar Tage später: *Ich dachte, wenigstens du hältst zu mir.*
Lisbeth ahnte, dass es einen Zusammenhang gab zwischen der Prügelei, dem Brief der Kriegerin und den Steinen im Traum, doch in der Helligkeit auf offener See fiel es ihr leicht, sich einzureden, die Kriegerin würde schon bald zu ihrer alten Robustheit zurückfinden.

Liebe Lisbeth,

was meine Großmutter am besten konnte, war schweigen. Sie war der Meinung, dass man nur überlebt, wenn man die Dinge ungesagt lässt. Wer spricht, läuft Gefahr, sich selbst auszuliefern. Für mich hat das ständige Schweigen das Gewicht von Gehwegplatten, die auf mir liegen. Wenn ich nicht vollkommen zerdrückt werden will, muss ich es aufbrechen. Als Kind habe ich das Schreiben für mich entdeckt. Da es mir verboten worden war, den Mund zu benutzen, benutzte ich einen Stift. Alles, worüber nicht gesprochen werden durfte, schrieb ich auf. Auch heute noch halte ich es so. Das Aufgeschriebene habe ich nie jemandem gezeigt, aber ich weiß nicht, ob das die richtige Entscheidung war. Dieses Mal will ich es anders machen. Sieh meinen Brief also als ersten Versuch. Auf diesem Papier will ich dir erzählen, worüber ich im Bungalow nicht sprechen konnte.

Meine Großmutter ist im Frühling vor einem Jahr so unerwartet gestorben, dass weder sie noch ich irgendwelche Vorkehrungen getroffen hatten. Ich befand mich gerade in Afghanistan im Einsatz. Die Nachbarin meiner Großmutter rief mich an. Sie hatte sie tot in ihrer Wohnung gefunden. Ich entschied mich, nicht früher als geplant zurückzukehren, obwohl es mir angeboten worden war. Mithilfe der Nachbarin organisierte ich das Begräbnis. Am Tag der Beerdigung war mein Rückflug, ich fuhr direkt vom Flughafen zum Friedhof.
An die Trauerfeier selbst habe ich kaum Erinnerungen. Ich weiß noch, dass jemand weinte, sich ein Taschentuch griff und die Plastikverpackung auf den Boden fiel, im Gras lag, und dass ich

nicht aufhören konnte, diese Verpackung anzustarren, die außer
mir niemandem auffiel. Sie kam mir vor wie ein Requisit für einem
Film. Und auch alles andere erschien mir platziert, künstlich.
Nach dem Begräbnis fuhr ich zur Wohnung meiner Großmutter.
Die Nachbarin hatte sie bereits gekündigt, ich musste sie nur noch
ausräumen. Ich glaubte nicht, dass es mich besonders tangieren
würde. Dieser Ort war weder für mich noch für meine Groß-
mutter emotional aufgeladen. Er hatte eine Funktion, hatte ihr
ein Dach über dem Kopf gegeben, aber ein wirkliches Zuhause
war er nie. Müde und erschöpft habe ich die Tür aufgeschlossen.
Aber noch auf der Schwelle bin ich stehen geblieben. Der Flur
hat kein Fenster. Nur das Licht aus dem Treppenhaus fiel hinein.
Ich sah den Schrank und das Schuhregal. Sie standen dort, wo
sie immer gestanden hatten, aber die Oberflächen waren nicht
wie sonst leer. Stattdessen lagen dort Steine. Ich verstand es nicht.
Meine Großmutter war nie eine Sammlerin gewesen. Alles,
was sie besessen hatte, musste einen praktischen Nutzen haben.
Ich trat über die Schwelle, schloss die Tür hinter mir ab und
ging durch die anderen Räume. Überall bot sich mir das gleiche
Bild. Überall lagen Steine. Ich hatte für den nächsten Tag eine
Wohnungsentrümpelungsfirma beauftragt. Hastig suchte ich
feste Plastiktüten heraus und warf die Steine hinein. Sie lagen
nicht nur auf den Ablageflächen, ich fand sie auch in den Schub-
laden, im Schrank zwischen der Kleidung, in der Ritze des Sofas,
hinter dem Spiegel, im Kühlschrank, in der Waschmaschine.
Am Ende hatte ich fünf Tüten, die ich jeweils nicht ganz gefüllt
hatte, damit sie nicht zu schwer wurden. Nacheinander habe
ich sie nach unten zu meinem Auto getragen und dort verstaut.
Aber wie lässt man so viele Steine verschwinden? Mir ist nichts
anderes eingefallen, als sie in der Gegend zu verteilen. An jeder
Stelle immer nur eine Handvoll, damit es nicht auffällt. Ein paar
von ihnen habe ich auch in die Ostsee geworfen. Zum Glück war
kaum jemand am Strand. Schließlich waren nur noch drei Steine

*übrig, ich blickte noch immer auf die Ostsee, erinnerte mich
an etwas. Ich muss noch ein Kind gewesen sein, vielleicht fünf
oder sechs Jahre. Meine Großmutter und ich waren am Strand
unterwegs. Ein Tagesausflug, wie sie es nannte, dabei liefen wir
einfach nur von morgens bis abends, bei Wind und Wetter und
so schnell, dass wir alle anderen dabei überholten. Mir fiel ein,
dass es ein sehr kalter Tag gewesen war, dass meine Großmutter
mir verboten hatte, meine Handschuhe mitzunehmen und dass
ich, als ich meine Finger kaum noch spürte, sie heimlich in ihre
Manteltasche schob. Dort ertasteten meine Hände drei Steine.
Ich erinnerte mich wieder, wie sehr ich mich darüber gewundert
hatte. Ich wollte die Steine herausholen, aber in dem Moment
bemerkte meine Großmutter, dass ich die Hand in ihrer Tasche
hatte. Sie packte sie und zog sie mit Gewalt heraus. »Mach das
nie wieder«, sagte sie. Ich fragte sie nach den Steinen. Statt mir
zu antworten, hatte sie geschwiegen und war schneller gelaufen.
Diese Erinnerung wieder im Kopf, warf ich die letzten drei Steine
nicht ins Meer, stattdessen schob ich sie in die Tasche meines
Staubmantels und fuhr zurück in die Wohnung.
Ich war so erschöpft, dass ich mich sofort ins Bett legte. Ich wollte
schlafen, aber dann merkte ich, dass unter dem Laken Papier
war. Also bin ich wieder aufgestanden und habe nachgeschaut.
Es waren unzählige Briefe. Ich habe sie hervorgeholt und auf
dem Boden ausgebreitet. Es war die Schrift meiner Großmutter.
Datiert waren sie alle auf das vorletzte Kriegsjahr. Und alle
waren an meine Großmutter zurückgeschickt worden. Ich habe
sie in die richtige Reihenfolge gebracht und zu lesen begonnen.
Erst nach einer Weile habe ich verstanden, dass sie die Briefe an
ihren Mann geschrieben hatte. Er war als Soldat an der Front.
Die Briefe hat er nie gelesen. Auf allen Umschlägen war ver-
merkt, dass er gefallen war. In den Briefen hat meine Großmutter
von ihrem Alltag erzählt, wie sie ihre Tage verbringt, was sie
isst, wie der Baum vor dem Fenster aussieht, welche Farben*

der Himmel früh am Morgen hat, wie die Stadt riecht, wenn sie draußen umherläuft, vom Zwielicht in der Fabrik, in der sie mit anderen Frauen am Fließband stand und Munition herstellte. Der Krieg muss zu diesem Zeitpunkt bereits so alltäglich gewesen sein, dass sie ihn immer nur am Rand erwähnte. In einem der Briefe hat sie auch von Steinen gesprochen. Sie hat geschrieben, dass sie immerzu achtgibt auf die drei, die er ihr zusammen mit der Zwille gegeben hat, um sich wehren zu können, sollten »die Russen« kommen.

Aber im nächsten Brief hat sie geschrieben, dass die Tasche ihres Mantels gerissen sei und dass sie bei einem Spaziergang nachts, kurz bevor der Bombenalarm losging, die Steine verloren habe. Erst als sie zurück in der Wohnung war, sei es ihr aufgefallen, und dann habe sie schon in den Keller steigen müssen. Dort hätte sie die Steine gebraucht, denn in der Dunkelheit hatte sie den Atem eines anderen gespürt. Kein »Russe«, sondern bloß ein Nachbar. Aber meine Großmutter hatte trotzdem im Rücken die kalte Kellerwand und keine Möglichkeit, auszuweichen. Sie hat ihrem Mann geschrieben, dass sie, sofort nachdem sie wieder nach oben durften, die Tasche genäht und sich drei neue Steine gesucht hat, und dass sie sie nur noch herausnimmt, wenn sie in ihrer Wohnung ist, wo sie die Tür verriegeln kann oder an einem anderen Ort, wo sie weiß, dass sie nichts zu befürchten hat. Sie hat geschrieben, dass sie oft in den Wald geht und dort das Schießen mit der Zwille übt, schon mehrere Tiere erlegt hat, und dass sie sich auch bald eine Pistole zulegen will. Und sie hat ihm versprochen, dass es kein zweites Mal vorkommen wird, dass sie keine Steine in der Tasche hat.

Den letzten Brief hat sie auf ihrer Flucht geschrieben. Es war der einzige, der nicht frankiert worden war. In ihm erzählte sie, dass sie nichts habe mitnehmen können, noch nicht einmal etwas von dem guten Geschirr, das sie zur Hochzeit geschenkt bekommen haben. Das Einzige, was sie habe einstecken können, waren die

Zwille und die Steine. Nur war ihr die Zwille in ihrer Tasche zerbrochen, während sie über einen Graben stieg. Aber auch mit dem Werfen der Steine würde sie sich verteidigen können, das hatte sie geübt. Das war umso wichtiger, weil sie jetzt nicht mehr nur für sich selbst Sorge tragen musste.

Nach dem Lesen habe ich nur dagesessen, die Briefe um mich herum verteilt auf der Matratze. Genau wie für mich, war auch für meine Großmutter das Schreiben die einzige Möglichkeit gewesen, das Schweigen zu brechen.

In dieser Nacht habe ich das erste Mal von den Steinen geträumt. Statt meiner Großmutter lief jetzt ich über die verbrannte Ebene, war auf der Flucht, immer darauf bedacht, dass sich drei Steine in meiner Tasche befinden, während ich den zweiten Herzschlag spürte, die Hand schützend über den Bauch gelegt.

Am Morgen wurde ich davon wach, dass es an der Tür klingelte. Ich brauchte einen Moment, um mich zurechtzufinden, um zu verstehen, dass ich mich noch immer in der Wohnung meiner Großmutter befand. Es waren die Mitarbeiterinnen der Entrümpelungsfirma, die vor der Tür standen. Sie trugen mintfarbene Overalls, Handschuhe und durchsichtige Plastikhauben. Gegenstand für Gegenstand trugen sie aus der Wohnung. Ich kochte währenddessen Kaffee für sie, den sie mit viel Milch und Zucker tranken. Bei sperrigen Möbelstücken half ich ihnen. Wir sprachen kein Wort. Vielleicht verstanden sie mich nicht. Untereinander redeten sie eine mir unbekannte Sprache. Am Abend war die Wohnung leer. Die Frauen in ihren mintfarbenen Overalls nickten mir zu, dann stiegen sie in ihren Transporter und fuhren davon. Ich rauchte noch eine Zigarette vor der Haustür. Weil ich mich nicht bewegte, ging das Außenlicht aus. Wie eine Statue stand ich im Dunkeln. Noch immer hatte ich die drei Steine in der Manteltasche. Lange rührte ich mich nicht. Dann gab ich mir einen Ruck, warf den Schlüssel in den Briefkasten der Nachbarin, die mir versprochen hatte, sich um die Übergabe *zu kümmern, und fuhr davon. Ich dachte, wenn ich zu Hause wäre, würde ich etwas anderes träumen, aber schon in der übernächsten Nacht lief ich wieder über die Ebene. Seitdem fühlt es sich an, als würde ich selbst die ganze Zeit mit dem Rücken zur Kellerwand stehen, ohne die Möglichkeit zu haben, zu entkommen oder mich zu wehren.*

Du musst wissen, der Vorfall, von dem der Kamerad in der Bar gesprochen hat, ist auf einem Gefechtsübungsplatz passiert, nicht auf der Schießbahn. Bei diesem Vorfall dachte ich, ich würde es diesmal auch ohne die Steine in meinen Taschen schaffen. Ich konnte kein zusätzliches Gewicht gebrauchen. Auch war ich überzeugt, bei einer Übung hätte ich nichts zu befürchten. Zusammen mit zwei anderen Soldaten war ich als Feind eingeteilt. Unsere Aufgabe war es, ein Lagerhaus zu bewachen. Dafür hatte man uns mit Leuchtspurmunition ausgestattet. Die halbe Wache war bereits rum. Plötzlich roch es nach Rauch. Sofort habe ich die Ebene vor mir gesehen. Sie erschien mir so echt, dass ich vergaß, wo ich mich befand, dass ich vergaß, dass alles nur eine Übung war. Und weil ich keine Steine in meiner Tasche fand, schoss ich mit dem Maschinengewehr. Die Leuchtspuren der Munition erhellten den ganzen Platz, aber ich konnte nicht aufhören und habe alle Patronen verschossen. Die anderen zwei Soldaten waren wie erstarrt, reagierten zu spät. Erst als es wieder komplett dunkel war, haben sie mich entwaffnet und zu Boden gedrückt, dort gehalten, einen Vorgesetzten verständigt. Ich habe behauptet, dass ich zu wenig getrunken hätte, dehydriert gewesen wäre, und sie haben mich für zwei Wochen beurlaubt.

Erzählen konnte ich dir im Bungalow davon nicht, zu sehr habe ich mich geschämt. Selbst jetzt, während ich es aufschreibe, glüht mein Gesicht. Aber vielleicht kann ich es nun hinter mir lassen.

Ich hoffe, du hältst dich aufrecht.
X

Lisbeth verließ das Schiff an einem kalten Novembertag. Oben an der Gangway zögerte sie einen Moment und drehte ihren Pass in den Händen. Er war ihr erst am Morgen ausgehändigt worden. »Wie im Gefängnis«, hatte Jeremy, einer der Friseure, gesagt, der hinter Lisbeth gestanden hatte.

Lisbeth sah sich noch einmal um, dann lief sie los. Der Aluminiumboden vibrierte unter ihren Schritten. Sie erreichte das Ende der Zugangsbrücke, atmete aus und trat auf festen Boden. Grau lag die Nordsee im Hafenbecken. Möwen schrien. Der Himmel war wolkenverhangen. Für Lisbeth fühlte es sich an, als hätte sie den Frühling, Sommer und Herbst einfach übersprungen. Nun war wieder Winter und sie war genau dort, wo ihre Reise vor einem Jahr begonnen hatte.

Die Kriegerin wartete mit laufendem Motor am Busbahnhof. Sie hupte und öffnete ihr die Beifahrertür. Trotz des diesigen Wetters trug sie eine Sonnenbrille. Ihre grauen Haare hatte sie unter einer dunklen Mütze versteckt.

»Ahoi«, sagte sie und grinste. Lisbeth warf ihre Tasche in den Kofferraum und setzte sich auf den Beifahrersitz. Sie wollten direkt zum Bungalow fahren, so hatten sie es ausgemacht. Die Strecke führte einmal an der Küste entlang. Die Ostsee aber war nur selten zu sehen. Hotels und Ferienanlagen versperrten die Sicht. Lisbeth drückte sich in den Sitz, stemmte die Knie gegen das Handschuhfach, rieb über ihre Hose, die nach Salz roch, und schaute immer wieder auf ihr Handy, verfolgte auf der Karte den blauen Punkt, der anzeigte, wie sie sich fortbewegten. Der Abstand zum Meer wurde nie allzu groß.

Die Kriegerin und sie sprachen nicht viel. Lisbeth genoss dieses Schweigen. Auf dem Schiff hatte niemand länger als fünf Minuten den Mund gehalten. Ständig hatte es dort etwas zu bereden gegeben. Die Aufgedrehtheit, mit der sie den Gästen begegnen mussten, ließ sich in den Bereichen, die nur für die Crew vorgesehen waren, nicht so einfach ablegen. Sunny hatte sogar im Schlaf noch geredet.

Bei einer Fastfood-Kette lenkte die Kriegerin den Wagen auf den Parkplatz. Lisbeth wollte nur einen Milkshake, aber die Kriegerin kam mit gleich mehreren Papiertüten wieder heraus. Sie aßen alles auf der kalten Metalllehne einer Sitzbank hockend. Das Rauschen der Straße vor sich. Zwischen ihnen so viel Abstand, dass ihre Schultern sich nur knapp nicht berührten. Seitdem sie den Brief von der Kriegerin gelesen hatte, hatte Lisbeth überlegt, wie es sein würde, wenn sie sich wiedersahen. Jetzt merkte sie, dass alles noch immer genau so war wie im letzten Winter. Es war, als hätte die Kriegerin den Brief nie geschrieben.

Sie erreichten den Bungalow am späten Nachmittag. Er wirkte glatt und anonym. Sogar die Einfahrt hatte der Besitzer erneuert. Weißer Kies knirschte unter den Reifen des Autos. Sie nahmen ihr Gepäck aus dem Kofferraum. Die Kriegerin schloss die Tür auf. Durch die neuen, großen Fenster war es, als würden sich die Dünen im Inneren befinden. Die Wände so hell wie der Sand.

Wie schon bei ihrem letzten Aufenthalt verbrachten sie auch diesmal die Vormittage mit ausführlichen Spaziergängen am Strand. Auf der Seebrücke standen die Angler in dicken Jacken, warfen surrend ihre Angeln aus, die Gesichter rot von der Kälte. Die Uferpromenade war mit feinem Eis überzogen. Der Wind wehte schneidend und stetig. Trotz der Minusgrade ging

die Kriegerin jeden Tag ins Wasser. Selbst, als feiner Schnee
fiel. Sie hatte sich Neoprenschuhe gekauft, deren grelles Pink
im starken Kontrast zu der grauen Umgebung stand. Mit den
Schuhen hielt sie es noch länger im Wasser aus. Lisbeth ließ
sie währenddessen nicht aus den Augen. Auch wenn sie sich
ein paar Schritte entfernte und eine Zigarette rauchte. Sie
ging selbst nie mit ins Wasser. Die Kriegerin bat sie auch nicht
darum.

Wenn Lisbeth morgens aufstand, war die Kriegerin immer
schon laufen gewesen. Trotzdem kam sie mit, wenn Lisbeth
am Abend joggen ging. Die Kriegerin hatte sich auch Gewichte
mitgebracht. Unterschiedlich schwere Hanteln, mit denen
sie im Wohnzimmer Übungen auf einer schmalen Yogamatte
machte, das graue Haar zu einem strengen Zopf zusammen-
genommen.
Abends, wenn Lisbeth zu Bett ging, blieb die Kriegerin vor dem
Fernseher, zappte sich durch das Programm, zögerte es hinaus,
schlafen zu gehen. Auf Lisbeths Nachfrage erklärte sie, dass
sie sich längst an wenig Schlaf gewöhnt habe. »Fünf Stunden
reichen mir.«

Schon in der ersten Nacht im Bungalow waren Lisbeths Träume
weniger schwer. Die Ebene war rußgeschwärzt, ihre Lippen
blau gefroren, ihre Hände wund vom Steinesammeln, aber sie
spürte die Nähe zum Meer wieder deutlich. In den folgenden
Nächten war es nicht anders. Wenn Lisbeth aufschreckte,
brauchte sie trotzdem immer einen Moment, um sich zurechtzufinden. Oft stand sie auf, öffnete das Fenster, horchte, ob
sie wie im Traum die Wellen hören konnte. Am wenigsten
schwer waren die Träume, wenn die Kriegerin neben ihr lag
und nicht noch im Wohnzimmer vor dem Fernseher saß. Mit
offenen Augen lag Lisbeth dann neben ihr und hörte ihren

gleichmäßigen Atemzügen zu. Wie es der Kriegerin mit den Träumen erging, wusste Lisbeth nicht.

»Warum begegnen wir uns nie im Traum?«, fragte Lisbeth einmal beim Frühstück.

Die Kriegerin sah von ihrem Joghurt auf.

»Es sind Träume, Lisbeth«, sagte sie. Lisbeth, die gerade dabei war, ihr Brötchen mit Käse zu belegen, hielt in der Bewegung inne. Es kam ihr vor, als habe die Kriegerin ihren Namen zum ersten Mal ausgesprochen. Und vielleicht hatte sie das auch.

»Was ist, warum schaust du mich so seltsam an?«, fragte die Kriegerin.

»Nichts«, hatte Lisbeth schnell gesagt, von ihrem Brötchen abgebissen, das Thema fallen gelassen, die Träume nicht mehr erwähnt.

Die Nächte waren ruhig, aber tagsüber spürte Lisbeth, wie nahe sie Berlin war. Dass sie hier nur in ein Auto steigen müsste und in kurzer Zeit wieder da wäre. Bei dem Gedanken verengte sich ihr Brustkorb, spannte ihre Haut. Wenn sie am Strand auf Männer mit Kindern trafen, wandte sie sich ab, lief schneller.

Immer war es die Kriegerin, die kochte. Wenn Lisbeth anbot, ihr in der Küche zu helfen, schüttelte sie den Kopf. Manchmal schaffte es Lisbeth, sie zu überreden, abends in ein Restaurant an der Strandpromenade zu gehen. Dort tranken sie einen leichten Wein oder dunkles Bier. Die Kriegerin bestellte jedes Mal das teuerste Fleisch, das es auf der Karte gab.

»Für irgendetwas muss ich ja das ganze Geld ausgeben, das ich fürs Kopf-Hinhalten bekomme.«

Wenn die Teller kamen, aß sie das Fleisch zuerst. In den Beilagen stocherte sie nur herum.

Einmal, als sie zum Rauchen vor die Tür des Lokals gegangen

waren, sagte die Kriegerin zu Lisbeth: »Du weißt genau, wie man sich an solchen Orten zu verhalten hat. Dass man sich die weiße Stoffserviette auf den Schoß legen muss beim Essen und sie nicht neben dem Teller liegen lassen darf, welches Besteck das richtige ist und wie man es hält, von welcher Seite die Kellnerin den Teller abräumt, dass man das Glas, wenn einem nachgeschenkt wird, nicht anhebt, sondern stehen lässt. Ich aber komme mir hier immer vor, als hätte ich mir unrechtmäßig Zutritt verschafft, als wäre es nur eine Frage der Zeit, bis ich enttarnt und an den Haaren aus dem Lokal gezogen werde.«

Lisbeth zuckte mit den Schultern und aschte ab. »Ich sehe es tagtäglich auf dem Kreuzfahrtschiff. Was erwartest du?«, fragte sie und sah der Kriegerin in das im Schatten liegende Gesicht. »Ich kopiere bloß, was ich beobachtet habe.«

»Bist du früher nie in solchen Restaurants gewesen?«

Lisbeth schüttelte den Kopf.

»Ich weiß überhaupt nichts von dir«, sagte die Kriegerin, trat ihre Zigarette aus, zündete sich eine neue an, drehte das Gesicht so, dass das Licht über der Eingangstür darauf fiel. »Denkst du, du bist einer dieser Türme aus Kiefernholzblöcken? Aus diesem Spiel, das man als Kind gespielt hat, bei dem man die Steine herausziehen muss, ohne dass der Turm zusammenfällt. Du scheinst zu glauben, dass du einstürzt, solltest du auch nur etwas von dir hergeben.«

Lisbeth hob die Augenbrauen. »Und du, was verrätst du mir über dich?«

Die Kriegerin grinste, schwieg, sah in eine andere Richtung. Wieder im Restaurant, an ihrem Tisch, sprachen sie kein einziges Wort. Nach dem Essen gingen sie über den Strand zurück. Der Sand war gefroren.

Am nächsten Tag fingen sie zeitgleich an, Blut zu verlieren. Beim Anblick des rot getränkten Toilettenpapiers wurde

Lisbeth schlecht. Sie spülte es hinunter und legte sich die Hände auf den Bauch.

Als Lisbeth aus dem Bad kam, sagte die Kriegerin: »Blutsbrüder« und hielt ihr ihre blutigen Finger unter die Nase. Während der Grundausbildung hatte sie einmal denselben Witz gemacht. Aber auch damals hatte Lisbeth nicht nach ihren Fingern gegriffen und war den Schwur nicht eingegangen.

Den Tag verbrachten sie auf dem ausladenden Sofa im Wohnzimmer, dösten, sahen Dokumentationen, tranken Tee aus gläsernen Bechern. Erst am Nachmittag stand Lisbeth auf. Sie fühlte sich benommen, trat nach draußen, lief rauchend mehrere Runden um den Bungalow, ging auch Richtung Straße, schnitt dort ein paar Zweige aus einer Hecke, ohne genau hinzusehen, stellte sie, zurück im Wohnzimmer, in eine Vase auf den Tisch.

Bereits am nächsten Tag platzten die Knospen auf, während sie am Strand spazieren waren. Der Geruch stand im ganzen Bungalow, als sie zur Tür hereinkamen. Erst jetzt erkannte Lisbeth, dass sie die Zweige einer Weißdornhecke abgeschnitten hatte. Der Geruch vermischte sich mit dem Geruch von Erbrochenem. Die Zeit lief rückwärts. Innerhalb von Sekunden lag Lisbeth auf glänzendem Linoleum, das Licht so hell, als würde sie direkt in eine Lampe schauen, als hielte jemand bei einem Verhör den Schirm in ihr Gesicht. Und wehe, du blinzelst.

Die Kriegerin musste sie schütteln, damit sie aus der Situation herausfand. Ihr Kopf dröhnte. Ohne ein Wort zu sagen, nahm die Kriegerin die Zweige aus der Vase, trug sie nach draußen. Lisbeth hörte, wie sie eine der Mülltonnen öffnete und wieder schloss.

»Danke«, sagte sie zur Kriegerin, nachdem sie wieder hereingekommen war.

»Nicht dafür«, sagte die Kriegerin entschieden.

An einem der letzten Tage im Bungalow zeigte die Kriegerin
ihr die Website einer Paintball-Anlage. Ob Lisbeth nicht Lust
hätte, mit ihr dorthin zu fahren. »Damit du auch mal wieder
etwas erlebst.«

»Wann?«, fragte Lisbeth.

»Morgen?«

»Gut«, sagte Lisbeth. Später bestellten sie Pizza. Sie aßen auf
dem Sofa, die Kartons auf den Knien, die Hände fettig vom Öl.
Die Kriegerin listete alle Waffen auf, mit denen sie umzugehen
wusste, die sie benutzt hatte, auf Truppenübungsplätzen überall auf der Welt. Sie erzählte, wie es sich anfühlte, sie zu halten,
zu reinigen, mit ihnen zu zielen und zu schießen, wie stark
jeweils der Rückstoß war, wie laut das Geräusch des Schusses.
Sie griff dabei immer wieder nach Lisbeths Arm, auf dem die
Spuren ihrer Finger zurückblieben und im Licht der Stehlampe
glänzten.

Am nächsten Tag gegen Mittag fuhren sie los. Es war wieder
wärmer geworden. Der Boden schlammig. Im Auto beschlugen
von innen die Scheiben.

Vor dem Eingang der Anlage lungerte eine Gruppe von Jugendlichen herum. Sie alle trugen bunte Wollmützen derselben
Marke. Die Kriegerin ging auf sie zu. Lisbeth hielt sich hinter
ihr.

»Kann ich euch ein Angebot machen?«, fragte die Kriegerin.
Die Kaugummi kauenden Jugendlichen zuckten gelangweilt
mit den Schultern.

»Wenn ihr gegen uns spielt, bezahle ich euch den Eintritt.«

»Wir sind acht, ihr nur zu zweit«, sagten die Jugendlichen.

Die Kriegerin grinste. »Genau deswegen frage ich euch.«

Die Jugendlichen beratschlagten sich kurz, dann stimmten sie
zu. Gemeinsam gingen sie zur Anmeldung.

Sie erhielten Schutzanzüge, die halbautomatischen Markierer,

Gasspeicherflaschen, Hopper und je zweihundert Paintballs. In einer nach Schweiß riechenden Umkleide zogen sie sich um. Die Kriegerin grinste noch immer. Lisbeth versteckte ihre nassen Hände.

Das Gelände war weitläufig. Es gab Gebäudereste, Mauern, ein leer stehendes Haus, junge Bäume, vor allem Birken, künstliches Unterholz, eine Schotterstraße, Sandhügel. Sofort fühlte sich Lisbeth auf den Truppenübungsplatz der Grundausbildung zurückversetzt. Die Kriegerin lief umher, als gehöre ihr das Stück Land. Lisbeth wischte ihre Hände an dem Anzug ab. Das Signal für die erste Runde erklang. Die Kriegerin nickte Lisbeth aufmunternd zu. »Stell dir vor, die Jugendlichen haben sein Gesicht«, sagte sie.

»Wessen Gesicht?«, fragte Lisbeth, aber da war die Kriegerin schon losgelaufen, die Waffe im Anschlag. Lisbeth versuchte, die letzten Tage abzuschütteln, und folgte der Kriegerin geduckt. Schon nach wenigen Minuten fand ihr Körper in die einmal so vertraut gewesene Haltung zurück.

Das Spiel war wie ein Rausch. Knallend zerplatzte die Farbe auf den Anzügen der Jugendlichen. Die Kriegerin gab die Taktik vor, oft nur mit einem knappen Nicken. Sie spielten mehrere Runden. Lisbeth hatte vergessen, wie gut sich ein mit Adrenalin vollgepumpter Körper anfühlte. Die Wolken brachen auf. Die Kriegerin entfernte sich. Lisbeth blinzelte ins Sonnenlicht. Für einen Moment verlor sie die Orientierung. Sie wandte den Kopf, wollte sich ducken, aber da brachen die Jugendlichen schon aus dem Unterholz und umstellten sie. Drei von ihnen schossen gleichzeitig und aus nächster Nähe. Lisbeth hatte nicht damit gerechnet, dass es wehtun würde, obwohl sie bei der Einweisung mehrmals gewarnt worden waren. Die Patronen zerplatzen auf ihrer Brust, dem Bauch, den Beinen. Der

Schmerz wie von einem sehr festen Schlag. Lisbeth sackte zu Boden. Die Jugendlichen lachten, trollten sich davon. Lisbeth blieb liegen, als wäre sie wirklich verletzt, verwundet, tot. Über ihr war der Himmel inzwischen blau.

An den letzten zwei Runden beteiligte sich Lisbeth nicht mehr. Die Kriegerin traf sie erst wieder in der Umkleide.

»Wir haben sie alle platt gemacht«, sagte die Kriegerin, nahm die Schutzbrille ab und wischte sich das verschwitzte Haar aus der Stirn.

»Das waren Kinder«, sagte Lisbeth.

»Teenager. Außerdem waren sie zu acht.«

»Du bist Soldatin.«

Die Kriegerin zuckte mit den Schultern. »Wo warst du am Ende? Ich habe dich nicht mehr gesehen.«

»Ich hatte keine Lust mehr«, sagte Lisbeth.

»Hat es dir keinen Spaß gemacht?«

»Als ob es dir um Spaß gegangen wäre.«

»Es ist ein Spiel.«

»Du wolltest mich vorführen.«

»Was?«

»Du hast mich schon verstanden«, sagte Lisbeth.

Die Kriegerin verzog den Mund. »Was soll der Quatsch? Das Einzige, was ich wollte, war, den Tag mit dir zu verbringen, wie früher beim Biwak.«

»Genau das ist das Problem. Das ist zehn Jahre her. Warum kannst du nicht damit abschließen? Unsere Leben haben sich in unterschiedliche Richtungen bewegt. Aber du scheinst das einfach nicht akzeptieren zu wollen.« Lisbeth knüllte den Schutzanzug mit den Farbspritzern zusammen. Die Kriegerin schwieg.

»Ich bin kein Kamerad. Ich bin Floristin.«

»Das weiß ich.«

»Dann verhalte dich auch so«, sagte Lisbeth und verließ die Umkleide.

Auf dem Rückweg fuhr die Kriegerin schnell, ging über die Geschwindigkeitsbegrenzung hinaus, zog auf der linken Spur an den anderen Autos vorbei. Es blitzte. Lisbeth zwinkerte. »Du musst irgendwann deinen Führerschein abgeben, wenn du so weitermachst«, sagte sie, nachdem sie kurz darauf ein zweites Mal geblitzt wurden.
Die Kriegerin lachte mit grimmigem Gesicht, ohne den Fuß vom Gas zu nehmen.

Am nächsten Morgen, beim Frühstück, sagte die Kriegerin, dass sie sich die Haare färben wolle. »Hilfst du mir?« Lisbeth antwortete zuerst nicht, nickte dann aber doch. Gemeinsam fuhren sie zu einer Drogerie im Ort. Die Luft roch salzig. Lisbeth glaubte, selbst hier auf dem tristen Vorplatz die Ostsee hören zu können.
In der Drogerie waren sie die einzigen Kundinnen. In den Gängen standen Kisten mit noch nicht ausgeräumten Produkten. Der Kassierer beachtete sie nicht weiter. Die Kriegerin entschied sich für ein blondes Färbemittel.
»Warum gerade blond?«, wollte Lisbeth wissen.
»Als Kind bin ich blond gewesen. Erst später ist mein Haar mit jedem Sommer dunkler geworden«, sagte die Kriegerin und legte die Packung auf das Band.

Im Bad des Bungalows rührte Lisbeth die Farbe zusammen. Die Kriegerin saß auf dem Rand der Badewanne. Der durchdringende Geruch des Färbemittels machte sie beide benommen, aber keine von ihnen machte Anstalten, eines der Fenster zu öffnen. Die Kriegerin beugte den Kopf zurück. Lisbeth zog die durchsichtigen Plastikhandschuhe an, die der Packung beigelegt waren, und begann, die Farbe auf dem Haar der Kriegerin zu verteilen. Vorsichtig nahm sie Strähne für Strähne in die Hand und veränderte immer wieder behutsam die Kopfhaltung der Kriegerin, um alles gleichmäßig einzumassieren. Weder sie noch die Kriegerin sprachen währenddessen ein Wort. Das Plastik der Handschuhe knisterte. Lisbeths Fingerkuppen kribbelten. Nachdem nichts mehr von der Farbe übrig war, hörte sie nicht sofort auf, tat, als müsste das Mittel weiter verteilt werden, fuhr immer wieder über das Haar der Kriegerin.

»Jetzt muss es einwirken«, sagte sie schließlich und trat zurück.

Die Kriegerin stand auf, hielt den Rücken gerade und verließ in einer seltsam starren Haltung das Bad. Lisbeth zog die Handschuhe aus, warf sie in den Mülleimer und ging ins Wohnzimmer. Die Kriegerin stand auf der Terrasse und rauchte. Lisbeth sah ihr Gesicht nicht, sie hatte sich abgewandt. Das von der Farbe feuchte Haar stand ihr wild vom Kopf ab.

Lisbeth fiel wieder ein, dass sich die Kriegerin während der Grundausbildung jeden Morgen das schwere Haar zu einem aufwändigen Zopf geflochten hatte, dabei wäre es viel praktischer gewesen, es kurz zu tragen. Sie hatten nie genug Zeit gehabt, ausführlich zu duschen, geschweige denn, sich die Haare zu föhnen. Dass die Kriegerin damals so sehr an ihren Haaren hing, war auch ein Grund, weshalb Lisbeth sie zu Beginn nicht ernst genommen hatte.

»Worüber denkst du nach?«, fragte die Kriegerin, als sie wieder zu Lisbeth nach drinnen kam.

»Nichts Wichtiges«, sagte Lisbeth. »Soll ich dir helfen, die Farbe herauszuwaschen?«

»Dafür brauche ich nun wirklich keine Assistenz«, sagte die Kriegerin und ging an ihr vorbei ins Bad.

Kurz darauf kam sie mit einem Handtuch um den Kopf wieder heraus und sagte: »An dir gehen die Jahre aber auch nicht spurlos vorbei«, und griff Lisbeth in einer ruppigen Bewegung in das durch die Stunden auf dem Crewdeck ausgeblichene Haar. Sie zog so stark daran, dass Lisbeth laut aufschrie.

»Sag mal, spinnst du?«

»Früher warst du nicht so empfindlich«, sagte die Kriegerin und grinste.

Lisbeths Hand schnellte vor und traf mit einem klatschenden Geräusch die Wange der Kriegerin. Ein roter Abdruck blieb auf der Haut zurück. Die Kriegerin schien nur darauf gewartet zu haben. Sie stürzte vor, packte Lisbeth und drückte sie nach unten. Die Kriegerin war stark, aber auch Lisbeths Körper hatte, seit sie auf dem Kreuzfahrtschiff arbeitete, wieder an Muskelmasse zugelegt. Außerdem war Lisbeth immer noch größer als sie. Sie wälzten sich am Boden, rangen miteinander. Keine von ihnen gewann für länger als ein paar Sekunden die Oberhand. Zeitgleich ließen sie voneinander ab. Den Geruch des jeweils anderen auf der Haut. Schwer atmend lagen sie auf den weiß lackierten Dielen. Die Gesichter rot und verschwitzt.

»Bevor ich dich vom Hafen abgeholt habe, habe ich mein Testament geschrieben«, sagte die Kriegerin, den Blick zur Decke gerichtet. Lisbeth drehte den Kopf.

»In einem Monat bin ich wieder im Einsatz. Das vom letzten Mal wollte ich nicht nehmen.«

»Ihr müsst ein Testament schreiben?«

Die Kriegerin nickte. »Das gehört zur Einsatzvorbereitung dazu. Kommt alles in einen Ordner mit wichtigen Dokumenten. Ich habe mich hingesetzt mit einem neuen Blatt Papier und bin alle Sachen durchgegangen, die ich besitze, und habe festgestellt, dass nichts davon von Wert ist. Alles, was ich in das Testament schreiben kann, ist, wie ich begraben werden will, ob ich verbrannt werden möchte, welches Lied gespielt, aus welchem Holz die Urne oder der Sarg sein soll«, sagte die Kriegerin und lachte, doch es klang schrill.

»Wie möchtest du begraben werden?«, fragte Lisbeth.

»Ich will nicht verbrannt werden. Damit wenigstens noch etwas von mir meinen Tod überdauern wird. Wenn ich Glück habe und der Friedhof einen Lehmboden hat, dann bin ich erst nach vierzig Jahren komplett verwest.«

Sie drehte sich auf die Seite und sah Lisbeth an.

»Versprichst du mir etwas?«

»Was denn?«.

»Du musst mir drei Steine ins Grab legen. Ich habe aufgeschrieben, dass du mich sehen darfst. Auch wenn es mich vollkommen zerfetzt hat, müssen sie für dich den Sarg öffnen. Und dann bittest du sie, dich einen Moment allein zu lassen und dann gibst du mir drei Steine mit. Wie bei den Wikingern, die wurden auch mit ihren Waffen begraben. Verstehst du?«

Lisbeth stützte ihren Kopf auf die Hände und sah die Kriegerin eindringlich an.

»Du stirbst nicht.«

»Versprich es mir einfach.«

Und Lisbeth versprach es der Kriegerin, hielt die Hand zum Schwur, blinzelte nicht.

Dass Lisbeth als Kind zu tanzen begann, war einem Zufall geschuldet. Nachdem der Schulunterricht endete und sie mit den anderen Kindern die Zeit bis zum späten Nachmittag im Hort verbrachte, suchte sie sich jedes Mal einen Ort im Schulgebäude, an dem sie sicher sein konnte, für sich zu bleiben und niemandem zu nahe zu kommen. Es gab eine Treppe, die in den Keller führte, auf der sie oft herumlungerte, manchmal flüchtete sie sich auch in den schmalen Spalt hinter dem Spielzeugschuppen auf dem Hof oder sie setzte sich mit angezogenen Beinen auf eine geschlossene Toilette und starrte das Klopapier an, das an die Decke geworfen worden war und dort in grauen Klumpen hing, wie versteinert. Wenn die Aufsicht zu sehr beschäftigt war mit Zweitklässlern, die sich mit Sand bewarfen, Schmierereien an frisch gestrichenen Wänden oder einem in der Tür eingeklemmten Finger, nutzte Lisbeth die Chance, unbemerkt im Schulgebäude umherzuwandern. Einmal stolperte sie dabei in die Turnhalle, von der sie immer angenommen hatte, sie würde um diese Uhrzeit leer sein. Stattdessen trat sie in ein dichtes Stimmengewirr. Eine silberne Musikanlage war vor der Sprossenwand aufgebaut, eine Frau im Trainingsanzug stand daneben und eine Gruppe junger Mädchen turnte auf Matten, die in der Mitte ausgelegt waren. Lisbeth hielt sich am Rand. Zunächst störte sich niemand an ihr. Nach einer kurzen Phase, in der die Mädchen sich dehnten und streckten, verließen alle, bis auf eine von ihnen, die Matten. Die Musik wurde angeschaltet und das verbliebene Mädchen begann zu tanzen, ohne dass ihr ein einziges Mal ihr Lächeln entglitt. Fasziniert trat Lisbeth näher heran. Die Bewegungen hatten nichts mit dem Tanzen zu tun, das sie von ihren Eltern kannte, wenn sie im Wohnzimmer das Radio lauter stellten oder eine Platte auflegten. Bei dem Mädchen in der Turnhalle wurde nichts weich, fließend, stattdessen führte sie ihren Körper präzise. Sie spannte ihre Muskeln so sehr an, dass sie zitterten. Die Beine dehnte sie immer weiter, bis sie wie von selbst in einen Spagat rutschte, beugte den Rücken zu einer Brücke, griff nach ihren Füßen, der Bauchnabel dabei zur Decke, schlug ein Rad, drehte sich mehrmals um ihre eigene Achse, ohne das Gleichgewicht zu verlieren, und hob den Fuß in der Standwaage so weit, dass sie mit den Zehen ihren Kopf berührte.

Lisbeth fuhr sich über die Lippen, schmeckte Salz. Sie zuckte zusammen, als sie jemand an der Schulter berührte. Die Frau im Trainingsanzug stand neben ihr und sah sie an.

»Rumstehen und zugucken gibt es hier nicht. Entweder machst du mit oder du verlässt die Turnhalle.«

Lisbeth beeilte sich, ihre Schuhe auszuziehen, und trat zu den anderen Mädchen an den Rand. Die Trainerin klatschte in die Hände, forderte sie auf, einen Kreis zu bilden, gab die Bewegungen vor, ging dabei herum, korrigierte ihre Körperhaltung. Lisbeth ahmte nach, dehnte sich, testete, wie weit sie sich verbiegen konnte, ignorierte den Schmerz. Sonnenlicht fiel durch die Fenster. Es roch nach Schweiß, Staub und dem Gummi der Matten.

Nach der Stunde nahm die Trainerin Lisbeth zur Seite. »Du hast Talent«, sagte sie. Ihr Körper sei flexibler als der der anderen. »Nächste Woche, selbe Zeit.« Sie klopfte Lisbeth anerkennend auf die Schulter.

Von da an kam Lisbeth jeden Dienstag zum Training. Nach einem halben Jahr wechselte sie in einen größeren Verein. Dort konnte sie dreimal die Woche trainieren. Die Turnhalle war am anderen Ende der Stadt. Ein großer, moderner Neubau. In der Umkleide gab es Duschen, die aber weder Lisbeth noch die anderen Mädchen jemals benutzten. Lisbeth zog sich immer dort um, wo sie am weitesten entfernt von den anderen war, und auch während des Trainings hielt sie ihren gewohnten Abstand bei. Und sie weigerte sich, Gruppenküren zu tanzen. »Auch rhythmische Sportgymnastik ist ein Mannschaftssport«, wurde ihr gesagt. Aber Lisbeth blieb stur. Schließlich gab die Trainerin nach. Lisbeth wusste, wäre sie weniger gut gewesen, sie hätte nicht ihren Willen bekommen.

Der Sport veränderte ihren Körper, veränderte ihre Haut. Der Abstand zwischen den Schüben wurde immer größer. Nachts schlief sie durch, kratzte sich nicht. Auf den Cremepackungen im Bad sammelte sich Staub. Lisbeth bemerkte den Blick ihrer Eltern. Sie schienen dem neuen Zustand nicht zu trauen.

Bei einer Routineuntersuchung fragte Lisbeths Vater die Ärztin, ob es am Sport liegen würde. Lisbeth vertiefte sich derweil in das Bild, das hinter dem Schreibtisch der Ärztin an der Wand hing. Die Ansicht einer Felswand, so detailgetreu gemalt, dass es eine Fotografie hätte sein können. »Muskeln können nicht die Barriereunfähigkeit der Haut ersetzen«, sagte die Ärztin. »Die Psyche dagegen ist ein nicht unwesentlicher Faktor.« Draußen vor der Praxis, umweht vom ersten Schnee, sagte ihr Vater: »Dir geht es besser, das ist es, was zählt.«

Auf Fotos aus dieser Zeit ist Lisbeth immer in gut ausgeleuchteten Sporthallen zu sehen. Breit grinsend posiert sie in paillettenbestickten Gymnastikanzügen. Nur auf wenigen sind Rötungen auf ihren Augenlidern, den Armbeugen oder dem Hals zu erkennen. Als ihre Trainerin sie bei einem der Wettkämpfe überschminken wollte, protestierten Lisbeths Eltern. Sie solle die Stellen auf keinen Fall zusätzlich reizen. Die Trainerin reagierte mit Unverständnis: »Das könnte sich auf ihre Punktzahl auswirken.«

Lisbeths Mutter verschränkte die Arme vor der Brust: »Was hat ihre Haut mit ihrer sportlichen Leistung zu tun?«

Lisbeth sah genau, dass ihre Trainerin eigentlich etwas sagen wollte, es sich dann aber doch verkniff.

Die wenigen Male, die der Juckreiz zurückkehrte, band sich Lisbeth die Hände mit einem Stück Plastikschnur zusammen. Unter keinen Umständen wollte sie mit schorfigen Wunden auf dem Kürteppich stehen. Im Schlaf knirschte sie mit den Zähnen, biss sich die Lippen blutig. Noch immer trieben Dinge in ihren Träumen davon. Einmal trug sie gläserne Schuhe und ging in ihnen zu Bruch. Am nächsten Tag fuhr sie direkt von der Schule zur Turnhalle und zog sich hastig um. Fenster gab es nur ganz oben. Sie waren schmal. Das Tageslicht, das durch sie fiel, blieb diffus. In dem hinteren Teil befand sich ein in den Boden eingelassenes Trampolin. Dort sprang Lisbeth, bis das eigentliche Training begann, hielt ihren Körper beschäftigt, verdrängte die Bilder aus dem Traum. Sie sprang so hoch, wie sie konnte, und ließ sich dann in das mit großen, unhandlichen Schaumstoffstücken gefüllte Becken fallen. Dort grub sie sich bis auf den Grund. Statt Wasser, wie an der Ostsee, stieß sie auf staubigen Stein. Auch am nächsten Tag hielt sie es so und am Tag darauf.

Irgendwann wurde sie entdeckt. Ihre Trainerin war außer sich.

»Hier ist niemand, der dich beaufsichtigt.«

Ihr wurde verboten, zu früh zu kommen. Nur noch nachts gelangte Lisbeth in das Schaumstoffbecken. Sie floh dorthin vor den fremden Träumen, behielt einen festen Stand.

Lisbeth kam in die Pubertät und etwas begann, sich in ihr anzustauen, drückte mit aller Kraft nach außen. War sie nicht beim Training, verbarrikadierte sie sich in ihrem Zimmer.

Beim Abendbrot saß sie schweigend am Tisch, hatte die Lippen fest aufeinandergepresst. Sie merkte, dass ihr Körper, den sie in den letzten Jahren so gut unter Kontrolle gebracht hatte, ihr wieder entglitt.

Ihre Hände bekamen ein Eigenleben, knallten Türen. Einmal zersprang das Glas dabei. Ihre Mutter stürzte hinter ihr her, aber Lisbeth war schneller und schloss sich in ihrem Zimmer ein.

»Sie wird sich bald beruhigen«, hörte sie ihren Vater sagen.

Aber Lisbeth konnte sich nicht beruhigen. Stattdessen brach die Wut ganz hervor, überrollte sie, machte sie rasend. Im Abstand von zwei Wochen zerlegte sie in der Schule einen Stuhl, warf ein Fenster ein und zertrümmerte mit der Faust die Nase eines Klassenkameraden. Jeder ihrer Versuche, sich wieder ruhig und unauffällig zu verhalten, scheiterte. Ihr Körper begann dann zu zittern, ihre Haut zu spannen.

Nachdem sie bei einem Wettkampf nur den zweiten Platz belegte, wollte sie den Teppich verlassen, aber stattdessen schnellten ihre Arme vor und schleuderte ihre Keulen auf den Tisch der Kampfrichter. Ihre Trainerin war fassungslos. Ihre Eltern mussten sie abholen. Lisbeth bekam Hausarrest. Die ganze Nacht ging sie in ihrem Zimmer auf und ab, versuchte, sich auf ihre Atmung zu konzentrieren, ihre Wut diesmal herunterzuschlucken. Im Morgengrauen hielt sie es nicht mehr länger aus, riss ihre Bücher aus dem Regal, zerrat das Bett, kippte den Schreibtisch um. Sie wurde zu einer Psychologin geschickt, auch zu einem Verhaltenstherapeuten, aber ihre Wut blieb. Im Klassenzimmer setzte die Lehrerin sie an einen Einzeltisch. In den Pausen steckte Lisbeth nun in regelmäßigen Abständen Mülltonnen in Brand. Irgendwann ging sie gar nicht mehr zum Unterricht, stromerte stattdessen durch die Stadt. Nur das Training ließ sie nie ausfallen.

»So kann es nicht weitergehen«, sagte Lisbeths Mutter. Zu dritt saßen sie am Küchentisch. Lisbeth hatte am Nachmittag ein Fahrrad geklaut und von einer Brücke in die Leutra geworfen. Jetzt pendelte über ihnen das Licht. Vor ihnen auf dem Tisch lagen die Verwarnungen aus der Schule.

»Warum hast du das gemacht?«, fragte ihr Vater. Lisbeth schwieg. Sie wusste, ihre Eltern würden die Befriedigung nicht verstehen können, die sie empfunden hatte, als das Fahrrad ins Wasser gefallen war.

Lisbeths Mutter ballte die Hand zur Faust und ließ sie auf die Tischplatte krachen. »Wenn du so weitermachst, fliegst du von der Schule.«

Lisbeth stand auf. Sie konnte nicht verhindern, dass ein Lachen aus ihr herausbrach.

Am nächsten Morgen fing ihre Mutter sie vor der Toilette ab. Sie drohte ihr, sie nicht mehr zum Sport zu lassen, nicht mehr den Vereinsbeitrag zu zahlen, persönlich mit der Trainerin zu sprechen, sollte sich ihr Verhalten nicht ändern. Lisbeth spürte, wie sie kippte. Ihre Arme zuckten, schlugen gegen die Wand. Alles glühte. Aber die Worte ihrer Mutter wogen schwer. Lisbeth schaffte es, ihre Arme zu verschränken, zurückzunehmen, das Zittern tief in sich hineinzudrücken. Plötzlich stand sie vollkommen still. Rita schreckte zurück.

»Das war das letzte Mal«, versprach Lisbeth mechanisch.

In der Woche darauf schlug sie sich einen Zahn aus, boxte sich in den Bauch, trank, bis sie das Bewusstsein verlor, schlief mit Menschen, die ihr nichts bedeuteten, fing an zu rauchen. Sie ging wieder jeden Tag in die Schule, saß jetzt in der Mitte des Klassenzimmers. Sie kleidete sich wie ihre Mitschülerinnen, trug das Haar wie sie, benutzte die gleiche Schminke, das gleiche Deo, den gleichen Nagellack und behielt ihre Wut für sich, schluckte sie, wie die anderen Mädchen, herunter.

Beim Training ging sie jedes Mal über ihre Schmerzgrenze hinaus. Ihr Haar band sie zu einem so festen Dutt, dass ihre Kopfhaut brannte. Zum Aufwärmen machte sie Überspagat an der Sprossenwand. Als sie ins Trainingslager fuhren, holte sie sich auch in ihrer Freizeit den Hallenschlüssel und übte ihre Kür. Abends im Speisesaal war sie so müde, dass sie fast über ihrem Teller einschlief. Die anderen schreckten vor ihrem verbissenen Gesicht zurück, vor ihrer Härte und Distanz. Ihr ganzer Körper stand unter Spannung. Sie knirschte jetzt jede Nacht mit den Zähnen und kratzte sich im Traum bis aufs Blut. Aber im Wachzustand schaffte sie es noch immer, es zu verhindern. Was ihr aufgetragen wurde, nickte sie ab. Ihr Körper kam ihr vor wie eine Puppe in einer fremden Hand. Nur an den Essensplan, der von ihrer Trainerin aufgestellt worden war, hielt sie sich nicht. Sie aß weiterhin Bananen, den Fettstreifen des Schinkens, weiße Brötchen, Butter und Käse, Fruchtgummis und Eis. Erst gab es deshalb Kommentare, stichelnde Bemerkungen und Blicke. Dann nahm ihre Trainerin sie nach der Stunde zur Seite.

»Fünf Kilo müssen runter, mindestens«, sagte sie vertraulich und wollte die Hand auf Lisbeths Schulter legen, doch die wich ihr aus, machte einen Schritt zurück, strauchelte, fing sich. Eine Weile sah sie ihre Trainerin nur an. Dann sagte sie: »Warum?«

»Guck dir die anderen an. Für rhythmische Sportgymnastik braucht es einen grazilen Körper.«

Lisbeth grinste, dann lachte sie. Ihre Trainerin schaute irritiert, aber da stürzte sich Lisbeth schon auf sie, presste sie zu Boden, schlug ihr ins Gesicht. Sofort wurden sie umstellt und Lisbeth wurde hochgezerrt, zurückgehalten, an die Wand gedrückt. Am nächsten Tag war Lisbeth suspendiert.

Zur Erleichterung ihrer Eltern wurde keine Anzeige erstattet.

In den Tagen danach fühlte sich Lisbeths Haut an, als würde sie reißen. Sie flüchtete sich in den Garten, grub die Erde um, jätete Unkraut, band Sträuße und Kränze, blieb in Bewegung, gönnte sich keine Pause. Sie wusste, ihre Eltern standen am Fenster und beobachteten sie.

Da war das starke Gefühl, sich hinter einer Wand zu befinden. Lisbeth erlaubte niemanden, sie zu überwinden. Teilnahmslos ging sie zur Schule, passte sich an, blieb unsichtbar. Die Nachmittage verbrachte sie in der Gärtnerei, half ihrem Vater. Nachts wurde sie fast stündlich wach, kratzte sich, ging auf und ab, hockte sich ans offene Fenster, rauchte in der kalten Luft. Ihre Haut lag wieder offen, tagsüber versteckte sie sie unter weiter Kleidung.

Nach dem Abitur begann Lisbeth die Ausbildung zur Floristin. An ihren freien Tagen und Nachmittagen fuhr sie zum Haus ihrer Eltern und ging ihrem Vater weiter zur Hand. Je anstrengender die Arbeit, je erschöpfter sie war, je stärker der Muskelkater, desto besser kam sie durch den Tag. Immer wieder versuchte ihre Mutter, sie zu überreden, doch noch zu studieren, aber Lisbeth blieb bei ihrer Entscheidung.

»Ich will mit meinen Händen arbeiten«, sagte sie mit Nachdruck. Ihr Vater freute sich, dass sie die Gärtnerei übernehmen würde. Er zeigte ihr alle Abläufe, bezog sie überall mit ein. In den Pausen saßen sie nebeneinander in der Sonne. Lisbeth rauchte Zigaretten, ihr Vater lehnte sich zurück, schwieg. Nur einmal begann er zu erzählen. Sprach von dem Schrebergarten seines Vaters, Lisbeths Großvater, den sie nie kennengelernt hatte.

»Statt Gemüse hat er dort Blumen angepflanzt. Meine Geschwister und ich mussten sie dann zu Sträußen binden, uns vor die Kaufhalle stellen und sie verkaufen.«

Lisbeth achte auf den Boden und achtete darauf, den Abstand zwischen ihrem Vater und sich nicht zu verkleinern.

»Weißt du, auch er hatte Neurodermitis. Er hat fast immer geschwiegen und war nur noch im Schrebergarten wirklich er selbst.«

»Wie ist er gestorben?«, fragte Lisbeth und drückte ihre Zigarette aus.

»Schlaganfall. Wir haben ihn tot zwischen seinen Margeriten gefunden. Ich habe dann den Garten übernommen und später die Gärtnerei hier gefunden. Und jetzt trittst du in meine Fußstapfen.«

Lisbeth versuchte ein Lächeln, aber ihr Mund gehorchte ihr nicht.

In ihrer kleinen Einzimmerwohnung am Rand von Jena hatte sie das Ostseefoto aus dem Bildband ihrer Eltern neben die Matratze an die Wand geklebt. Abends, wenn es dämmerte und nur noch wenig Licht im Raum war, sah es aus, als würden sich die Wellen bewegen. Dieser Anblick beruhigte Lisbeth fast so sehr wie die Arbeit mit den Blumen.

Sie gewöhnte es sich an, jeden Tag laufen zu gehen. Von ihrer Wohnung war es nicht weit bis zu einem erst vor Kurzem angelegten Sportplatz. Dort drehte sie früh am Morgen, noch bevor die Sonne aufging, ihre Runden.

Nur selten erlaubte sie ihrem Körper, nachzugeben. Sie ging dann tanzen, meist unter der Woche, obwohl ihr nur wenige Stunden blieben, bis sie wieder aufstehen musste. Dieses nächtliche Tanzen hatte nichts gemein mit den Küren der rhythmischen Sportgymnastik. Ihr gefiel, dass keine der Bewegungen vorgeschrieben waren, dass sie mit den Händen und Armen tun konnte, was sie wollte, dass es nicht auf ordentlich gestreckte Füße ankam, dass sie nicht breit lächeln musste, aber vor allem, dass es dabei nicht um die Meinung und die Nummern irgendwelcher Kampfrichter ging.

Liebe Lisbeth,

*es kommt mir vor, als würde ich nahtlos an den letzten Afghanis-
tan-Einsatz anknüpfen, als existierten die vergangenen drei
Jahre, die ich in Deutschland verbracht habe, nicht, als wäre
meine Großmutter noch am Leben. Auch, dass wir uns wieder
begegnet sind, erscheint mir hier wie ein Traum. Die Geräusche
der Fahrzeuge, Generatoren und Klimaanlagen im Feldlager sind
mir noch so vertraut, als wäre ich nie weg gewesen. Genauso wie
das Knistern der elektrischen Insektenfallen. Ich kenne die Wege,
verirre mich kein einziges Mal, bin routiniert bei jeder meiner
Bewegungen. Im Speisesaal gibt es die gleichen Gerichte. Jedes
Gesicht kommt mir bekannt vor. Steht die Zeit innerhalb der
Schutzmauern still?*

*Für das Handwaffenschießen am ersten Tag sind wir in die
Wüste gefahren. Wie immer lungerten Kinder dort herum. Sie
harrten fünf Stunden in der prallen Sonne aus, bis wir fertig
waren und sie die Patronenhülsen einsammeln durften, mit deren
Verkauf sie ein wenig Geld verdienen. Ich wurde den Gedanken
nicht los, dass die Kinder die Wüste nicht verlassen hatten,
seitdem wir zuletzt da gewesen waren, darauf wartend, dass wir
wiederkommen würden.*

*Ein paar Tage später sind wir dann für den ersten Auftrag
aufgebrochen. Schon nach wenigen Metern auf der Straße verflüchtigte sich das Gefühl des Stillstands. Während der Fahrt
beobachtete ich die Umgebung genau. Überall liegen hier aus-
gebrannte sowjetische Panzer, manchmal auch Helikopter am
Straßenrand.*

Mein Zug war dazu abgestellt, den Bau eines Vorpostens zu

überwachen. Untergebracht waren wir in Zelten. Die fünf
Dixitoiletten purer Luxus. Die Tage waren dort zäh wie die Luft,
die Hitze hat uns allen zu schaffen gemacht, aber wir kamen
voran. Abends haben wir auf einem kleinen Minifernseher
Filme geschaut und ausgeblendet, dass wir uns in Afghanistan
befinden. Oder wir haben Karten gespielt. Sie sind inzwischen
ausgeblichen, wie die Umgebung. Farblich sticht hier kaum etwas
hervor. Steine und Geröll liegen seit Jahrtausenden unverändert.
Die grünen Teile des Landes kommen mir so weit entfernt vor wie
die Natur in den Filmen, die wir uns ansehen.

Bei der Einsatzvorbereitung wurden wir immer wieder daran
erinnert, dass jeder gelbe Benzinkanister eine Sprengfalle sein
könnte. Aber weißt du, hier sind diese Kanister ein alltäglicher
Gebrauchsgegenstand. Wir sehen sie überall. Einen Auftrag jedes
Mal abzubrechen, würde bedeuten, überhaupt nicht mehr voran-
zukommen. Ich stelle mir oft vor, wie ich die Kanister einsammle
und aus ihnen eine Pyramide baue, die nach unserem Abzug
zusammenfällt wie ein Kartenhaus.

Niemand würde es zugeben, doch wir alle warten darauf, dass
etwas passiert, warten auf die erste Feuertaufe. Die Waffen im
Anschlag sichern wir die Kampfmittelbeseitiger und scherzen
darüber, dass es für uns keine Rückendeckung gibt. Unsere Ausrüstung könnte auch aus einem Spielzeuggeschäft stammen, so
billig ist sie. Hast du schon einmal versucht, mit einer Wasserpis-
tole dein Leben zu verteidigen? Aber auch das nehmen wir mit
Humor und lachen mit grimmigen Gesichtern. Bloß kein Geld
ausgeben. Kanonenfutter ist auch eine Form von Munition. Wenn
wir auf Patrouille sind, lautet die Anweisung, unsere Gesichter zu
zeigen. Sie sollen offen sein, die Waffen so ausgerichtet, als hätten
wir nicht vor, sie zu benutzen. »Distanziert, aber freundlich«, so
lautet der Auftrag. Vor ein paar Jahren sind sie deshalb auch noch
in ungepanzerten Fahrzeugen und ohne Helm auf Patrouille
gewesen. Wenn wir Kindern begegnen, verteilen wir Stifte und

*Süßigkeiten. Sind unter ihnen Mädchen, schiebe ich die Sonnen-
brille nach oben. Sobald sie erkennen, dass ich eine Frau bin,
lachen sie und winken mir zu.
Wie sehr wir uns am Leben fühlen, wenn wir unser Lager verlassen und das Gebiet nach Waffen, Drogen und Aufständischen
durchkämmen, darüber sprechen wir nicht, aber ich erkenne
es jedes Mal im Blick meiner Kameraden. Der Krieg macht uns
euphorisch. Es fühlt sich an wie ein Spiel.*

*Es gibt hier Vögel, die hören sich an wie herannahende
Granatwerfergeschosse und schon seit Wochen liegt das Gebirge
im Dunst, ist nicht erkennbar. Manchmal glaube ich, dass ich
die hier allumfassende Hitze nie wieder loswerde. Wir trinken
Liter um Liter, aber wir bleiben durstig. Unser Schweiß hinterlässt weiße Salzflecken auf unseren Uniformen. Wenn wir sie
ausziehen, bleiben sie stehen, als würden wir uns noch immer
in ihnen befinden. Frühling und Herbst gibt es hier nicht. Der
Sommer geht direkt über in den Winter. Alles versinkt dann im
Schlamm. An manchen Tagen gibt es sogar Schnee. Kaum vor-
stellbar bei der gerade herrschenden Hitze. Inzwischen kommt
es mir so vor, als sei es das Land selbst, das uns hier raushaben
will. Seine Schönheit bleibt unsichtbar. Vielleicht ist das hier
wirklich eine andere Welt und wir haben hier nichts zu suchen,
denke ich jedes Mal, wenn ich den Rauch sehe, der beim Ver-
brennen unserer Exkremente entsteht. Keine unserer Spuren ist
von Dauer. Nach unserem Abzug wird schnell nichts mehr an
uns erinnern, das ist mir inzwischen klar und auch den meisten
anderen Infanteristen. Sprechen tun wir darüber nicht. Stattdessen wird im Hof des Militärlazaretts ein Rosengarten angelegt.
Sogar einen Springbrunnen haben sie aufgestellt. Wem soll damit
etwas bewiesen werden? Auch er wird einfach verschwinden, im
Sand versinken. Die meisten der Soldaten aus den anderen Kom-
panien verschließen ihre Augen vor diesem Fakt. Sie verlassen*

*das Feldlager während ihres Einsatzes kein einziges Mal, hocken
in klimatisierten Containern, bekommen drei Mahlzeiten am
Tag, duschen täglich, verbringen ihre Freizeit im Fitnessraum.
Für sie ist der Krieg hier genauso abstrakt wie in der Kaserne zu
Hause. Meine Kameraden und ich nennen sie »Drinnis«. So weich,
wie sich das Wort anhört, sind sie auch. Wenn wir an Basedays
neben ihnen im Atrium sitzen und einen Film schauen, würden
wir sie am liebsten bei den Schultern nehmen und schütteln,
aber wir behalten unsere Hände bei uns, versuchen, uns nichts
anmerken zu lassen und spucken erst aus, wenn wir wieder alle
Sicherheitsschleusen hinter uns gelassen haben, außerhalb des
Lagers sind und die nächste Raumverantwortung beginnt.
Gerade befinden wir uns auf einer erst vor Kurzem eingerichteten
Höhe. Unsere Aufgabe ist es, sie zu schützen und zu halten, aber
bisher passiert nicht viel. Die Tage sind durchsetzt von Leerstellen.
Eine Stunde fühlt sich an wie eine Ewigkeit. Außer die Umgebung
zu beobachten, haben wir nichts zu tun. Wir hocken im Schatten
unter dem Tarnnetz, trinken Red Bull und spielen in den Pausen
Schiffe versenken, die Zigaretten immer griffbereit. Hier ist das
Letzte, was du tun möchtest, mit dem Rauchen aufzuhören. Es
tut gut, wenigstens damit beschäftigt zu sein. Immer wieder gibt
es kleine Rangeleien, ohne jeden Anlass. Es ist die Langeweile,
wegen der wir aufeinander losgehen, miteinander ringen und uns
zu Boden drücken, in dem aufgeschütteten Kies. Die Anspannung
lässt uns alle verrückt werden. Je weniger passiert, desto mehr
habe ich das Gefühl, die Situation könnte eskalieren.
Um schlafen zu können, nehme ich jetzt Tabletten. Ich werfe sie
so heimlich ein, wie ich die drei Steine in meiner Hosentasche
versenkt habe. Die Steine habe ich nun schon eine Weile nicht
mehr herausgenommen, noch nicht einmal im Feldlager. Ihr
zusätzliches Gewicht nehme ich in Kauf. Auch wenn wir die
Höhe verlassen, behalte ich sie in der Tasche. Und das, obwohl
die vorgeschriebene Ausrüstung schon über dreißig Kilo wiegt.*

Außerhalb des Schutzwalles und in voller Montur sind wir so schwerfällig und langsam wie Schildkröten. Die Aufständischen dagegen tragen Sandalen und luftige Gewänder. Statt Drohnen haben sie die Vögel. Sie beobachten genau, wo sie kreisen. Oft tun sie das über uns, denn wo wir sind, gibt es Futter. Werden bald auch unsere Panzer ausgebrannt am Straßenrand liegen? Und wie wird sich mein Körper anfühlen, nachdem ich ihn erneut diesem Land ausgesetzt habe?

Ich hoffe, du hältst dich aufrecht.
X

Dieses Mal fuhr das Kreuzfahrtschiff in den Norden. Lisbeth ging in Hamburg an Bord. Die nächsten Stationen waren Oslo, Kristiansand, Stavanger. Die Passagiere tranken weniger als bei der letzten Reise, zogen die Panoramalounge dem Pooldeck vor und verließen an Landtagen das Schiff in teurer Outdoorkleidung.

Bei Touren in nördlichen Meeren war statt der kurzärmeligen Uniformbluse ein langärmliges Hemd vorgeschrieben, das an kalten Tagen noch mit einer Steppweste ergänzt werden konnte. Zum Rauchen auf dem Crewdeck zog Lisbeth zusätzlich ihre Daunenjacke über. Oft war es so windig, dass sie beim Ausatmen nichts vom Zigarettenrauch sah. Ihre Kabine teilte sich Lisbeth mit Vera, einer Kosmetikerin, die eine ganze Wand mit Bildern ihrer Katze dekoriert hatte.

»Das stört dich doch nicht?«, hatte sie gefragt, als sie Lisbeths Blick bemerkt hatte. Lisbeth hatte gelächelt und den Kopf geschüttelt.

Den ersten Brief aus Afghanistan erhielt Lisbeth in Bergen. Sie las ihn an Deck, während das Schiff in den Geirangerfjord einfuhr. Nebel hing in den Bäumen. Die Passagiere drängten sich dicht an der Reling für die beste Aufnahme der Wasserfälle, die überall aus den steilen Felswänden in die Tiefe stürzten. Die Luft war feucht. Der Himmel bedeckt. Lisbeth trug eine Mütze und las den Brief im Stehen, während sie von einem auf den anderen Fuß trat und so die Kälte zu vertreiben versuchte, die vom Wasser aufstieg. Mehr als sechstausend Kilometer lagen zwischen ihr und der Kriegerin. Lisbeth konnte die Entfernung körperlich spüren. Zum ersten Mal fühlte sie sich auf dem Kreuzfahrtschiff verloren. Später, am Abend in ihrer Kabine, versuchte sie, einen Antwortbrief zu formulieren, doch sie schaffte es nicht über die erste Zeile hinaus. Ihr Alltag an Bord kam ihr nichtig vor. Schließlich warf sie den angefangenen Brief in den Mülleimer und schickte der Kriegerin stattdessen nur ein kurzes Video, wie einer der Küchenangestellten an Deck einen Schwan für das Büfett aus einem riesigen Eisblock schnitzte. Dazu den Satz: *Womit sich hier die Zeit vertrieben wird.*

Die Kriegerin antwortete ihr mit einem Bild, auf dem sie selbst mit verschwitztem Gesicht und verrutschtem Helm zu sehen war. *Könnte hier gut ein bisschen Eis vertragen.*

Auch in den Monaten danach blieben ihre Nachrichten an der Oberfläche. In einem kurzen Telefonat, das sie führten, nachdem das Kreuzfahrtschiff die Fjorde wieder verlassen hatte und zurück auf der Nordsee war, schlug die Kriegerin vor, im Winter erneut zusammen in den Bungalow zu fahren. Ohne lange zu überlegen, sagte Lisbeth zu und schickte der Kriegerin, nachdem sie aufgelegt hatten, den Zeitraum ihres nächsten Urlaubs.

Zur selben Zeit begann sich in Lisbeths Träumen Sand in den Boden der verbrannten Ebene zu mischen. Es passierte so schleichend, dass sie es zuerst nicht bemerkte und den Sand für Staub hielt. Doch mit jeder Woche, die verging, wurde es mehr, bis Lisbeth nicht mehr leugnen konnte, dass sie nachts jetzt durch eine Wüste lief. Noch immer begegneten ihr im Traum die Gestalten mit ihren Karren und Wägelchen, gelegentlich gezogen von Pferden, bei denen man die Rippen zählen konnte, aber immer wieder passierte es jetzt, dass ein Hubschrauber in der Ferne kreiste, sie am Boden ein zertretenes Nachtsichtgerät fand, abgeschossene Drohnen aus dem Himmel stürzten oder die zurückgelassenen Uniformen nicht mehr einfarbig waren, sondern eine Flecktarn-Musterung hatten.

Lisbeth kam es vor, als würde der Sand aus den Träumen auch in ihr Bett gelangen. Wenn sie morgens aufwachte, war ihre Haut aufgerieben und wund gescheuert. Noch im Halbschlaf tastete sie jedes Mal das Laken ab. Aber da war nichts, und so schob sie ihre wunde Haut auf das Chlor, mit dem das Wasser auf dem Schiff angereichert wurde, damit es nicht verdarb.

Dass es ein schweres Gefecht gegeben hatte, nachdem deutsche Soldaten beim Beseitigen von Minen in einen Hinterhalt gelockt worden waren, erfuhr Lisbeth aus den Nachrichten. Vera war es, die ihr das Video der Tagesschau auf ihrem Handy zeigte. Drei Tote, vier Schwerverletzte. Ein weiterer Panzer, der zu Hilfe eilte, war auf eine Mine gefahren und explodiert. In dem Beitrag wurde auf altes Archivmaterial zurückgegriffen. Aufnahmen des Feldlagers, rauchende Soldaten, von Reifen aufgewirbelter Sand, in der Ferne die verpixelten Ausläufer des Hindukusch.

Lisbeth schrieb der Kriegerin sofort eine SMS, aber erhielt keine Antwort. Als sie anrief, erreichte sie nur die Mailbox. In der Nacht fand Lisbeth keinen Schlaf. Einzig, dass in dem Beitrag nicht von verletzten oder getöteten Soldatinnen die Rede gewesen war, beruhigte sie.

Einen Tag später kam es in Afghanistan zu einem erneuten Zwischenfall, der es in die Schlagzeilen schaffte. Zwei Fahrzeuge hatten sich einem Konvoi der Bundeswehr genähert. Weil sie nicht stoppten, eröffneten die deutschen Soldaten das Feuer, im Glauben angegriffen zu werden. Sechs Zivilisten starben. Die Bundeswehr bestritt, einen Fehler gemacht zu haben. Auch nach mehrmaliger Aufforderung seien die beiden Fahrzeuge nicht stehen geblieben. Es habe keine andere Möglichkeit gegeben, als das Feuer zu eröffnen. Lisbeth sah sich auch diesen Beitrag immer wieder an.

Am Nachmittag gab sie einen Workshop, bei dem sie den

Gästen beibrachte, Papierblumen zu falten. Das Wetter war ungemütlich, seit dem Morgen regnete es. Es hatten sich zu viele Teilnehmerinnen angemeldet. Die Luft in dem kleinen Raum war schwer von Parfüm. Lisbeths Kopf schmerzte. Immer wieder musste sie für ein paar Minuten hinausgehen. Noch immer standen ihr die Bilder aus Afghanistan vor Augen, die sie am Morgen in den Nachrichten gesehen hatte. Dass sie Blumen aus Papier faltete, während Soldaten und Soldatinnen zur gleichen Zeit ihre Waffen benutzten, kam Lisbeth absurd vor.

In der Nacht flammte eine Rakete auf. Für einen kurzen Moment war der Himmel von ihrem Licht erhellt. Lisbeth entdeckte einen verwundeten Körper neben sich, griff nach ihm und zog ihn an sich. In der zurückgekehrten Finsternis kroch sie los, brachte den Verletzten in Sicherheit und bettete ihn in einer Kuhle am Rand eines Hains. Erst im Licht der nächsten Rakete erkannte sie, dass es kein Mensch war, den sie umklammert hielt, sondern ein Säugetier. Es war ein junges Kalb, das zitternd und nass in ihren Armen lag und dessen Herzschlag sie deutlicher als ihren eigenen spürte. In diesem Moment wurde ihr klar, dass es nur ein Traum sein konnte, und sie wachte auf. Schweißgebadet und schwer atmend lag sie in der engen Koje und beruhigte sich erst, nachdem ihr der Gedanke kam, dass die Kriegerin noch am Leben sein musste, wenn sie ihre Träume träumte. Blinzelnd legte sie ihre Hand auf die Stelle ihres Brustkorbs, wo sie ihren Puls spürte.

Drei Tage später meldete sich die Kriegerin. Ihr gehe es gut, Lisbeth solle sich keine Sorgen machen, schrieb sie in einer SMS. Und weil in den Nachrichten schon nicht mehr über den Einsatz berichtete wurde, vergaß sie die Gefechte wieder. Zum ersten Mal in ihrem Leben sah Lisbeth einen Elch, Polarlichter, einen Gletscher, gefrorenes Salzwasser.

Schon bei ihrer Ankunft wirkte die Kriegerin fahrig und überfordert. Lisbeth kam sie vor wie ein Stück Treibholz, das an den Strand gespült worden war und das nun von ihr zur sicheren Verwahrung aus dem schaumigen Wasser geklaubt und in den Bungalow gebracht werden musste. Als sie zusammen einkaufen gingen, verließ die Kriegerin den Supermarkt nach wenigen Minuten mit schweißnassem Gesicht. Lisbeth sah, wie sie draußen zwischen den parkenden Autos auf und ab ging und mit verkrampften Händen eine Zigarette rauchte. Später erklärte sie, sie habe bloß Kopfschmerzen vom grellen Licht bekommen.

Auf dem Weg zurück zum Bungalow sagte sie: »Findest du es nicht absurd, wie friedlich hier alles aussieht? Schau dir diese Gärten und diese Häuser an, diese Ordnung. Schon allein die Luft ist eine andere. Und ihr Zivilisten denkt, das wäre eine Selbstverständlichkeit.«

Am Nachmittag wollte Lisbeth die Uniform der Kriegerin waschen. Sand rieselte heraus, als sie sie in die Waschmaschine steckte. Es war ein anderer Sand als der des Ostseestrandes. Er hatte eine andere Struktur und Farbe, war feiner und kräftiger im Ton. Die Körner verrieb Lisbeth zwischen den Fingern, sie blieben haften, als wären sie magnetisch. Sie schüttelte die Uniform aus, warf einen Blick über die Schulter, dann schlüpfte sie in die Hose, danach in die Feldbluse. Im Spiegel über dem Waschbecken musterte sie sich. Beides war ihr zu klein. Sie sah aus wie die Karikatur eines Soldaten. Kein Panzer, nur ein Kostüm. Hastig zog Lisbeth die Uniform wieder aus, warf sie mit anderen Sachen in die Trommel, stellte die Waschmaschine an, blieb auf den kalten Fliesen sitzen, bis das Wasser einlief und die Stoffe dunkler färbte.

Lisbeth und die Kriegerin hielten jede ein Fischbrötchen in der Hand und sahen zu den Möwen, die über ihnen kreisten und darauf warteten, dass sie sie fütterten oder unachtsam waren, als die Kriegerin Lisbeth erzählte, dass sie zum ersten Mal jemanden erschossen hatte, dessen Gesicht sie deutlich hatte erkennen können.

Lisbeth glaubte, sie nicht richtig verstanden zu haben, der Wind war laut, sie bat die Kriegerin, es zu wiederholen.

Die Kriegerin biss von ihrem Brötchen ab und antwortete mit vollem Mund, so dass Lisbeth sich wieder nicht sicher war, richtig gehört zu haben. Die Kriegerin schluckte hinunter und sagte: »Weißt du, als ich danach zurück war im Camp und mein Gesicht im Spiegel gesehen habe, habe ich mich nicht erkannt. Alles war verzogen, fratzenhaft. Hätte jemand versucht, mich zu berühren, ich hätte die Zähne gefletscht.« Sie blickte zu Lisbeth, die für einen Moment das Gefühl hatte, die Szenerie um sie herum sei eingefroren. Auch die Möwen verharrten an einem Punkt. Nur der Brustkorb der Kriegerin hob und senkte sich.

In den folgenden Tagen hatte die Kriegerin immer wieder seltsame Anfälle. Wenn Lisbeth mit ihr im selben Raum war, hörte sie nicht auf zu reden. Das, was sie erzählte, ergab nur selten einen Sinn, schien keinen Zusammenhang zu haben.

Einmal, sie saßen gerade beim Frühstück, beugte sich die Kriegerin dicht zu Lisbeth und flüsterte ihr ins Ohr: »Ich lag in einem Bett und tropfte. Einer hat gesagt: Wir haben uns das Land anders vorgestellt. Später dann Explosionen und wir waren tagelang damit beschäftigt, ein Massengrab auszuheben, in das wir uns dann selbst als Erstes legen sollten.«

Im nächsten Moment vertiefte sich die Kriegerin wieder in die Zeitung und las Lisbeth mit verstellter Stimme einen Artikel über den Bau einer neuen Autobahn vor.

Am Abend im Restaurant, umgeben von besetzten Tischen, fiel es ihr schwer, dem Gespräch zu folgen. Was Lisbeth erzählte, hatte sie nach wenigen Minuten vergessen. Als Lisbeth sie darauf ansprach, sagte sie: »Mir wurde versichert, dass es nur eine Frage der Zeit sei, bis ich mit dem Tinnitus klarkommen werde.«

»Tinnitus?«, fragte Lisbeth.

Die Kriegerin winkte ab, griff ein anderes Thema auf, plapperte drauflos und strich die Serviette glatt, die vor ihr lag.

Auch im Schlaf sprach die Kriegerin. Lisbeth hatte das Bild von Wasser vor Augen, das unaufhörlich aus einer undichten Stelle in einem Rohr lief. In einer Nacht hielt es Lisbeth nicht mehr aus und hielt der Kriegerin den Mund zu. Die Kriegerin wachte nicht auf, verstummte aber. Lisbeth spürte ihren Atem gegen ihre Handinnenfläche. Nachdem sie die Hand wieder wegzog, redete die Kriegerin weiter, als wäre sie nie unterbrochen worden.

Wenn sie Touren mit dem Auto unternahmen, das Lisbeth gemietet hatte, umfuhr die Kriegerin jedes Stück Müll, auf der Straße und ignorierte, wenn hinter ihr gehupt wurde.

»Hier gibt es keine Sprengfallen«, erinnerte Lisbeth sie.

Ohne den Blick von der Straße zu nehmen, sagte die Kriegerin: »Kannst du das mit einer hundertprozentigen Sicherheit sagen?« Lisbeth wusste, dass es zwecklos war, mit ihr zu diskutieren. Sie hielt sich von da an mit Kommentaren zurück.

Einmal spazierten sie einen Weg entlang, der nicht am Strand entlangführte. Die Kriegerin blieb stehen, als sie an eine Wiese kamen. Das Gras war nass vom Regen. Es gab ein paar Maulwurfshügel. Lisbeth wollte die Strecke abkürzen, lief los, quer über die Freifläche. Erst nach der Hälfte merkte sie, dass die Kriegerin ihr nicht folgte. Wie erstarrt stand sie noch immer an derselben Stelle.

»Kommst du?«, rief Lisbeth. Die Kriegerin nickte zögernd, schaffte es aber immer noch nicht, die Wiese zu betreten. Stattdessen umrundete sie sie so dicht am Gebüsch entlang, dass immer wieder Zweige an ihrem Mantel hängen blieben.

Lisbeth hatte das Gefühl, das Gesicht der Kriegerin würde dunkler, je weiter der Tag voranschritt. Am Abend war es vollkommen von Schatten überlagert. Sie reagierte nicht auf Lisbeth, als würde sie ihre Stimme nicht erkennen, als wäre sie nicht gemeint.

Ausgestreckt auf dem Sofa sahen sie eine Dokumentation über ein Gebirge, während draußen die Ostsee hinter einer Nebelwand verschwunden war. Die Kamera fuhr über offen liegende Felswände, steile Schluchten, zu einem Haufen gestapeltes Geröll. Lisbeth merkte, wie sich der Körper der Kriegerin versteifte. Sie drehte den Kopf. Mit durchgedrücktem Rücken saß die Kriegerin auf der Kante des Sofas. Lisbeth spürte die Kälte, die von ihr ausging. Sie zog die Knie an, rückte ein Stück ab, sicherte sich selbst.

Auch als sie Einkaufen waren, gefror der Körper der Kriegerin. Sie stand vor der Fleischtheke, bewegte sich nicht, ihr Gesicht gespiegelt im Glas, dahinter fein aufgeschnittenes Rind, Schwein und Huhn, glänzende Knochen. Lisbeth zog sich die Jackenärmel über die Hände, griff nach der Kriegerin, schaffte es, sie zum Weitergehen zu bewegen. Der Körper der Freundin so schwer wie ein großer Stein, ein Findling, ein Überbleibsel aus der Eiszeit.

»Ich gehe auf die Straße, trage nichts bei mir, nichts, das mich schützt, nur meine Kleidung, darunter schon die Haut und zum ersten Mal in meinem Leben habe ich Angst vor der Dunkelheit«, sagte die Kriegerin, als sie auf dem Parkplatz ins Auto stiegen, der Regen auf das Dach trommelte und die Scheiben hinabrann.

Lisbeth verschränkte die Hände, knackte mit den Knöcheln, erinnerte die Kriegerin daran, dass sie sich in Deutschland befanden, dass eine wie sie hier nichts zu befürchten hatte. Die Kriegerin entgegnete ihr: »Nicht jede Gefahr kommt von außen«, öffnete die Autotür und stieg aus. Lisbeth sah ihr nach, wie sie davonging, durch den immer stärker werdenden Regen. Sie startete den Motor, folgte der Kriegerin, fuhr in Schrittgeschwindigkeit neben ihr her, bat sie durch das geöffnete Fenster, wieder einzusteigen, aber die Kriegerin schüttelte den Kopf, ließ sich nicht beirren. Sie lief die gesamte Strecke zum Bungalow zu Fuß.

Als die Kriegerin später aus der Dusche kam und rot und dampfend vor Lisbeth stand, sagte sie: »Mein Körper ist wund vom Hass.« Danach fügte sie noch hinzu: »Ich habe das Gefühl, dass mir das Licht abhandengekommen ist.«

Am Abend vor dem Schlafengehen sicherte sie den Bungalow ab. Sie überprüfte jede Tür und jedes Fenster doppelt.

»Das Fenster hier muss aber offen bleiben«, sagte Lisbeth. »Nachts wird es sonst zu stickig.«

»Die Räume sind alle ebenerdig. Weißt du, wie leicht es ist, hier einzusteigen?«

»Ich komme her, seitdem ich ein Kind bin, und noch nie ist etwas passiert«, sagte Lisbeth und lachte.

Das Gesicht der Kriegerin blieb ausdruckslos. »Ich will kein Risiko eingehen.«

In der Nacht wurde Lisbeth wach, weil sie kaum atmen konnte. Sie warf einen Blick zur Kriegerin, die schlief. Ihren erhitzten Körper spürte sie durch die Decke hindurch. Die Kriegerin murmelte etwas im Schlaf. Lisbeth stand auf. Das T-Shirt klebte an ihrem Rücken. Sie öffnete das Fenster, sog die kalte Luft ein, lauschte der Ostsee. Das Geräusch der Wellen kam ihr unregelmäßig vor. So, als wäre auch das Meer aus dem Takt geraten. Lisbeth blickte hinaus, aber in der Dunkelheit war nichts zu erkennen.

Am nächsten Morgen bekam die Kriegerin wegen des offenen Fensters einen Wutanfall, bei dem sie eine Tasse nach Lisbeth warf. Am Abend verschloss sie erneut alle Fenster und Türen. Wieder wachte Lisbeth mitten in der Nacht auf und öffnete das Fenster. An dem Morgen war es ein Teller, den die Kriegerin warf.

Dass die Kriegerin unter Flashbacks litt, erzählte sie Lisbeth erst am vorletzten Tag an der Ostsee. Sie liefen am Strand entlang und entfernten sich immer weiter vom Bungalow. Der Himmel war seit dem Morgen von einem strahlenden Blau. Es war kälter geworden. Die Temperatur lag unter null Grad. Immerzu bückte sich die Kriegerin nach Steinen und tauschte die, die sich bereits in ihrer Tasche befanden, gegen die neuen aus, während sie dicht am Wasser entlangliefen. Lisbeth kommentierte es nicht. Am Morgen hatte die Kriegerin den bisher größten Gegenstand geworfen, einen Stuhl, und diesmal hatte es Lisbeth fast nicht geschafft, rechtzeitig auszuweichen.

Mit einem lauten Knall durchbrach über ihnen ein Düsenjet die Schallmauer. Die Kriegerin blieb wie angewurzelt stehen. Lisbeth lief weiter, aber nachdem sie hundert Meter gelaufen war und sich umdrehte, stand die Kriegerin noch immer an derselben Stelle. Lisbeth ging zurück, näherte sich ihr vorsichtig, griff nach ihrem Mantel. Der Blick der Kriegerin veränderte sich. Sie schien aus einer dunklen Tiefe aufzutauchen. Dann begann sie zu sprechen, mit einer Stimme, als würde sie einen Text ablesen, als wäre das auch ein Brief, den sie an Lisbeth schrieb. »Weißt du, erst auf den zweiten Blick erkenne ich meinen Fehler. Erst auf den zweiten Blick stellt sich das, was ich gesehen habe, als etwas ganz anderes heraus. Natürlich steht nicht der ganze Strand in Flammen. Natürlich ist nicht gerade etwas explodiert. Natürlich hat das Mädchen dort hinten keinen blutigen Mund, sie hat einfach einen etwas zu grellen Lippenstift aufgetragen. Ich sehe nicht das, was wirklich da ist, stattdessen bin ich zurück in der Situation, in der alles aus dem Lot gerät. Aber weißt du, wer sagt denn, dass das hier nicht auch passieren könnte? Schließlich kann doch auch hier alles kippen und plötzlich ist der Krieg dann nicht mehr weit entfernt. Deshalb verschwindet das Zucken in meinen Fingern auch nicht, wenn ich wieder weiß, wo ich mich befinde. Meine Sehnen treten irgendwann so stark hervor, dass ich mich beeilen muss, die Hände in die Achselhöhle zu klemmen, das Anziehen einer Zwangsjacke zu imitieren, mich auszuschalten. Aber glaub mir, das ist wirklich noch harmlos. Du, ein paar meiner Kameraden schlagen sich seit dem Einsatz an den Wänden die Fäuste ein. Ich weiß von Löchern in Möbeln und Türen, ausgerutschten Händen, im Krankenhaus liegenden Ehefrauen. Und alle nicken, das kennen sie schon und ist ja auch klar, die Männer sind in Kampfhandlungen verwickelt worden, die haben ihr eigenes Leben aufs Spiel gesetzt, weil sie eben Deutschland dienen. So ein bisschen Wut ist da schon in Ordnung. Wie oft ich schon zu hören bekommen habe, ich soll ihnen zusprechen, weil's doch meine Kameraden sind, und ich als Frau hätte da doch einen anderen Zugang, die schlagende Hand soll ich ihnen halten. Als wäre ich nicht mit denen da draußen gewesen. Als hätte ich nicht das Gleiche erlebt wie sie.« Die Kriegerin schnappte nach Luft, hielt für einen Moment inne.

Lisbeth starrte auf ihre Hände. Hände, die auch einmal ein Maschinengewehr in der Hand gehalten hatten, die wussten, wie man schoss, nachlud und wieder schoss und die ihr in diesem Moment so vollkommen wertlos vorkamen, weil es ihr nicht gelang, sie nach der Kriegerin auszustrecken und sie an sich zu ziehen.

»Wie kann es sein, dass man Mittzwanzigjährigen erlaubt, sich für so einen Einsatz zu melden? Das sind halbe Kinder. Die haben noch ihr ganzes Leben vor sich«, sagte die Kriegerin.

»Du hast dich auch mit achtzehn für diesen Beruf entschieden.«

»Ja, aber ich wusste auch, worauf ich mich einlasse.«

»Wusstest du das?«

Die Kriegerin zuckte mit den Schultern. Lisbeth dachte das Wort *trösten*, aber konnte es nicht in eine Handlung übersetzen. Ihr Körper war nicht gemacht für diese Art der Berührung.

In der Nacht erzählte die Kriegerin Lisbeth von ihrer Schlaflosigkeit. Sie lagen nebeneinander im Bett. Vielleicht spürte die Kriegerin, dass auch Lisbeth noch wach war, obwohl sie schon vor Stunden das Licht gelöscht hatten. In der dichten Dunkelheit begann die Kriegerin zu sprechen. Ihre Stimme hörte sich gepresst an, immer wieder hielt sie inne und tastete vorsichtig nach den Worten: »Sobald ich nichts zu tun hab am Tag, sobald ich frei habe, ist abends, wenn ich mich hinlege, an Schlaf nicht zu denken. Ich nehme meine übliche Position ein, drehe mich auf die Seite, ziehe die Knie an, habe das Fenster im Blick, aber mein Körper weigert sich, den Wachzustand aufzugeben. Wie ein Kleinkind rebelliert er dagegen, dass ich ihn ins Bett gebracht habe, und will auf keinen Fall einschlafen, dabei ist die Müdigkeit nicht zu leugnen. So vergeht die Nacht, während ich mit weit aufgerissenen Augen daliege. Ich weiß, dass ich, wenn ich die Augen schließen würde, wieder dort, in Afghanistan wäre. Manchmal wimmere ich auch und kann nicht sagen, ob ich es selbst bin oder mein Körper. Geht das ein paar Tage so, beginnt es im unteren Sichtfeld meines rechten Auges zu flimmern und ich kann die drei Steine in meiner Uniformjacke nicht mehr loslassen. Dagegen hilft nur noch Koffein. Ein paar Stunden bleibt meine Sicht dann klar und ich schaffe es, die Hand von den Steinen lösen. Aber so wird die Müdigkeit natürlich nur aufgeschoben. Je länger dieser Zustand anhält, desto tauber wird mein Körper. Und mir gelingt es kaum noch, aufrecht zu stehen und mich auf den Beinen zu halten. Wenn ich mich an diesem Punkt meiner Schlaflosigkeit in meiner Wohnung befinde, lege ich mich auf den Teppich vor meinem Bett und masturbiere, alle vorhandenen Steine in einen Kreis um mich herum gelegt. Ich denke dabei an Hände mit festem Griff, einen leicht geöffneten Mund, sehnige Unterarme, einen Körper, der meinem, von der Kraft her, überlegen ist. Nur dadurch schaffe ich es, das Taubheitsgefühl abzuschütteln, und spüre wieder etwas. Nachdem ich gekommen bin, gelingt es mir meist sogar, für eine Stunde zu dösen. Aber echter Schlaf ist auch das nicht. Den verhindert mein Körper weiterhin, vor dem schützt er mich. Und erst, wenn ich meinen Tag wieder in der Kaserne verbracht habe, wenn ich auf Übungsplätzen gestanden, wenn ich meine Uniform getragen habe, gestattet mir mein Körper ein paar Stunden Schlaf.«

Lisbeth bewegte sich nicht, hörte nur zu. Es schien der Kriegerin zu helfen, dass sie in der Dunkelheit nicht ihr Gesicht sehen konnte.

»An den Wochenenden, wenn ich nicht in der Kaserne bin und den Kraftraum nutzen kann, gehe ich ins Fitnesscenter«, fuhr die Kriegerin fort. »Das hat vierundzwanzig Stunden geöffnet. Es befindet sich im Obergeschoss eines Parkhauses.

Die Front ist komplett verglast. Ich trainiere dort immer nur an den Geräten, die so positioniert sind, dass man hinausblicken kann. Wenn ich in der Nacht zuvor nicht geschlafen habe, muss ich die Stadt die ganze Zeit im Auge behalten. Von dort oben wirkt alles wie eine stumm geschaltete Videoaufnahme. Das stabile Glas der Scheibe schluckt jedes Geräusch. Zwischendurch begutachte ich die Körper der anderen. Ich vergleiche ihre Muskeln mit meinen und überlege, wen ich wie lange zu Boden gedrückt halten könnte. Wenn ich dann im Duschraum unter dem kalt eingestellten Wasserstrahl stehe, kommt das Flimmern zurück. Manchmal auch die Animation eines Trümmerfelds. Es erstreckt sich bis zum Horizont. Alles ist explodiert. Es gibt nichts mehr, was sich noch in die Luft jagen ließe«, sagte die Kriegerin und lachte halb verschluckt. Lisbeth wollte die Hand nach ihr ausstrecken, sie in den Arm nehmen, aber sie war wie gelähmt.

»An manchen Tagen weiß ich, dass es besser ist, nicht ins Fitnesscenter zu gehen. Dann jogge ich. Mindestens fünfzehn Kilometer. In der Nähe der Kaserne gibt es ein Industriegebiet. Nachts ist dort kaum jemand unterwegs. Selten passiert mich das Auto einer Security-Firma. Im Licht der Scheinwerfer leuchten die Reflektoren meiner Sportkleidung auf. Angehalten werde ich nie. Keiner kommt auf die Idee, dass von mir eine Bedrohung ausgehen könnte.«

Diesmal gelang es der Kriegerin, richtig zu lachen. Laut und unverstellt. Sie konnte nicht mehr damit aufhören, musste sich aufsetzen, weil sie keine Luft mehr bekam, hielt sich den Bauch, lachte noch immer, beruhigte sich nur langsam und fing dann wieder an.

Lisbeth richtete sich auf, die Decke rutschte ihr von den Schultern. Sie stellte sich vor, die Ostsee wäre über das Ufer getreten, überschwemmte das Zimmer, umspülte die Matratze. Das strudelnde Wasser im Kopf fragte sie die Kriegerin leise nach dem letzten Einsatz, bat sie, zu erzählen, was genau passiert war, aber die Kriegerin schüttelte den Kopf.

»Du würdest es eh nicht verstehen.«

»Warum nicht?«

»Du bist kein Soldat.«

»Erzähl es mir trotzdem.«

»Weißt du, dass es Spaß gemacht hat?«

»Was?«

»Das Schießen.«

Lisbeth schwieg.

»Ich habe mich noch nie so lebendig gefühlt wie bei diesem Gefecht.«

»Sag so etwas nicht.«

»Siehst du, du verstehst es nicht«, sagte die Kriegerin schüttelte sich, stand auf und verließ den Raum. Durch das Fenster sah Lisbeth sie auf die Terrasse treten, wo sie im Stehen eine Zigarette rauchte, den Kopf Richtung Meer gewandt.

Am nächsten Morgen saß die Kriegerin mit der Zeitung auf dem Sofa, als Lisbeth aufstand. Von dem Kaffee, den Lisbeth kochte, wollte sie nichts. Stattdessen schlug sie vor, Laufen zu gehen.

Im engen Flur zogen sie sich schweigend ihre Sportkleidung an.

Sie joggten im feinen Nieselregen dicht am Strand entlang, auf dem Weg oben hinter den Dünen. Sie waren gleich schnell, hielten die Geschwindigkeit, sprachen kein Wort. An der Stelle, an der sie normalerweise umkehrten, den Weg zurück zum Bungalow nahmen, lief die Kriegerin einfach weiter. Und Lisbeth folgte ihr. Der Regen hatte inzwischen aufgehört. Der Himmel brach ein Stück auf.

Sie liefen an diesem Tag, bis sie nicht mehr konnten, bis sie sich zeitgleich entschlossen, stehen zu bleiben. Noch immer schweigend suchten sie eine Haltestelle und fuhren nass geschwitzt, in der letzten Reihe des Busses sitzend, zurück in den Ort.

Im Bungalow tranken sie den längst kalt gewordenen Kaffee, duschten heiß und legten sich zurück ins Bett, wo sie sofort schliefen, bis sie den Bungalow am Nachmittag verlassen mussten und Lisbeth zum Hafen und die Kriegerin zur Kaserne fuhr.

Lisbeths Vater starb im Sommer, kurz nachdem sie ihre Ausbildung zur Floristin abgeschlossen hatte. Ihre Mutter rief sie
an, da befand sich Lisbeth gerade kurz hinter der französischen
Grenze. In den Monaten zuvor hatte sie genug Geld zurück-
gelegt, um sich einen Gebrauchtwagen zu kaufen. Silberner
Lack, tiefe Sitze. Der Duftbaum der Vorbesitzerin hing noch am
Rückspiegel. Mit dem Auto wollte sie bis an den Atlantik. Als
ihr Handy klingelte, ahnte sie nichts, parkte am Straßenrand,
nahm den Anruf an.

Ihre Mutter war am Nachmittag von der Arbeit im Labor gekommen und hatte ihren Vater tot zwischen den Margeriten
gefunden. Lisbeth hörte nur zu. In der prallen Sonne heizte sich
das Auto immer stärker auf. Ihre Haut begann zu brennen, ihr
Brustkorb wurde eng. Irgendwann hielt sie es nicht mehr aus,
musste aussteigen, lief einen Hang hinauf, stellte sich in einen
Birkenhain. Zu ihren Füßen blühte der Klee. Sie bückte sich,
riss an den Stängeln, band einen kleinen Strauß, bekam wieder
Luft. Die Straße behielt sie im Blick. Der Asphalt sah vollkommen unbeschadet aus. Als ihre Mutter auflegte, war Lisbeths
Guthaben aufgebraucht. Mit dem Handy und dem Strauß in
der Hand stand sie starr auf dem Hügel, ließ die Schatten länger
werden. Erst in der Dämmerung ging sie zur Straße zurück.
Ihre Schritte stolpernd, aber sie fiel nicht. Im Auto riss sie den
Duftbaum ab, drückte ihn zusammen, band stattdessen den
Strauß aus Kleeblüten an den Rückspiegel. Beim Starten des
Motors sprang die CD wieder an, die sie während der Fahrt
gehört hatte. Harter, schneller Techno. Lisbeth ließ die Musik
laufen, wendete das Auto, beschleunigte. Sie fuhr die ganze
Nacht. War die CD einmal durchgelaufen, spielte sie sie wieder

von vorne ab. Zurück in Deutschland, an einer Raststätte, kurz vor Jena, kaufte sie sich einen Kaffee. Sie trank ihn, auf einer Bordsteinkante hockend. Holte sich einen zweiten, pinkelte hinter einen Stromkasten, stieg durch ein Loch im Zaun und pflückte so lange Goldrauten, Schafgarbe und Kornblumen, die dort am Rand eines Feldes wuchsen, bis sie völlig durchgeschwitzt war.

Es war ein heißer Sommer. Überall wurden Rekordtemperaturen verbucht. Nach der Begräbnisfeier zog Lisbeth zurück in ihr altes Kinderzimmer. Es lag direkt unter dem Dach. Nachts wälzte sie sich hin und her. Ihre Haut trocknete aus, schuppte. Sie kratzte sich so stark, dass ihr Laken am nächsten Morgen an den offenen Stellen ihrer Haut klebte.

Ihre Mutter flüchtete sich tagsüber in den Schlaf, lag ausgestreckt auf dem Sofa, die Terrassentür und alle Fenster weit geöffnet. In den Abendstunden sortierte sie die Dinge im Haus. Manchmal kam Lisbeth dazu und half ihr.

In unregelmäßigen Abständen gingen sie zum Friedhof, legten Arme voll Blumen aufs Grab, alles, was zu diesem Zeitpunkt blühte, Gladiolen, Nelken, Sonnenblumen, Iris, aus den Beeten und dem Gewächshaus herausgeschnitten, bis nichts mehr übrig war und sie auf in Plastikfolie gewickelte Sträuße aus dem Supermarkt zurückgreifen mussten.

Über das Margeritenbeet, in dem Lisbeths Vater zu Boden gegangen war, war Rita noch am Tag seines Todes mit dem Rasenmäher gefahren, hatte die hochstehenden Blumen niedergemäht und die zerteilten Reste auf dem Kompost entsorgt.

Jeden Nachmittag fuhr Lisbeth mit dem Fahrrad zum Ufer der Leutra außerhalb von Jena, wo dicht das Springkraut blühte, band aus ihm dicke Kränze, warf sie ins Wasser, sah ihnen nach, wie sie davonschwammen. Ihr ganzer Körper war taub. Ihr kam es vor, als wäre da nicht nur ihr eigenes Gewicht, sondern auch das ihres Vaters.

Im Traum trug sie das Hochzeitskleid ihrer Mutter und versank in der Mitte eines Sees. Um nicht vollständig unterzugehen, vergrößerte sie den Abstand zu ihrer Mutter, woraufhin die nächtlichen Bilder wieder blasser wurden und weniger intensiv.

Im Gegensatz zu Lisbeth vergrub Rita ihre Trauer nicht. Einmal ging sie mit Lisbeth in das neu eröffnete Einkaufscenter.

»Die Pflanzen sind nicht echt«, sagte sie, als Lisbeth bei den ausladenden Kübeln stehen blieb, die zwischen den Geschäften standen, und die Hand nach den Strelitzien ausstreckte. In der untersten Etage gab es einen Springbrunnen. Das Geräusch des Wassers vermischte sich mit dem Stimmengewirr und der Musik aus den Läden.

Lustlos probierte Lisbeth ein paar Sachen an und hängte dann alles wieder zurück, auch ihre Mutter kaufte nichts. Sie fuhren die Rolltreppe wieder nach oben, passierten erneut die Pflanzen. Rita blieb stehen, schloss die Augen, dann fing sie an zu weinen. Ihr Gesicht war dabei offen, nicht einmal die Augen senkte sie. Sonnenlicht fiel durch das Glasdach. Sie stand wie auf einer Bühne, im Fokus eines Scheinwerfers. Lisbeth wich zurück und brachte den größtmöglichen Abstand zwischen sich und ihre Mutter. Benommen betrachtete sie ein Schaufenster. Die Plastikblumen der Dekoration, die Damenschuhe, wie schmal und zierlich sie waren im Gegensatz zu denen der Männer.

»Er fehlt mir«, sagte Rita. Sie hatte aufgehört zu weinen, trat dicht an Lisbeth heran, wollte sich bei ihr unterhaken, aber Lisbeth wich ihr aus.

In der Nacht kratzte sich Lisbeth den Schorf von der Haut, rieb mit den Fingern über die offenen Wunden, drückte ihre Nägel ins Fleisch.

Ihre Mutter hatte sich für einen einfachen Stein entschieden. Ohne Inschrift. Weiß. Gegen die anderen Gräber wirkte er futuristisch. Lisbeth fragte sich, wie sie darauf gekommen war, dass er ihrem Vater gefallen hätte. Die Künstlichkeit stieß sie ab. Von Weitem sah er aus, als bestünde der Stein aus Plastik. Rita brachte jedes Mal einen Lappen mit und reinigte die Oberfläche. Sie hatte sich Turnschuhe gekauft, die so weiß waren wie der Stein. Mit ihnen wirkte sie wie ein Teil des Arrangements. Auch die Lilien, die sie an diesem Tag niedergelegt hatten, passten ins Bild.

»Wann soll ich die Gärtnerei wieder öffnen?«, fragte Lisbeth, verschob die Stiele mit dem Fuß, brachte Unordnung hinein, aber ihre Mutter bückte sich und rückte alles wieder zurecht.

»Ich verkaufe sie.«

Überrascht hob Lisbeth den Kopf. »Aber ich habe ihm versprochen, sie zu übernehmen.«

»Um dann auch irgendwann tot im Beet zu liegen?«, fragte Rita.

»Ich bin Floristin.«

»Du hast kein schlechtes Abitur. Warum studierst du nicht?«

Lisbeth schwieg.

»Lass dir Zeit. Du muss es nicht jetzt sofort entscheiden. Und wenn du im Herbst immer noch Floristin sein willst, findest du bestimmt irgendwo eine gute Stelle, die dir körperlich nicht alles abverlangt.«

Nebeneinander gingen sie den Weg zurück zum Ausgang des Friedhofs. Zu ihrer eigenen Verwunderung fühlte sich Lisbeth erleichtert. Zum ersten Mal seit der Beerdigung spürte sie nicht das Gewicht ihres Vaters auf den Schultern.

Auf dem Parkplatz des Supermarktes kaufte ihre Mutter ein

ganzes Grillhähnchen. Sie aßen es auf der Terrasse, ohne Besteck, tranken kaltes Bier dazu, während sich der Himmel langsam dunkelblau färbte.

In dieser Nacht wartete Lisbeth, bis ihre Mutter eingeschlafen war, dann verließ sie das Haus. Mit dem Fahrrad fuhr sie zur nächsten Autobahnausfahrt und stellte sich dort mit gerecktem Daumen an die Straße.

Ein Lkw-Fahrer nahm sie mit bis zur Ostsee. Sie sprachen nicht viel, er hörte Radio. Manchmal summte er zu einem der Songs, die gespielt wurden. Zum Abschied nickte er ihr zu, wünschte ihr Glück. Lisbeth lief die verbleibenden fünf Kilometer zu Fuß, über Felder, Wiesen, durch nasses Gras. Vor ihr ging die Sonne auf. Der Himmel hatte in der Nähe des Meeres ein anderes Blau. Immer wieder legte Lisbeth den Kopf in den Nacken, blickte hinauf.

Die Ostsee sah aus wie immer. Hier hatte sich nichts verändert, stellte Lisbeth erleichtert fest. Sie zog sich aus, legte ihre Kleidung in den nassen Sand und stürzte sich ohne zu zögern ins Wasser, schnappte nach Luft. Das Salz brannte auf ihrer Haut.

Den Tag verbrachte sie am Strand, ging immer wieder baden, kletterte in einen abgesperrten Strandkorb, döste. Langsam ließ das Brennen ihrer Haut nach. In der Nacht schlief sie in den Dünen, lief am nächsten Tag in den Ort und aß so viel Soft-Eis, dass ihr der Bauch wehtat. Am Abend ging sie in eine Kneipe. Dort saß eine Gruppe junger Soldaten an einem Tisch, im Rauch, alle trugen das Haar millimeterkurz. Es dauerte nicht lang, bis sie Lisbeth einluden, sich zu ihnen zu setzen. Mit der Hand fuhr sie ihnen über die Stoppeln. Sie gaben ihr ein, zwei, drei, vier Bier aus. Das Gespräch mit ihnen strengte sie nicht an. Einer gefiel ihr besonders. Auch er ließ sie nicht aus den Augen.

Sie schlief am Strand mit ihm, im Sand. Der Körper des Soldaten fühlte sich an, als käme nichts gegen ihn an, als prallten alle Dinge an ihm ab. Er war ihr körperlich überlegen, wusste, wie man schoss, hatte ihr von dem Gefühl erzählt, eine Waffe in der Hand zu halten. Lisbeth beneidete ihn. Sie hätte gerne seinen Körper genommen und ihm dafür ihren überlassen.

Im Morgengrauen zog sie sich seine Uniformjacke an, die er über ihr ausgebreitet hatte, damit sie nicht fror. Der Stoff fühlte sich schwer an und fest. Sie legte ihre eigene Jacke über den noch schlafenden Soldaten und ging über den Sand davon, lief bis zum Ort, von dort bis zum Bahnhof, nahm den nächsten Zug zurück. Ein erster Streifen Licht war am Himmel zu sehen.

Ihre Mutter war in heller Aufregung, stürzte ihr in der Einfahrt entgegen.

»Bist du verrückt geworden?«, rief sie. Lisbeth folgte ihr mit gesenktem Kopf ins Haus. In der Küche setzten sie sich an den Tisch. Rita hatte Kaffee gekocht. Sie tranken ihn schwarz, schwiegen, Lisbeth verrührte fünf Zuckerwürfel in ihrer Tasse.

»Ich musste zum Meer«, sagte sie, ohne ihre Mutter anzusehen, und erzählte knapp von der Reise, dem Strand, der Temperatur des Wassers. Den Soldaten verschwieg sie, dass sie eine Uniformjacke trug, kommentierte Rita nicht.

»Mir geht es gut, bitte, macht dir keine Sorgen«, sagte Lisbeth. Später legte sie sich mit der Uniformjacke ins Bett. Sie schlief tief und traumlos, kratzte sich nicht. Auch in den folgenden Nächten schützte die Jacke sie. Ihre Haut begann zu heilen. Der Herbst kam. Sie zog zurück in ihre Wohnung.

»Ich will Soldatin werden«, sagte Lisbeth zu ihrer Mutter. Sie saßen mit Decken auf der Terrasse und rauchten. Die Nächte wurden bereits kühler. Rita aschte ab und bedachte Lisbeth mit einem Blick, den sie nicht zu deuten wusste.

»Du willst zur Bundeswehr?«, fragte sie.

»Sie finanzieren einem das Studium.«

»Also willst du studieren?«

Lisbeth zuckte mit den Schultern.

»Und wenn sie dich in einen Krieg schicken?«

»Jetzt bist du melodramatisch.«

»Dein Vater hatte keine gute Zeit bei der Nationalen Volksarmee«, sagte Rita und drückte ihre Zigarette aus.

»Wie lange war er bei der NVA?«

»Drei Jahre. Sogar in der Unteroffizierslaufbahn. Er wurde ständig drangsaliert. Vor allem von den Entlassungskandidaten. Die haben sich oft einen Spaß daraus gemacht, ihn in den Spind einzusperren und ihn erst wieder hinauszulassen, wenn er ein Lied gesungen hat. Einmal haben sie ihn auch aus dem Fenster geworfen.«

»Bei der Bundeswehr gibt es so etwas nicht«, sagte Lisbeth.

Rita zog die Augenbrauen hoch.

»Außerdem bin ich nicht wie Vater«, sagte Lisbeth.

An dem Abend sprachen sie nicht mehr viel. Irgendwann begann es zu regnen. Feine Tropfen. Sie räumten alles hinein. Lisbeth verabschiedete sich von ihrer Mutter. »Ich melde mich«, sagte sie noch, dann verließ sie das Haus. Ihr Auto parkte direkt vor der Tür. Sie setzte sich hinein. Der Regen war starker geworden. Lisbeth sah ihren eigenen Atem. Sie krempelte die Ärmel der Uniformjacke nach oben und imitierte das Geräusch eines Maschinengewehrs, wie die Jungen aus der Schule es bei ihren Spielen auf dem Hof immer getan hatten.

Zurück auf dem Kreuzfahrtschiff stürzte sich Lisbeth in die Arbeit. Jeden Gedanken an die letzten zwei Wochen im Bungalow vermied sie. Aber sobald sie nach ihrer Schicht in ihrer Koje lag, tauchte die Kriegerin vor ihr auf, stand wieder erstarrt am Ostseestrand, unfähig, sich zu bewegen.

Die Wochen vergingen, ohne dass sich die Kriegerin bei Lisbeth meldete. Jedes Mal, wenn Lisbeth ihr Handy hervorholte und ansetzte, eine Nachricht zu schreiben, verwarf sie sie wieder. Als das Kreuzfahrtschiff vor Madeira lag und es auch für die Crew die Möglichkeit gab, sich die Insel anzusehen, schloss Lisbeth sich einer Gruppe an, die zum Strand fuhr. Während die anderen Frauen in der Nähe des Parkplatzes blieben, ihre Handtücher auf dem Sand ausbreiteten und Cocktails tranken, entfernte sich Lisbeth, umrundete eine Klippe und fand dahinter eine Bucht, die vom Meer durch schwarze Felsen abgeschnitten war, so dass das Wasser an dieser Stelle fast glatt vor ihr lag. Lisbeth zog sich aus. Mit dem Handy in der Hand stieg sie in das ruhige Wasser, stützte sich auf eine Felskante und rief die Kriegerin an. Zu ihrer Erleichterung hob sie sofort ab.
»Es tut mir leid, dass ich mich nicht schon früher gemeldet habe«, sagte Lisbeth, erzählte, wo sie sich gerade befand, beschrieb die Bucht, das Wetter.
»Bei uns regnet es schon seit dem Morgen«, sagte die Kriegerin und seufzte. Sie klang normal. Nichts an ihrer Stimme erinnerte Lisbeth an die im Bungalow gezeigte Verletzlichkeit. Sie sprachen weiter über das Wetter. Das Wasser kühlte Lisbeths Haut. Plötzlich kam es ihr albern vor, dass sie so lange gezögert hatte, die Kriegerin anzurufen.

»Also geht es dir gut?«, fragte Lisbeth.

Die Kriegerin holte hörbar Luft. »Ich habe jemanden kennengelernt«, sagte sie.

»Wo?«

»In einer Bar. Er hat einen Kopf wie aus Porzellan.«

»Jetzt übertreibst du«, sagte Lisbeth.

Die Kriegerin lachte. »Doch, doch. Ich habe das Gefühl, ich muss ständig nach ihm greifen, mit beiden Händen, damit er nicht zu Bruch geht.«

»Vielleicht solltest du es mal mit Zeitungspapier versuchen. Oder du wickelst ihn in Luftpolsterfolie.«

»Machst du dich über mich lustig?«

Lisbeth grinste. »Ein bisschen.«

»Er hat ein Kind. Es heißt Eden. Wer nennt sein Kind so?«

Lisbeths Zehen wurden taub, dann die Füße, die Beine. Die Kriegerin sprach weiter, erzählte, dass der Mann im Zentrum der Stadt wohne, in der Nähe des Flusses und dass er mit Holz arbeite. In einer kleinen Werkstatt mit bodentiefen Fenstern, direkt am Wasser. »Er riecht danach, wenn ich ihn ausziehe.«

»Nach dem Wasser?«, fragte Lisbeth.

»Nein, nach Holz.«

»Weiß er, dass du Soldatin bist?«

Darauf antwortete die Kriegerin nicht. Stattdessen erzählte sie von dem Abend, an dem sie sich kennengelernt hatten. »Er hat an einem Ende des Tresens gesessen, ich am anderen. Aufgefallen ist er mir, weil er als Einziger auch allein dort war. Erst als die Barkeeperin alles dichtgemacht hat und wir auf die Straße getreten sind, hat er mich angesehen. Er konnte sich kaum noch auf den Beinen halten. Ich habe ihm angeboten, ein Taxi zu rufen, aber er hat darauf bestanden, dass wir zu Fuß gehen, nebeneinander, zusammen.«

»Normalerweise entscheidest du doch selbst, wohin du gehst.«

»Ich weiß auch nicht, was an diesem Abend mit mir los war«, sagte die Kriegerin. »In der Küche hat er sich vor mich gekniet, mir die Hose ausgezogen, dann den Slip, und ganz behutsam meine Beine geöffnet. Erst hat er nur die Finger benutzt, dann auch seinen Mund. Ich war ziemlich überrascht, wie präzise seine Berührungen waren. Als würden wir schon seit Jahren miteinander schlafen. Als wüsste er längst, wie ich es gerne habe. Im Schlafzimmer hat er eine Nebelmaschine. Wir lagen die ganze Zeit quer im Bett und haben uns im Rauch verloren. Wenn ich jetzt daran zurückdenke, erinnere ich mich vor allem an meine Hand in seinem Haar und wie laut ich geatmet habe. Weißt du, ich wollte unbedingt Spuren auf seinem Laken hinterlassen, wollte, dass etwas von mir zurückbleibt in diesem Bett. Später konnte ich durch das Fenster den Mond sehen. Er hing tief. Eine schmale Sichel, fast wie ein Schnitt im Schwarz. In der Nacht habe ich von Lavalampen und Kakteen geträumt.«

Lisbeth schluckte. Einen wesentlichen Teil des Traumes klammerte die Kriegerin aus. Den ausgebrannten Dingo im Staub. Die durch die Kakteenblüten zerschnittenen Gesichter, die Steine, die durch die Sonne so heiß geworden waren, dass man sich die Hände an ihnen verbrannte, wenn man sie aufhob.

»Werdet ihr euch wiedersehen?«, fragte Lisbeth.

»Vielleicht. Aber irgendwie werde ich das Gefühl nicht los, auf der Hut sein zu müssen.«

»Vor was?«

»Vor ihm.«

»Er wird schon nicht in deinen Armen explodieren.«

»Das ist nicht lustig, Lisbeth.«

»Ich weiß«, sagte Lisbeth, blickte auf ihre Beine, die im Wasser noch heller aussahen. »Du hast mir noch gar nicht seinen Namen gesagt.«

»Malik.«

Lisbeth glitt tiefer, schloss die Augen.

»Bist du noch dran?«, fragte die Kriegerin.

»Die Verbindung war kurz schlecht.«

»Ich glaube, ihr würdet euch mögen.«

»Malik und ich?«

»Wer sonst?«

»Du, ich muss auflegen.«

»Habe ich etwas Falsches gesagt?«

»Nein. Bloß die Verbindung –. Ich bin hier auf einer Insel.«

»Schön, dass du angerufen hast.«

Sie verabschiedeten sich voneinander. Lisbeth legte das Handy auf den Felsen, tauchte unter, schrie, bis keine Luftblase mehr aus ihrem Mund kam.

Ein paar Wochen nachdem die Kriegerin Lisbeth von Malik erzählt hatte, telefonierten sie erneut. Lisbeth befand sich auf dem Oberdeck des Schiffes, an einem windgeschützten Ort. Sie war dorthin zum Rauchen gegangen, als die Kriegerin sie anrief.

»Triffst du Malik noch?«, fragte Lisbeth gleich zu Beginn.

»Er leistet mir Gesellschaft beim Trinken«, sagte die Kriegerin.

»Ich dachte, das tust du am liebsten allein.«

Die Kriegerin schwieg.

»Und sein Kind?«, fragte Lisbeth und versuchte, gleichgültig zu klingen.

»Wir sehen uns ja nur an den Wochenenden. Da ist Eden oft bei seinen Eltern.«

»Und die Mutter?«

»Über die spricht er nicht.«

»Hast du das Kind schon einmal gesehen?«

»In der Wohnung hängen überall Fotos.«

»Das meine ich nicht.«

»Ich weiß«, sagte die Kriegerin.

Nach dem Telefonat blieb Lisbeth noch eine Weile im Windschatten sitzen. Sie zündete sich eine neue Zigarette an, die sie abbrennen ließ, ohne ein einziges Mal an ihr gezogen zu haben. Dann löschte sie Maliks Telefonnummer aus ihrem Handy, stand auf und ging zurück in den Blumenladen, wechselte das Wasser in allen Vasen.

Am Abend hörte Lisbeth das erste Mal vom Reservisten. Warum sie ihn so nannten, wollte sie von Leyla und Nadine, zwei Barkeeperinnen, wissen. Die beiden stark geschminkten jungen Frauen saßen neben Lisbeth an der Crewbar. Im polierten Holz der Theke spiegelten sich ihre Gesichter. Sie erzählten Lisbeth, dass er der neue Souschef sei und dass er gut sichtbar, auf Brusthöhe seiner Koch-Uniform, einen Reservistenanstecker trage, den er schon fast zwanghaft poliere, sofort, nachdem er sich über einen dampfenden Topf gebeugt habe.
»War er bei der Armee?«, wollte Lisbeth wissen.
»Bundeswehr wahrscheinlich. Er spricht Deutsch«, sagte Nadine und erzählte, dass er ein Alkoholproblem habe.

Ein paar Tage nach dem Gespräch mit Leyla und Nadine begegnete Lisbeth dem Reservisten in der Crewbar. Sie schätzte ihn auf Anfang fünfzig. Sein Kopf war kahl, seine Haut braungebrannt, Stiernacken. Die Augen strahlend blau. Er bemerkte, dass Lisbeth ihn ansah, und kam zu ihr an die Bar, als wäre ihr Blick eine Aufforderung gewesen. Er stellte sich als Zoran vor, nannte sie Püppchen und bestellte den gleichen Drink wie Lisbeth. Beim Anstoßen schnalzte er mit der Zunge und machte ihr ein Kompliment für ihre muskulösen Arme, auf denen die bunten Lichter der Scheinwerfer zuckten.
Lisbeth war es gewöhnt, mit den Gästen Smalltalk zu halten. Sobald die Passagiere ihren Laden verließen, hatte sie sofort wieder vergessen, was sie ihr erzählt hatten. Ähnlich war es,

wenn sie mit den anderen Crewmitgliedern sprach. Auch mit Zoran blieb das Gespräch an diesem Abend an der Oberfläche. Sie tauschten Belangloses aus, ohne dabei mit dem Trinken aufzuhören. Um sie herum leerte sich nach und nach der Raum.

In dieser Nacht schliefen sie nicht miteinander. Aber die Möglichkeit bestand. Als er an die Bar gekommen war und Lisbeths Blick gesucht hatte, war da ein Ziehen in ihrem Unterleib gewesen.

Ein paar Tage später nahm Zoran sie dann das erste Mal mit in seine Kabine. Leere Alkoholflaschen waren fein säuberlich an der Wand aufgereiht. Darüber hing eine Fotografie. Zoran trug darauf den Wüstenanzug der Bundeswehr, eine Sonnenbrille und grinste breit in die Kamera.

Jedes Kleidungsstück, das er Lisbeth in der hell ausgeleuchteten Kabine auszog, faltete er sorgfältig und legte es auf den in den Schrank integrierten Schreibtisch. Obwohl er doppelt so schwer war wie sie, hatten seine Berührungen etwas Vorsichtiges. Während er in sie eindrang, hielt er immer wieder inne, schaute sie an, schien sich vergewissern zu wollen, dass es ihr gut ging.

»Ich bin nicht aus Zucker«, stellte Lisbeth klar, hob das Becken, schlang die Beine um ihn, zog ihn an sich.

Dem Reservisten ging es nicht nur um Sex. Wenn sie miteinander geschlafen hatten, hielt er Lisbeth zurück, die immer sofort aufspringen wollte.

»Lass uns doch noch ein bisschen liegen«, sagte er dann. Nicht selten kam Lisbeth seiner Bitte nach. Lisbeth hätte es nicht zugegeben, aber ihr gefiel es, mehrmals in der Woche seine Haut zu schmecken und anschließend Dinge aus seinem Leben zu erfahren. Was genau er bei der Bundeswehr machte, fragte

Lisbeth ihn einmal, nachdem er sie überredet hatte, sich noch nicht gleich wieder anzuziehen. Zoran erzählte Lisbeth, dass er als Koch für die Bundeswehr im Einsatz war, als Schichtführer oder Küchenchef in der Truppenküche von Feldlagern. »Dazwischen hat es aber auch oft lange Phasen gegeben, in denen ich arbeitslos gewesen bin. Gelegentlich habe ich auch in Kantinen gejobbt. Aber da ist kaum Abwechslung. Ich habe es nie lange ausgehalten.«

Die Idee mit dem Kreuzfahrtschiff war ihm im Sommer gekommen. »Mein großer Traum war eigentlich immer die Marine, aber das hat bei der Musterung nicht geklappt«, sagte er. »Jetzt hole ich das sozusagen nach.«

Wie Lisbeth erinnerte auch ihn das Leben auf dem Kreuzfahrtschiff an das Militär. »Aber statt Raketenbeschuss gibt es hier Feuerwerk.« Er war froh, dass er das nie mit ansehen musste, dass er generell keinen Kontakt mit den Gästen hatte. »Die wissen gar nicht, wie gut es denen geht. Wenn ich nur ein paar Minuten mit denen verbringen müsste, würde ich ihnen wahrscheinlich an die Gurgel gehen und sie in der Kühlkammer zerlegen.«

Auf dem Schiff nahmen es die wenigsten mit der Treue so genau. »Wir sind auf See, hier gelten andere Regeln«, hatte Sunny Lisbeth damals bei ihrer ersten Tour gleich am zweiten Abend in der Crewbar erklärt und mit vielsagendem Blick zur Tanzfläche geschaut, wo die Spa-Managerin die Hand mit auffälligem Verlobungsring im Haar des Fotografen vergraben hatte.

Ob er verheiratet sei, fragte Lisbeth den Reservisten, nachdem sie das vierte Mal miteinander geschlafen hatten. Sie hatten sich in einen Raum zurückgezogen, in dem die frische Wäsche der Passagiere gelagert wurde. Die Luft war schwer vom Waschmittelgeruch.

Lisbeth knöpfte sich ihre Uniformbluse zu und zog sich die

vorgeschriebenen, flachen schwarzen Schuhe an. Sie musste sich beeilen. Ihre Schicht begann in einer Viertelstunde, wie sie nach einem kurzen Blick auf die Uhr festgestellt hatte, und bis sie oben im Gästebereich war, würde es eine Weile dauern, so weit war der Weg.

»Ja, mit meiner PTBS«, sagte Zoran und machte einen Knoten in das benutzte Kondom.

»PTBS?«

»Posttraumatische Belastungsstörung. Nicht untypisch für Einsatzsoldaten.«

Lisbeth hielt ihn an seiner Uniformjacke fest, wollte, dass er weitersprach, aber er löste ihre Hand vom Stoff, küsste sie auf die Stirn und verließ pfeifend den Wäscheraum mit dem Kondom in der Hand.

Als sie das nächste Mal zusammen in der Crewbar saßen, brachte sie das Thema wieder auf. Zoran sah sie ernst an. Er schien abzuwägen, wie viel er ihr erzählen wollte, rieb über seinen Anstecker, nahm einem Schluck aus seinem Becher, zerbiss krachend einen Eiswürfel. Niemand saß mit ihnen am Tisch oder in ihrer Nähe. Die anderen hielten meist Abstand zum Reservisten.

»Ich war acht Mal im Einsatz«, sagte Zoran, zündete sich eine neue Zigarette an.

»Und?«, fragte Lisbeth.

Er blies ihr den Rauch ins Gesicht. »Das ist natürlich nicht spurlos an mir vorbeigegangen. Nur eingestehen wollte ich es mir lange nicht. Selbst dann nicht, als meine Frau mich mit unserer Tochter verlassen hat. Du musst wissen, dass ich nie wirkliche Gefechte erlebt habe. Ich dachte, es gibt keinen Grund für mich, mich so anzustellen. Aber die Wut, das Nicht-Schlafen-Können, die innere Unruhe, all das war ja da.« Er legte ihr seine riesige Hand auf den Arm. Seine Fingernägel waren vom Nikotin gelb verfärbt. »Hey, warum erzähle ich dir das überhaupt, wir sind doch hier, um Spaß zu haben.«

Lisbeth nickte, grinste, nahm ihm die Zigarette aus der Hand, nahm einen Zug, blies ihm den Rauch ins Gesicht. Er zwinkerte nicht, dann lachte er.

»Schon verstanden, das kommt nicht wieder vor.«, sagte er.

Lisbeth glaubte nicht, dass Zoran ihr noch mehr erzählen würde. Aber in der Woche darauf, als sie den Moment gut abgepasst hatten und ungestört in Lisbeths Kabine sein konnten, begann Zoran von sich aus zu sprechen. Sie lagen mit erhitzten Gesichtern nebeneinander in der schmalen Koje. Es war ein Landtag. Die meisten Passagiere hatten das Schiff verlassen. Eine angenehme Ruhe war eingekehrt. In der Kabine hatten Lisbeth und der Reservist das Licht nicht angeschaltet. In der vollkommenen Dunkelheit begann Zoran zu sprechen. Sofort musste Lisbeth an die Kriegerin denken. Sie war mit ihnen im Raum, saß neben ihnen auf dem Boden.

Der Reservist erzählte, dass er einmal bereits auf der Fahrt vom Militärflughafen zum Stützpunkt Angriffe erlebt hatte, wie sie sich im Lager zwei Monate in ständiger Alarmbereitschaft befunden hatten, dass sie trotz der enormen Hitze Ganzkörperschutzanzüge und Atemschutzmasken hatten tragen müssen und dass er nicht nur einmal das Gefühl gehabt hatte, unter der mit Schweiß und Feuchtigkeit gefüllten Maske zu ersticken. Während er erzählte, lag Lisbeths Hand auf seiner Brust. Sie kam ihr vor wie ein Stein, ein Ziegel, der ihn immer tiefer in die Matratze drückte.

»Eine Freundin von mir ist auch bei der Armee«, sagte Lisbeth.

»Welche Teilstreitkraft?«

»Heer. Fallschirmjägerbataillon.«

Der Reservist setzte sich auf. »Trefft ihr euch oft?«

»Einmal im Jahr.«

»Aber ihr steht euch nahe?«

»Ja.«

Der Reservist schwieg.

Lisbeth sagte: »Im Winter habe ich sie das letzte Mal gesehen. Sie schien entrückt, als wäre sie meilenweit entfernt.«

»Du musst auf sie achtgeben«, sagte Zoran, zog Lisbeth an sich, fuhr ihr durchs Haar. Sie blieben so, bis der Wecker klingelte, den sie sich gestellt hatten, um ihre Schichten nicht zu verpassen. In einer schnellen Bewegung stand Zoran auf. Dabei stieß er sich den Kopf an der Decke. »Verdammte Scheiße«, fluchte er und schaltete das Licht an.

Lisbeth setzte sich auf. »Alles in Ordnung?«

Zoran hielt sich die Hand an die Stirn. Lisbeth wollte aufstehen, aber er wehrte sie mit einer wedelnden Handbewegung ab, zog sich eilig an und hastete in seinem falsch herum angezogenen Hemd und mit offener Hose aus der Kabine.

Später in der Crewbar sah Lisbeth, dass die Wunde mit zwei Stichen genäht worden war. Zoran aber gab sich unbeschwert und grölte herum.

Der Reservist hatte bis dahin vor Lisbeth nur selten die Beherrschung verloren. Nach dem Gespräch in ihrer Kabine aber häuften sich die Situationen. Einmal schüttelte er sie so sehr, dass ihr schwindelig wurde. Als er sie wieder losließ, verlor sie das Gleichgewicht, stürzte zu Boden und schlug sich die Knie auf. Danach war er reumütig wie ein Kind, brachte ihr aus der Küche ein mit Blattgold dekoriertes Dessert mit und leckte sie, bis sie zweimal gekommen war. Sie wusste, dass seine Aggression nicht wirklich ihr galt, und zuckte mit den Schultern, wenn andere Crewmitglieder sie zur Seite nahmen und ihr nahelegten, nicht weiter mit ihm zu verkehren.

An einem Morgen musste sie noch einmal zurück in ihre Kabine. Beim Frühstück hatte sie sich Kaffee über ihre weiße Bluse geschüttet. Aus ihrem Schrank suchte sie eine neue heraus, ließ die schmutzige zusammengeknüllt in einer Ecke zurück und wollte die Kabine gerade wieder verlassen, als sie auf ihrem Kopfkissen den Reservistenanstecker liegen sah. Er war so zentral platziert, dass Lisbeth ausschloss, dass er sich unbeabsichtigt von Zorans Uniform gelöst hatte. Sie drehte ihn in den Händen und schob ihn in die Tasche ihrer Hose. Den ganzen Vormittag über spürte sie ihn überdeutlich, so, als würde er nicht nur ein paar Gramm wiegen, sondern hätte das Gewicht einer Handvoll Steine. Gerade als ihre Mittagspause begann und sie Zoran suchen wollte, erfuhr sie, dass seine Schuhe an Deck gefunden worden waren.

»Seine Schuhe?«, fragte sie.

»Weißt du nicht, was das bedeutet?«

Lisbeth schwieg.

»Ihr standet euch nah?«

Lisbeth wandte sich ab, stolperte davon, hastete durch die ewig langen Flure, hielt den Kopf gesenkt, wollte nicht, dass ihr Gesicht auf den Bildern der Videoüberwachung zu sehen war. Endlich erreichte sie den Blumenladen, aber bevor sie beginnen konnte, einen Strauß zu binden, überrollte es sie. Die Blumen explodierten in ihrer Hand, flogen herum, verteilten sich im ganzen Raum.

Bereits im nächsten Hafen wurde ein neuer Souschef eingestellt. Lisbeth beobachtete ihn im Fitnessraum, wie er lachte, den Kopf zurückwarf, seine geraden weißen Zähne, das blond gelockte Haar. Alle taten, als wäre er schon die ganze Zeit auf dem Schiff. Über Zoran wurde nicht mehr gesprochen. Lisbeth hielt sich an seinem Reservistenanstecker fest, wie in den Träumen an den Steinen. Sie rauchte mehr, arbeitete statt zehn, vierzehn, fünfzehn, sechzehn Stunden und wurde nachts davon wach, dass sie von ihrer Kabinennachbarin geschüttelt wurde, weil sie laut geschrien hatte.

Mehrmals glaubte sie, die Kriegerin auf dem Crewdeck stehen zu sehen, wie sie sich die Schuhe auszog, über die Reling kletterte.

Lisbeth versuchte, sie telefonisch zu erreichen, aber sie hob nie ab, schien verschwunden, abgetaucht.

Erst im Dezember, Lisbeth hatte schon den riesigen Weihnachtsbaum im Foyer des Kreuzfahrtschiffes mit silbernen Kugeln geschmückt, unzählige Kränze aus Tannengrün gebunden und Mistelzweige aufgehängt, meldete sich die Kriegerin mit einer kurzen E-Mail. Sie entschuldigte sich, dass sie so lange nichts von sich hatte hören lassen, sie sei erst jetzt wieder zurück aus Afghanistan und fragte Lisbeth, wann sie das nächste Mal Urlaub habe. Lisbeth nannte ihr die zwei Wochen im Februar, die sie in Deutschland sein würde, bevor ihre nächste Tour begann. Die Kriegerin schlug vor, die Zeit wieder zusammen im Bungalow zu verbringen. Erleichtert sagte Lisbeth zu. Sie fragte nach ihrem Einsatz, aber die Kriegerin wich ihr aus, sagte, sie müsse jetzt auflegen, und verabschiedete sich überstürzt. Umso überraschter war Lisbeth über den Brief, den sie eine Woche später erhielt.

Liebe Lisbeth,

aus meiner neuen Kompanie falle ich heraus. Schon in der Vor-
bereitung für den Einsatz habe ich die Blicke gespürt, mir aber
eingeredet, ich würde sie mir einbilden. Selbst dann noch, als ich
bemerkte, dass mir wirklich nie ein Platz angeboten oder ein Stuhl
freigehalten wird. Dasselbe Spiel auch hier im Einsatz. Ich lache
darüber, als würde es mich nicht tangieren.
Die Jungs umarmen sich untereinander oft und viel. Mich
übergehen sie. Sie schrecken vor mir zurück, sehen meinen Körper
als den einer Frau, nicht als den eines Kameraden. Das letzte Mal
berührt worden bin ich von Malik, kurz bevor ich zum Flughafen
gefahren bin. Ich habe Angst, dass das Bedürfnis, Halt zu suchen,
so stark wird, dass ich mich einfach fallen lasse und gegen
jemanden lehne. Ich muss wachsam bleiben.
Zum ersten Mal überhaupt verfluche ich hier die Toilettenvor-
schriften. Das Protokoll sieht vor, dass immer jemand in meiner
Nähe bleiben muss, während ich pinkle. Ich gehe in die Hocke
und versuche, mir die Demütigung nicht anmerken zu lassen,
während ich mit entblößtem Hintern gut sichtbar im Staub sitze,
jederzeit angreifbar, weil sich in dieser Position einfach nicht
vernünftig eine Waffe halten lässt. Mein letzter Zug hat sich nie
daran gestört. Hier verdrehen sie die Augen und demonstrieren
ihre Überlegenheit, indem sie beim Gehen pinkeln und dafür
noch nicht einmal die Zigarette aus dem Mund nehmen.
Wenn wir auf Patrouille sind, ermahnen sie mich, dass ich mich
doch bitte im Hintergrund halten soll, weil die Afghanen sich
angeblich an Frauen in Uniformen stören. Dass mein Geschlecht
bei der Bevölkerung bei meinen bisherigen Einsätzen nie ein

Problem gewesen war, wollen sie nicht hören. Ich mache gute Miene zum bösen Spiel. Ich weiß, dass sie Wetten abgeschlossen haben, wie lange ich durchhalten werde. Als wäre ich zum ersten Mal in Afghanistan. Als hätte ich noch nie ein Gefecht erlebt. Und als hätte ich im Vorfeld nicht gewusst, was mich erwartet.

Mir bleibt nur immer wieder zu zeigen, dass ich vor nichts zurückschrecke. Jede Leiche, die wir finden, sehe ich mir an. Auch die verbrannte Frau, die man vor das Tor des Feldlagers gelegt hat und die kurze Zeit später im Einsatzlazarett an ihren Verbrennungen gestorben ist, habe ich mir angeschaut. Trotzdem lauern die anderen jedes Mal wie hungrige Hunde darauf, dass mir doch das Gesicht entgleist. Es kommt mir vor, als hätten wir alle die Hand auf eine heiße Herdplatte gelegt, darauf wartend, wer es zuerst nicht mehr aushält und zurückzuckt. Ich kann das verbrannte Fleisch bereits riechen.

Die afghanischen Soldaten dagegen respektieren mich. Je mehr Zeit ich mit ihnen verbringe, desto entspannter werde auch ich in ihrer Gegenwart. Ich denke oft daran, dass mein verwundeter oder getöteter Körper für die westliche Welt mehr wert wäre als ihrer. Wir gehen mit ihnen zusammen auf Patrouillen, stehen nebeneinander, verfolgen dasselbe Ziel und trotzdem ist da dieser Graben zwischen uns, nur weil ich in Deutschland geboren wurde. Wenn ich mithilfe des Sprachmittlers mit ihnen rede, bemühe ich mich um ein freundliches Gesicht. Wie stark meine Vorurteile gewesen sind, wird mir erst jetzt so richtig klar. Auch mein Blick auf den Rest der Bevölkerung hat sich verändert. Gastfreundschaft ist hier das oberste Gebot. Sie reichen uns Tee und süßes Gebäck, ungeachtet dessen, dass sie damit ihr eigenes Leben riskieren.

Wer wird verstehen, was ich hier erlebe, was es mit mir macht, wer ich dadurch werde? Das meiste, was bei einem solchen Einsatz passiert, wird in Deutschland ausgeblendet. Nur die richtig schlimmen Sachen schaffen es in die Nachrichten, wie

die Gefechte, bei denen Soldaten fallen oder wenn mehr als fünf
Zivilisten unter den Opfern waren.
Ich habe es dir nicht erzählt, aber als ich das letzte Mal aus dem
Einsatz wieder da war und in meiner Uniform am Bahnhof
stand, wurde ich angespuckt. Soldaten seien Mörder. Ich solle
mich was schämen, vor allem als Frau.
Ich dachte, ich komme stark aus diesem Einsatz zurück, und ich
dachte, ich komme stark aus diesem Krieg zurück, aber statt-
dessen merke ich, wie ich immer brüchiger werde, wie ich kurz
davor bin, die Hand zurückzuziehen. Wie lange schaffe ich es
noch, mich zusammenzuhalten? Der Anblick des Gebirges hilft
mir dabei. Heute Morgen kam es mir vor, als könnte ich jeden
einzelnen Stein erkennen, so gut war die Sicht. In meiner hellen
Flecktarn-Uniform sehe ich aus wie die Oberfläche der Berge,
werde selbst zum Felsen. Es wäre ein Einfaches, zwischen den
Hängen zu verschwinden.
Letzte Nacht waren wir unterwegs zu einem anderen Stütz-
punkt und haben im offenen Feld ein Lager für eine Nacht auf-
geschlagen. Ich habe am Feuer gesessen und den Insekten dabei
zugesehen, wie sie in die Flammen fliegen. Die Funken haben sich
über uns in der Dunkelheit verloren. Niemand hat gesprochen.
Auch alle anderen Geräusche wurden von unserem Schweigen
geschluckt. Wie es wohl wäre, hier die Flucht zu ergreifen, habe
ich mich gefragt. Einfach aufzustehen, den Lichtkreis zu verlassen
und in die Dunkelheit zu gehen, in die Nacht, tief hinein in dieses
Land, das mir trotz all der Zeit, die ich hier schon verbracht habe,
fremd geblieben ist. Dieses Land, das ich auf Distanz zu mir
gehalten habe, weil es mir so aufgetragen wurde, aber auch aus
Selbstschutz. Weil mein Verhalten hier nicht möglich wäre, wenn
es mir etwas bedeuten würde.
Wenn ich beim Baseday meine Stube im Feldlager eine Nacht
für mich allein habe, tusche ich mir manchmal nach dem
Zähneputzen im Toilettencontainer die Wimpern. Es ist der Ver-

such, mich daran zu erinnern, dass ich mehr bin als ein Soldat, aber mit jedem Tag fällt es mir schwerer, mir ein Leben ohne Waffe vorzustellen. Sie in meiner Hand zu halten, ist inzwischen so alltäglich, dass ich nicht eine Sekunde zögere, wenn ich Hunde von draußen, die an Tollwut erkrankt sind, exekutieren muss. Ich übernehme diese Arbeit sogar gerne. Oft muss ich dabei an dich denken, wie du auf der Lichtung standest und den Hund erschossen hast. Ich wünschte, ich könnte die Zeit zurückdrehen und dich davon abhalten, dass du die Grundausbildung abbrichst. Dann wärst du jetzt hier an meiner Seite, wir würden uns gegenseitig einen Stuhl freihalten und uns beim Pinkeln sichern. Einmal dachte ich, der Feldwebel von damals wäre mit mir im Einsatz. Aber es war nur ein anderer, der ihm ähnlich sieht und sich ähnlich verhält. Die Soldatinnen hier im Feldlager warnen sich gegenseitig vor ihm. Anzeigen tut ihn niemand. Ich tue so, als würde ich nichts davon mitbekommen. Statt ihn also einfach wie die Straßenhunde zu erschießen, schweige ich und konzentriere mich auf den Sand, der kompakt ist und auf der Haut und in den Augen brennt. Ich werde nicht verhindern können, dass ich auch dieses Mal einzelne Körner mit nach Deutschland bringe. Er verfängt sich überall.

Ich hoffe, du hältst dich aufrecht.
X

Lisbeth holte die Kriegerin mit einem Mietauto vom Bahnhof ab. Während sie wartete, spielte sie mit dem Reservisten-Anstecker. Als sie hörte, dass der Zug einfuhr, steckte sie ihn zurück in die Tasche ihrer Daunenjacke.

Die Kriegerin hatte noch ihre Uniform an. Sie begrüßte Lisbeth mit einem knappen Nicken.

»Wie geht es dir?«, fragte Lisbeth, während sie das Auto aus der Parklücke hinausmanövrierte und sie dabei aus dem Augenwinkel beobachtete.

»Gut«, sagte die Kriegerin und lächelte.

Lisbeth drehte den Kopf. Sie wurde nicht schlau aus diesem Lächeln. Es kam ihr vor wie eine Maske.

Der Bungalow lag im Nebel. Die Luft war feucht und schwer. Sie nahmen ihr Gepäck aus dem Kofferraum, Lisbeth wollte zu den Mülltonnen gehen und den Schlüssel holen, aber die Kriegerin hielt sie zurück.

»Ich habe den schon«, sagte sie.

»Den Schlüssel?«

»Ich habe ihn gekauft.«

»Was hast du gekauft?«

»Den Bungalow.«

Überrascht sah Lisbeth sie an.

»Der Besitzer ist gestorben. Es gab eine Anzeige.« Die Kriegerin ging an ihr vorbei, stieg die Stufen hinauf und schloss die Tür auf.

»Kommst du?«

Hastig folgte ihr Lisbeth nach drinnen.

»Du hast den Bungalow gekauft?«

Die Kriegerin lächelte, wie sie es bereits im Auto getan hatte.

»Ich habe gedacht, du freust dich.«

»Es fällt mir schwer, das zu glauben.«

»Soll ich dir den Kaufvertrag zeigen?«

Lisbeth schüttelte den Kopf. Die Kriegerin griff in ihren Rucksack, holte eine Sektflasche heraus, füllte zwei Gläser und reichte eines davon Lisbeth.

»Auf meinen Bungalow.«

Lisbeth griff nach dem Glas, sah die Kriegerin an, suchte nach den Schatten in ihrem Gesicht, die das letzte Mal so offensichtlich gewesen waren, aber da war nichts, nur glatte, gebräunte Haut und dieses seltsame Lächeln.

Klirrend stießen sie die Gläser zusammen. Das Geräusch schien noch eine Weile im Raum zu stehen. Lisbeth trank in kleinen Schlucken. Der Alkohol schmeckte süß. Die Kriegerin leerte ihr Glas in einem Zug.

In den Tagen danach suchte die Kriegerin ständig die extreme Anstrengung, ging zweimal am Tag laufen, schwamm in einem Neoprenanzug in der Ostsee, stemmte verbissen Gewichte. Nie schien es einen Moment zu geben, in dem sie nicht in Bewegung war. Oft ließ sie ein Fitnessvideo auf dem Fernseher laufen und machte die Übungen auf ihrer Yogamatte davor. War das Video zu Ende, spielte sie es im Anschluss ein zweites, drittes, viertes Mal ab, bis ihr Körper vor Anstrengung so sehr zitterte, dass sie aufhören musste. Wenn die Kriegerin Lisbeths Blick bemerkte, lächelte sie.

Am zweiten Tag im Bungalow zeigte die Kriegerin Lisbeth das Bild eines Motorrads auf ihrem Smartphone.

»Diese Schönheit habe ich mir auch gekauft«, sagte sie und erzählte, dass sie es in einer Werkstatt in einem perlmuttschimmernden Hellblau hatte lackieren lassen. Auf den Fotos posierte sie auf ihm wie auf einem Pferd, ohne Helm, das blond gefärbte Haar in den Wind geworfen. »Es gibt nichts Besseres, als sich auf einer kurvigen Landstraße nicht an die Geschwindigkeitsbegrenzung zu halten.«

»Hört sich ziemlich gefährlich an.«

»Live free or die««, sagte die Kriegerin ironisch und lächelte wieder. Später zog sie sich ihre Laufschuhe an, band sich das Haar zusammen und trank ein Glas Wasser im Stehen.

Lisbeth dachte an das letzte Mal zurück, als sie zusammen laufen gewesen waren, und fragte: »Kann ich mitkommen?«

Die Kriegerin zögerte einen Moment, dann nickte sie.

Lisbeth beeilte sich und suchte ihre Sportkleidung heraus. Die Kriegerin wartete auf der Terrasse auf sie, dehnte ihre Beine und lief los, sofort nachdem Lisbeth die Tür hinter sich geschlossen hatte. Ein Schwarm Möwen erhob sich aus dem Wasser. Der Strand war menschenleer.

Schon nach wenigen Metern zog die Kriegerin das Tempo an. Auch Lisbeth lief schneller, doch bald gelang es ihr nicht mehr, mit der Kriegerin Schritt zu halten. Lisbeth kam es vor, als legte sie es regelrecht darauf an, sie abzuhängen. Irgendwann gab sie auf, blieb stehen und stützte sich schwer atmend auf ihre Oberschenkel. Die Kriegerin aber lief einfach weiter. Sie drehte sich noch nicht einmal nach Lisbeth um, wurde immer kleiner und kleiner, bis Lisbeth sie ganz aus dem Blick verlor. Verwirrt stapfte Lisbeth zum Bungalow zurück, duschte kalt und wartete auf die Rückkehr der Kriegerin. Aber erst am Nachmittag, das Licht begann bereits fahl zu werden, schob die Kriegerin die Terrassentür auf. Pfeifend zog sie sich die Turnschuhe aus. Ihre verschwitzten Füße hinterließen feuchte Abdrücke auf den Dielen.

»Wenn du nicht mit mir laufen willst, kannst du das auch einfach vorher sagen«, sagte Lisbeth, die auf dem Sofa saß. Überrascht drehte die Kriegerin sich zu ihr um.

»Nur weil ich schneller bin, musst du ja nicht gleich aufgeben.«

»Ich habe nicht aufgegeben.«

»Sondern?«

»Du hast mich mit Absicht abgehängt«, sagte Lisbeth.

Die Kriegerin schnaubte, verließ das Wohnzimmer, ging ins Bad.

Dass sich die Kriegerin abends kein Wasser, sondern Vodka mit Sprite ins Glas füllte, fand Lisbeth erst nach ein paar Tagen heraus. Die leeren Flaschen hatte die Kriegerin draußen in der Mülltonne versteckt. In der Nacht stand Lisbeth auf und stellte fest, dass die Kriegerin so viel getrunken hatte, dass sie einfach vor dem Fernseher eingeschlafen war, der Kopf weggesackt. Ihr Mund stand offen. Sie schnarchte. So leise wie möglich näherte sich Lisbeth ihr, aber die Kriegerin wurde trotzdem wach. Sie sprang auf, die Fäuste gereckt, bereit, sich zu verteidigen. Es vergingen ein paar Sekunden, bevor sie die Hände sinken ließ. Blinzelnd standen sie einander gegenüber.

»Ich wollte nur sehen, ob alles ok ist«, sagte Lisbeth.

»Natürlich ist alles ok. Sehe ich etwa so aus, als wäre ich nicht ok?«, schnauzte die Kriegerin, ging an Lisbeth vorbei ins Bad und knallte die Tür hinter sich zu.

Als Lisbeth am nächsten Morgen aufstand, war die Kriegerin schon laufen gewesen, hatte Brötchen geholt, den Tisch gedeckt, Kerzen aufgestellt. Lisbeth musste an die Desserts denken, die Zoran ihr mitgebracht hatte, nachdem er handgreiflich geworden war.

Während Lisbeth aß, spielte die Kriegerin mit dem Wachs der Kerzen, verschob den Teller und ihre Tasse. Das Essen rührte sie nicht an. Draußen schneite es in großen Flocken. Lisbeth versuchte, ein Gespräch zu beginnen, sprach über das Wetter, aber statt darauf einzugehen, stand die Kriegerin kommentarlos auf und ging nach draußen zum Rauchen. Innerhalb von Sekunden waren ihr Haar und ihre Kleidung mit einer Schneeschicht bedeckt.

»Gesund ist das nicht«, sagte Lisbeth, nachdem die Kriegerin wieder nach drinnen gekommen war.

Ohne sich um den Schnee zu kümmern, der langsam schmolz und ihr den Nacken hinabrann, von ihrer Kleidung tropfte, setzte sich die Kriegerin zurück an den Tisch. »Du rauchst doch selbst.«

»Das meine ich nicht.«

Die Kriegerin sah sie irritiert an. »Sondern?«

»Dein ganzer Lifestyle hier.«

Die Kriegerin rollte den Ärmel ihres T-Shirts nach oben, streckte den Arm, spannte ihren Bizeps an. »Sieht ziemlich gesund aus, findest du nicht?«

Lisbeth ging nicht darauf ein. »Seit wann trinkst du so viel?«

»Wer Durst hat, muss trinken, haben dir das deine Eltern nicht beigebracht?«

»Ich rede nicht von Wasser.«

»Das hier ist Urlaub, da ist ein bisschen Spaß ja wohl noch erlaubt.«

»Trinken bis zur Bewusstlosigkeit nennst du Spaß?«

»Jetzt plötzlich machst du dir also Sorgen?« Die Kriegerin war aufgesprungen. Sie lächelte wieder. Aber diesmal verrutschte es.

Am nächsten Tag beobachtete Lisbeth die Kriegerin dabei, wie sie vor ihrem Laptop saß und sich via Streetview durch Berlin bewegte. Auf den Aufnahmen blühten überall die Bäume. Zierkirschen. Die Blüten wie grober, rosafarbener Schnee. Zu sehen war ein längst vergangener Frühling. Lisbeth erinnerte sich gut daran, wie sie mit dem Kind unter diesen Bäumen entlanggelaufen war. Die Kriegerin klickte sich weiter, bis sie auf der Karte die Spree erreichte. Dort zoomte sie so nahe heran, dass nur noch Wasser zu sehen war. Als sie bemerkte, dass Lisbeth hinter ihr stand, zuckte sie zusammen.

»Musst du mich immer so erschrecken.«

»Was machst du da?«

»Nichts Wichtiges«, sagte die Kriegerin und klappte den Laptop zu.

Am Abend gingen sie ins Restaurant. Sie saßen an ihrem üblichen Platz mit Blick auf die Strandpromenade. Nur ein anderer Tisch war besetzt. Das Paar, eine Frau und ein Mann im Rentenalter, schauten immer wieder zu ihnen herüber.

Die Kriegerin trommelte mit den Fingern auf den Tisch und warf ständig einen Blick zur Tür.

»Was ist eigentlich mit deinem Plan, Berufssoldatin zu werden?«, fragte Lisbeth.

»Der steht.«

»Werden sie dich nehmen?«

Die Kriegerin holte eine Zigarette aus ihrer Tasche, hielt sie prüfend ins Licht.

»Hallo, ich rede mit dir«, sagte Lisbeth.

»Es stehen noch ein paar Beurteilungen aus«, sagte die Kriegerin, den Blick jetzt auf das Paar am Nachbartisch gerichtet.

»Aber da schneidest du doch bestimmt gut ab.«

»Natürlich.«

»Hast du trotzdem einen Alternativplan? Die zwölf Jahre, die du dich verpflichtet hast, sind ja bald rum, oder verzähle ich mich?«

Die Kriegerin zog die Augenbrauen hoch. »Ich werde Berufssoldatin.« Sie richtete sich auf, drehte sich zum Paar am anderen Tisch. »Was glotzen Sie eigentlich die ganze Zeit so zu uns herüber«, rief sie. Das Paar tat, als hätten sie es nicht gehört, der Mann betrachtete seine Fingernägel, die Frau verschob den Brotkorb.

»Idioten«, nuschelte die Kriegerin.

Eine Kellnerin trat an ihren Tisch und brachte ihnen das Essen. Kartoffeln, Fleisch, eine dunkle Soße, Ofentomaten. Lisbeth stach mit dem Messer hinein. Langsam lief der Saft aus ihnen heraus. Die Kriegerin zerknüllte die Stoffserviette und sah Lisbeth an. »Also, was willst du hören?«

»Eigentlich will ich nur wissen, wie es dir geht.«

»Bestens, siehst du das nicht?«

Lisbeth atmete aus. Irgendwo tief am Meeresgrund trieb der Reservist. Sie schüttelte den Kopf, versuchte, das Bild wieder loszuwerden. »Wenn es dir gut geht, warum schreibst du mir dann solche Briefe?«, fragte sie.

»Was für Briefe?«

»Hör auf damit«, sagte Lisbeth so laut, dass das Paar am anderen Tisch zusammenzuckte. Die Kriegerin schob ihren Teller von sich, wischte mit der Serviette über ihren Mund. Wieder einmal hatte sie nur das Fleisch gegessen. Sie griff nach ihrem Weinglas, trank es in einem Zug aus und gab der Kellnerin ein Zeichen, dass sie ein neues wolle. Lisbeth sank auf ihren Stuhl zurück. »Siehst du Malik noch?«, fragte sie.

»Du meinst den Vater deines Kindes?«

»Was?«

Die Kriegerin schwieg.

»Was hast du gerade gesagt?«

»Egal. Lass uns das Thema wechseln.«

Lisbeth wurde schlecht.

»Wie hast du das gerade gemeint?«, fragte sie und legte ihre Hände flach auf das weiße Tischtuch.

»Warum hast du mir nicht gesagt, dass ihr euch kennt? Verdammt Lisbeth, Eden ist dein Kind.«

Lisbeth zuckte zurück, traute sich nicht, die Kriegerin anzusehen. Sie schmeckte Galle, versuchte, ruhig durch die Nase zu atmen.

»Ich weiß nicht, wovon du sprichst«, flüsterte sie.

»Du bist wirklich unglaublich«, rief die Kriegerin. »Ich verstehe nicht, warum du nicht einfach mal ehrlich bist mit mir. Selbst jetzt kannst du es nicht zugeben.«

Lisbeth hielt es nicht mehr aus, sprang auf, stürzte aus dem Restaurant und übergab sich draußen zwischen zwei Blumenkübel. Die Kriegerin war ihr gefolgt und legte ihr die Hand auf den Rücken. Lisbeth schüttelte sie ab, würgte erneut, aber es kam nichts mehr. Sie richtet sich auf, fröstelte.

»Wie hast du es herausgefunden?«

Die Kriegerin schwieg.

Lisbeth biss sich auf die Lippen.

»Erinnerst du dich, was ich dir während der Grundausbildung auf dem Sandhügel gesagt habe, als wir das erste Mal länger miteinander gesprochen haben?«, fragte die Kriegerin.

»Da hast du ziemlich viel erzählt.«

»Ich habe gesagt, dass du dich vor mir nicht in Acht nehmen musst.«

Lisbeth verschränkte die Arme vor der Brust. Die Kriegerin schaute auf ihre Schuhe. »Weißt du, das gilt noch immer.«

Lisbeth nickte. Aber sie blieb, wo sie war, lehnte sich nicht gegen die Kriegerin, wahrte die Distanz.

Am nächsten Tag hielt die Kriegerin Lisbeth den Reservistenanstecker unter die Nase. Sie war laufen gewesen. Ihr blondiertes Haar hing ihr verschwitzt ins Gesicht. Trotz der Röte ihrer Wangen sah sie abgekämpft aus. Deutlich stachen ihre Augenringe hervor. »Ist das deiner?«, fragte sie.

Lisbeth stellte den Wasserkocher an. »Wieso gehst du an meine Sachen?«

»Der lag hier herum.«

Lisbeth schwieg.

»Woher hast du den?«, fragte die Kriegerin.

»Jemand hat mir den geschenkt.«

»Wer?«

»Ein Reservist.«

»Wo hast du denn bitte schön einen Reservisten getroffen?«

»Er war Souschef auf dem Kreuzfahrtschiff.«

»War?«

»Er ist tot.«

Die Kriegerin ließ die Hand mit dem Reservistenanstecker sinken.

»Er hat versucht, sich mit Alkohol zu medikamentieren«, sagte Lisbeth. Das Wasser kochte. Aber der Schalter sprang nicht um. Dampf stieg auf. Die glatte Oberfläche des darüberliegenden Hängeschranks beschlug. Die Kriegerin machte einen Schritt vor und hieb mit der Faust auf den Deckel des Kochers. Klackend sprang der Schalter um. Lisbeth verschränkte die Arme vor der Brust und fügte hinzu: »Oft ist er mitten in der Nacht wach geworden und aus der Kabine gestürzt. Tagsüber ist er schon bei den kleinsten Sachen ausgeflippt. In der Küche mussten sie regelmäßig vor ihm in Deckung gehen. Manchmal hat er plötzlich keine Luft mehr bekommen, dann war er wieder in Kuwait.«

Lisbeth war sich nicht sicher, ob die Kriegerin ihr zuhörte. Sie hatte das Gesicht abgewandt, starrte durch die Fensterfront in die Dünen, den Anstecker noch immer in der Hand.

»Auf Deck wurden nur noch seine Schuhe gefunden«, sagte Lisbeth.

»Warum erzählst du mir das?«, fragte die Kriegerin und legte den Anstecker in einer schnellen Bewegung auf die Küchenanrichte, wischte sich die Hand an ihrer Hose ab, schlüpfte aus ihren Laufschuhen, schüttelte den Sand aus ihnen in die Spüle.

»Ich sehe Parallelen.«

»Parallelen zu was?«

»Parallelen zu dir.«

Die Kriegerin lachte auf.

»Die einzigen Parallelen, die ich sehe, sind zu dir«, sagte sie. »Seitdem du die Grundausbildung abgebrochen hast, läufst du vor allem davon, als würde man dich mit Panzerfäusten beschießen. Mich würde es nicht wundern, wenn du dich bald im Meer ertränkst.«

Noch immer lachend, beugte sie sich vor, nahm ein Glas aus dem Schrank, doch es rutschte ihr aus der Hand, schlug auf den Fliesen auf und zersplitterte. Sie hörte auf zu lachen. Eine gefühlte Ewigkeit standen sie nur da. Die Kriegerin umgeben von den Scherben. Lisbeth in sicherer Entfernung. Ihr kam es vor, als warteten sie beide darauf, dass sich das Glas von allein wieder zusammensetzte.

Schließlich beugte sich Lisbeth vor, griff ein Geschirrhandtuch und wollte sich nach den Scherben bücken, aber die Kriegerin stellte sich ihr in den Weg.

»Ich brauche deine Hilfe nicht«, sagte sie leise mit ausdruckslosem Gesicht. Und nach einem kurzen Zögern: »Ich brauche *dich* nicht.« In Lisbeths Körper ging etwas zu Bruch. Benommen wandte sie sich ab, stolperte aus der Küche, verließ den Bungalow, stieg über die Dünen und lief bis zum Wasser. Im schwindenden Licht hatte das Meer eine fast schwarze Farbe. Der tiefe Grund schien an die Oberfläche gespült worden zu sein. Lisbeth blickte zum Horizont und schrie gegen den Wind an, der schneidend blieb und unnachgiebig. Irgendwann war ihre Stimme verbraucht, kein Laut kam heraus, obwohl sie den Mund noch immer weit geöffnet hatte.

Am nächsten Morgen reiste Lisbeth ab. Überstürzt und benommen verließ sie den Bungalow. Es war ein gleißender Tag. Am

Himmel kreiste weit oben ein Greifvogel. Die Felder waren mit feinem Raureif bedeckt. Lisbeth setzte sich ihre Sonnenbrille auf und beschleunigte. Wie damals bei ihrer Flucht aus der Stadt blickte sie kein einziges Mal zurück.

Für eine Woche mietete sie sich ein Zimmer in einem Hotel nahe der Autobahn. Ein funktionaler Turm. Der Frühstücks-raum im Keller. Künstliches Licht. Die Tage verbrachte sie schlafend. Wenn sie aufwachte, lauschte sie dem Rumoren aus den Nachbarzimmern. Langsam kam ihre Stimme zurück.

Am siebten Tag suchte sie morgens, in aller Frühe, ihre im Zimmer verstreuten Sachen zusammen, warf sie in ihre Sport-tasche, zog sich an. Ohne zu frühstücken, verließ sie das Hotel und fuhr zum Hafen, wo das Kreuzfahrtschiff bereits vor Anker lag.

ZWEITER TEIL

SCHWEISS

Das Erste, was Lisbeth bei ihrer Ankunft in Berlin auffiel, war das Licht. Schon am Flughafen flutete es alles. Sie setzte sich ihre Sonnenbrille auf und lief schlingernd zur S-Bahn-Station. Auf dem Bahnsteig blieb sie im Schatten einer Säule stehen, ließ die Reisetasche von ihrer Schulter gleiten und platzierte sie zwischen ihren Füßen. Ihr gesamter Besitz hatte hineingepasst. Ein paar Kleidungsstücke, ihre Laufschuhe, ein Feuerzeug. Die Briefe der Kriegerin steckten im Seitenfach. Vier weitere waren dazugekommen, seitdem Lisbeth aus dem Bungalow abgereist war, ohne sich von der Kriegerin zu verabschieden. Bis auf die Briefe hatte seit dem Winter vor zwei Jahren Funkstille zwischen ihnen geherrscht. Aber vor drei Tagen war die Kriegerin Lisbeth im Traum begegnet. Und in den beiden darauffolgenden Nächten träumte Lisbeth zum ersten Mal seit langer Zeit überhaupt nichts. Da war ihr klar gewesen, dass etwas passiert sein musste. An diesen Morgen hatte sie in aller Frühe ihre Sachen zusammengepackt und war vom Schiff gegangen, das seit dem Abend im Hafen von Limassol lag. Von der Küstenstadt war sie in einem staubig riechenden Bus nach Paphos zum Flughafen gefahren. In der Eile hatte sie wie gewohnt ihre Uniform angezogen, auch das silberne Namensschild angesteckt. Sie wusste, ihr Fehlen würde erst auffallen, wenn der Blumenladen nicht wie gewohnt um achtzehn Uhr öffnete. Wahrscheinlich würden bereits wenige Minuten nach sechs die ersten Beschwerden eingehen. Jemand würde beauftragt werden, in der Kabine nach ihr zu schauen und den leergeräumten Schrank vorfinden. Ihr Handy hatte sie zur Sicherheit ausgeschaltet.

Der Flug hatte knapp vier Stunden gedauert. Kein einziges Mal hatte sie währenddessen ihre Sitzposition verändert.

In der S-Bahn behielt Lisbeth ihre Sonnenbrille auf und blickte hinaus. Geradlinig schnitt das Licht in die Häuserschluchten. Die Stadt war ihr nicht mehr vertraut. Sie nahm das Namensschild von ihrer Uniform ab und richtete sich den Kragen. Niemand beachtete sie. Am Hauptbahnhof stieg sie aus, wurde die Treppe hinunter und auf den Bahnhofsvorplatz gespült. Sie schwitzte, spürte die Entfernung zum Meer. Wie lange sie es in Berlin aushalten würde, wusste sie nicht. Breitbeinig ging sie durch die Straßen und folgte der Richtungsangabe auf ihrem Handy. An den U-Bahn-Schächten, S-Bahn-Aufgängen und Straßenbahnhaltestellen lief sie vorbei, hielt ihren Körper in Bewegung.

Zwischen den Häusern gab es keine Lücken mehr. Überall standen neue Gebäude. Die alten waren saniert worden. Selbst die Parks sahen wie frisch angelegt aus. Nichts kam Lisbeth bekannt vor. Sie fühlte sich, als würde sie zum ersten Mal durch die Stadt laufen, als gäbe es keine Vergangenheit. Der Sommer staute sich in den Straßen. Junge Bäume säumten die Bürgersteige. Haselnüsse, Linden. Lisbeths Atem ging flach, immer wieder musste sie für einen kurzen Moment stehen bleiben, die Hand gegen den Brustkorb gedrückt.

Im Dreieck zwischen sich überkreuzenden S-Bahn-Schienen entdeckte Lisbeth eine Blumenrabatte. Aber von der Brücke, auf der sie stand, war sie unerreichbar. Das nächste Beet befand sich eingefasst in ein Wasserbecken. Unkraut sah Lisbeth keines. Zwischen den Stauden war der Boden mit Rindenmulch abgedeckt. Auch die folgenden Rabatten lagen immer so, dass sie für Passanten nicht einfach betretbar waren. Auf eine schaffte es Lisbeth dann aber doch. Die Blumen waren in die Mitte eines Kreisverkehrs gepflanzt. Autos hupten, aber da hatte Lisbeth die Straße schon überquert. Sie schritt die Fläche ab. Der Rittersporn reichte ihr bis zur Brust. Sie holte ihr Klappmesser aus der Jacke, schnitt drei Stiele ab, auch vom Ginster und Zierfenchel, und fixierte den Strauß mit Wintergrashalmen. Langsam entspannte sich ihr Körper. Ihr Atem ging wieder regelmäßig, sie fand ins Gleichgewicht zurück. Der Juckreiz ließ nach. Für einen kurzen Moment verdeckte ein schwenkender Kran die Sonne. Lisbeth bückte sich und griff sich drei der weißen Steine, die den Boden zwischen den Stauden bedeckten. Sie versenkte sie in ihrer Hosentasche, klemmte sich den Strauß unter den Arm und wechselte zurück auf den Bürgersteig. Mit der Hand tastete sie nach den Steinen, hielt sich an ihnen fest.

Je weiter sie sich vom Zentrum der Stadt fortbewegte, desto weniger Blumenrabatten gab es. Kurz vor der Stadtgrenze fand Lisbeth nur leere, mit einem Metallzaun eingefasste Schotterflächen.

Als Lisbeth die Grundausbildung in der ersten Märzwoche begann, lag noch Schnee. Am Abend des Anreisetags saß sie mit anderen Rekrutinnen um den Tisch in ihrer Stube. Sie hatten sich jeder schon für ein Bett entschieden und es bezogen. Eines aber war noch frei. Sie glaubten, so würde es bleiben, bis die Tür aufgerissen wurde und eine junge Frau in malvenfarbenem Staubmantel hereingepoltert kam. Sie hatte Schnee im Haar, war außer Atem und warf ihre Tasche auf die noch freie Matratze.

»Ich habe meinen Zug verpasst«, seufzte sie und knöpfte den Mantel auf.

»Schicke Jacke«, sagte Kim, die neben Lisbeth saß.

»Hab ich von meiner Großmutter, der hat schon den Zweiten Weltkrieg überlebt. Glück bringt der«, sagte die Neue und zog den Mantel aus. »Ich bin übrigens Florentine. Wie heißt ihr?«

Lisbeth und die anderen stellten sich vor. Florentine gab ihnen allen die Hand, wich keinem Blick aus.

Sie war gerade einmal einen Meter sechzig groß. Aber es war nicht nur ihre Größe, von der sich Lisbeth täuschen ließ. Auch ihr puppenhaftes Gesicht passte nicht an diesen Ort. Sie hatte große blaue Augen, viele Sommersprossen und das dunkle, schwere Haar aufwändig geflochten. Ihre Fingernägel hatte Florentine in einem grellen Pink lackiert. Als sie später ihr Nachthemd anhatte, sah Lisbeth, dass auch ihre Fußnägel diese Farbe hatten. Schon am nächsten Morgen in der Standortbekleidungskammer, wo sie ihre Uniformen erhielten, gab es die ersten Kommentare: »Mädchen, wie willst du dich damit tarnen.« Und: »Das ist hier kein Friseursalon. Willkommen bei der Bundeswehr.«

Florentine lachte breit und zeigte ihre Zähne. »Durch eine Wärmebildkamera bin ich auch ohne Nagellack zu sehen. Willkommen im 21. Jahrhundert«, gab sie altklug zurück.

Erst nach mehreren Verwarnungen entfernte sie schließlich den Lack auf den Fingern. Aber auf den Füßen ließ sie ihn. »Solange ich hier niemanden flachlege, bekommt den auch keiner zu Gesicht.«

Beim Fitnesstest waren dann alle überrascht. Mühelos gelangen Florentine die Klimmzüge. Auch beim Pendellauf und Standweitsprung zählte sie zu den Besten. Ihr Gesicht blieb währenddessen unbewegt. Danach flachste sie mit ein paar der anderen Rekruten herum. Die Akustik der Turnhalle verstärkte ihre Stimmen. Lisbeth hielt sich am Rand. Sie war älter als die meisten. Es waren nur zwei, drei Jahre, trotzdem fühlte sie sich überlegen. In ihrem Kopf schloss sie Wetten ab, wer von den anderen zuerst abbrechen würde. Florentine hatte sie am ersten Tag noch dazu gezählt. Schnell aber merkte sie, wie falsch sie mit dieser Einschätzung gelegen hatte. Bei den Strafliegestützen, die sie in den ersten Wochen ständig machen mussten, war Florentine eine der wenigen, die die geforderte Anzahl schaffte, ohne zwischendurch zu pausieren oder ganz aufzugeben. Sie war doppelt so schnell wie die anderen, wenn es darum ging, Waffen auseinanderzubauen, zu reinigen und danach wieder zusammenzusetzen. Beim Formaldienst kam sie nie aus dem Takt und beim Nachtalarm, wenn die Sirene um zwei Uhr aufheulte, war sie schon in der Uniform, wenn Lisbeth und die anderen sich noch verschlafen aus den Betten kämpften. Nur im Schießsimulator war sie nicht die Beste. Mit einem Punkt lag Lisbeth vor ihr.

»Von den zwei Mädchen hier geschlagen«, feixten die Ausbilder danach, mit Blick auf die männlichen Rekruten. Florentine zwinkerte ihr zu, aber Lisbeth tat, als hätte sie es nicht gesehen. Auch an den folgenden Tagen suchte Florentine immer wieder ihren Blick. Als ein Rekrut bei der Waffenpflege nicht schnell genug den Grund für diese Aufgabe nennen konnte und der Offizier daraufhin brüllte, dass im Ernstfall ein versagendes Gewehr bedeute, dass einem nur noch das Steineschmeißen blieb, schaute Florentine zu Lisbeth, ballte die Hand zur Faust und grinste.

Auch die restlichen an sie gestellten Aufgaben waren für Florentine ein Kinderspiel. Wie Lisbeth galt sie deshalb bald als arrogant. Schnell nannte sie niemand mehr bei ihrem richtigen Namen. Stattdessen sagten die Rekruten »die Kriegerin«, wenn sie über sie sprachen, und jeder wusste sofort, wer gemeint war.

»Die können mich alle mal, ich finde eben nichts davon anstrengend«, sagte sie zu Lisbeth, nachdem sie mitbekommen hatte, wie die anderen sich abfällig über ihre Verbissenheit geäußert hatten. »Und überhaupt, was soll das: *Die Kriegerin.*« Aber Lisbeth konnte sehen, dass ihr der Name gefiel.

Seit dem Schießtraining suchte Florentine Lisbeths Nähe, sobald sich die Möglichkeit bot. Wenn Lisbeth nach draußen zum Rauchen ging, schloss sie sich ihr an. Manchmal stand sie so dicht bei ihr, dass sich dabei fast ihre Schultern berührten. Auch im Speisesaal setzte sie sich immer neben sie. War der Platz neben ihr nicht mehr frei, nahm sie sich einen Stuhl von woanders und quetschte ihn dazwischen. Und bei den Gepäckmärschen passte sie das Schritttempo an das von Lisbeth an.

Florentine hatte die Angewohnheit, Menschen, mit denen sie sprach, unverwandt anzustarren. Auch Lisbeth versuchte sie mit ihrem Blick festzunageln, aber die wandte sich einfach immer ab, machte auf dem Absatz kehrt und ging davon, auch wenn Florentine eigentlich gerade mit ihr sprach.

Lisbeth gefiel ihr neuer Alltag. Das frühe Aufstehen. Die Ordnung. Dass alles einen Platz hatte. Die körperliche Anstrengung. Der Drill. Die stundenlange Waffenpflege. Selbst den Kompanieunterricht fand sie spannend und hörte aufmerksam zu, während den anderen Rekruten schon nach den ersten Minuten die Augen zufielen.

Seit sie jeden Tag Uniform trug, fiel es Lisbeth leichter, Gespräche zuzulassen. Die Arbeit in der Gärtnerei vermisste sie nicht. An den Wochenenden blieb sie in der Kaserne. Ihre Wohnung hatte sie gekündigt. Mit ihrer Mutter telefonierte sie in unregelmäßigen Abständen. Sie redeten über das Wetter, was im Fernsehen lief, Ritas Kolleginnen im Labor. Über ihre Ausbildung sprach Lisbeth nicht. Wenn ihre Mutter fragte, gab sie ausweichende Antworten. Sie hatte beschlossen, dass die beiden Welten getrennt voneinander existieren sollten. In der Kaserne war sie eine andere. Nicht selten stand sie eine Weile im Duschraum vor dem Spiegel und begutachtete ihre Muskeln. Sie genoss ihre körperliche Überlegenheit. Wie Florentine fiel auch ihr alles leicht. Nichts schien ihr etwas anhaben zu können. Sie brauchte sich hier niemandem anzuvertrauen, nach drei Monaten würden sie ohnehin an unterschiedliche Standorte wechseln. Schnell fanden sich die anderen damit ab, dass Lisbeth keine Nähe suchte und nur selten etwas von sich preisgab. Einzig Florentine gab keine Ruhe.

Es war das Tanzen, das sie schließlich doch noch zusammenbrachte. An den freien Wochenenden fand sich meist eine Gruppe, die in den nächsten größeren Ort fuhr, um dort in eine Diskothek zu gehen. Lisbeth hatte immer abgelehnt, wenn die anderen sie fragten, aber an einem Samstag ließ sie sich überreden. Am Tag zuvor hatte sie ein Hauptmann beiseitegenommen und ihr erklärt, dass ihr all ihr Talent nichts nützen würde, wenn sie den Grundsatz der Kameradschaft nicht endlich ernst nahm.

Der Frühling stand kurz bevor. Sie fuhren mit mehreren Autos. Lisbeth saß eingequetscht auf der Rückbank. Die Fenster beschlugen von der Körperwärme. Im Radio lief Musik. Irgendein Chart-Hit. Als die Nachrichten begannen, wurde augenblicklich der Sender gewechselt.

Die Diskothek befand sich unter einem Möbelgeschäft. Der Bass war bis auf die Straße zu hören. Sie parkten die Autos in einer Querstraße. Kurz zuvor hatte es geregnet. Der Bürgersteig und die Straßenlaternen glänzten feucht. Lisbeth sah sich um und hatte für einen Moment das Gefühl, sich in einem Computerspiel zu befinden. Vielleicht lag es an den zwei Bier, die sie bereits im Mannschaftsheim getrunken hatte.

»Feuer?«, fragte Florentine, die unvermittelt vor ihr aufgetaucht war und ihr jetzt ein brennendes Zippo unter die Nase hielt. Sie musste in einem der anderen Autos mitgefahren sein. Lisbeth beugte sich vor und hielt ihre Zigarette in die Flamme. Die anderen waren bereits vorgestürmt und hinter der schweren Metalltür verschwunden.

»Danke«, sagte Lisbeth. Florentine grinste und folgte der Gruppe. Lisbeth lehnte sich an die Mauer und rauchte. Mit der linken Hand tastete sie ihre Rippenbögen ab, spürte die Knochen unter ihrer Jacke. Das Flimmern in ihrem Sichtfeld verschwand nicht. Sie warf die Zigarette fort, ging nun auch hinein und stieg die Treppen hinunter in die Diskothek.

Violettes Licht füllte die kleine Tanzfläche. Die Bar war verspiegelt, die Musik scheppernd. Die Luft stickig und feucht. Lisbeth holte sich ein Bier, suchte sich eine Lücke nicht weit von den Boxen entfernt und begann zu tanzen. Erst waren ihre Bewegungen steif und eckig, aber dann fand sie doch in den vom Bass vorgegebenen Rhythmus hinein. Sie bemerkte, dass

Florentine ganz in ihrer Nähe tanzte. Obwohl sie sich nicht ansahen, passten sich ihre Bewegungen einander an. Lisbeth hatte das Gefühl, sie beide folgten einer Choreographie, die nur sie kannten.

Der Abend verging. Kein einziges Mal verließen Lisbeth oder Florentine die Tanzfläche.

Als die Musik ausgemacht wurde und die Deckenbeleuchtung anging, waren sie die Einzigen, die noch immer in der Mitte der Tanzfläche standen. Die anderen Rekruten kamen zu ihnen und zogen sie mit nach draußen. Dort in der kühlen Luft bot Lisbeth Florentine eine Zigarette an, die sie dankend annahm.

Auf der Rückfahrt saßen sie im selben Auto. Lisbeth vorne, auf dem Beifahrersitz. Florentine hinten. Im Rückspiegel trafen sich ihre Blicke. Auf halber Strecke bogen die Autos von der Straße ab, fuhren einen unbefestigten Weg entlang, bis zu einem Hügel aus Sand, versteckt hinter einem Wald. Dort stieg die Gruppe hinauf. Einer der Rekruten hatte eine Deutschlandfahne aus dem Kofferraum geholt und trug sie jetzt lachend als Umhang. Die Sonne stand knapp über dem Horizont. Das Licht war milchig. Sie setzten sich in den Sand. Ein Gespräch entstand, an dem Florentine und Lisbeth sich schnell nicht mehr beteiligten. Sie rückten von den anderen ab und wandten sich zueinander. Florentine wollte von Lisbeth wissen, wie sie darauf gekommen war, sich bei der Bundeswehr zu bewerben. Lisbeth schob ihre Hände unter die Oberschenkel und erzählte, wie ihre Mutter ihr nach dem Tod ihres Vaters geraten hatte, noch einmal etwas ganz Neues auszuprobieren.

Florentine sah sie aufmerksam an. Mit ihrem üblichen Blick, ohne zu zwinkern. »Du musst dich vor mir nicht in Acht nehmen.«

»Was?«

Florentine winkte ab. Sie schwiegen. Lisbeth wusste, dass sie etwas sagen musste, wenn sie wollte, dass das Gespräch weiter ging.

»Und du? Wo bist du aufgewachsen?«, fragte sie.

»Mecklenburg. Direkt an der Ostseeküste.«

Lisbeth horchte auf. »Wo genau?«

Florentine beschrieb es ihr, Lisbeth unterbrach sie. »Ich kenne die Gegend. Ich habe dort früher jeden Sommer mit meinen Eltern Urlaub gemacht.«

Florentine lachte und Lisbeth bildete sich ein, die Rückstände des Meeres in ihrem Gesicht zu sehen. Jeder Ort hinterlässt Spuren, dachte sie, während Florentine von ihrem Aufwachsen erzählte und dass ihre Oma sie großgezogen habe.

»Wie ist sie so?«

»Meine Großmutter?«, fragte Florentine.

Lisbeth nickte.

»Wenn ich an sie denke, habe ich sofort eine Fotografie vor Augen. Auf ihr steht sie in heller Kleidung in der Mitte einer dunkel angezogenen Menschenmenge auf einem Rummel, wenige Jahre nach Ende des Krieges. Sie sticht hervor, wirkt wie nachträglich in das Bild hineinretuschiert. In Mecklenburg hat sie sich nie richtig zugehörig gefühlt. Du musst wissen, dass es nicht ihre Heimat war. Sie ist kurz vor Kriegsende geflohen und musste an der Ostsee noch einmal ganz von vorne anfangen.«

»Von wo ist sie geflohen?«, fragte Lisbeth.

Florentine zuckte mit den Schultern. »Aufgewachsen ist sie in Schlesien, aber ich weiß nicht, wo genau. Sie spricht nicht mit mir darüber.«

»Gibt es keine Fotos?«, fragte Lisbeth.

Florentine schüttelte den Kopf. »Die ersten zwanzig Jahre ihres Lebens sind für sie nicht existent. Es gab wohl einen Mann. Aber jedes Mal, wenn ich nach ihm frage, sagt sie bloß:

gefallen. Ich glaube, sie hat Angst vor ihrer eigenen Schuld. Sie war ja nicht im Widerstand oder so. Als sie Schlesien dann verlassen hat, ist sie zum Flüchtling geworden, und dieses Wort nimmt sie immer noch vollkommen in Beschlag.« Florentines Stimme war jetzt so leise, dass die anderen sie auf keinen Fall hören konnten.

»Sie hat den Krieg nie richtig überwunden. Jeden Tag hat sie mir gesagt, dass ich lernen muss, mich zu verteidigen, und am besten gleich einen Waffenschein mache. Mit zwölf hat sie mich im Schützenverein angemeldet. Auch körperlich sollte ich fit sein. Dreimal in der Woche bin ich ringen gegangen. Tränen duldet sie nicht. Da verlässt sie sofort den Raum. Das alles hat sie als Ausbildung begriffen. Sie will, dass ich für alle kommenden Kriege gewappnet bin. Um jeden Preis will sie verhindern, dass ich mich einmal in der gleichen Position wie sie befinde, ohnmächtig, ausgeliefert, Flucht als einzige Möglichkeit. Nachdem sie in den Nachrichten gehört hat, dass die Bundeswehr nun auch Frauen nimmt, ist sie sofort zu mir ins Zimmer gekommen. Wenn du Soldatin bist, kann dir keiner was, hat sie zu mir gesagt, das ist deine Chance. Wahrscheinlich war es deshalb nur logisch, dass ich mich an meinem achtzehnten Geburtstag freiwillig melde.«

»Also war es nicht wirklich deine Entscheidung?«, fragte Lisbeth.

Florentine schaute sie spöttisch an. »Doch natürlich. Glaubst du, ich will wie meine Großmutter enden? Sie ist innerlich völlig zerfressen.«

Später, im Stockbett, fuhr sich Lisbeth über die Haut. Die Kriegerin hält sich gut zusammen, dachte sie, nichts von dem, was sie in sich trägt, wird in mich übergehen.

In den Tagen danach ließ sie die Nähe zu, die Florentine suchte, zuckte nicht zurück, wenn sie sie beim Sprechen berührte.

Jeden Abend kontrollierte sie ihre Haut, aber sie konnte keine Rötungen entdecken und fühlte sich weiterhin stabil. Nach zwei Wochen hörte sie auf, vorsichtig zu sein. Man traf sie nun meistens zu zweit. Die Köpfe zusammengesteckt, in ein nicht enden wollendes Gespräch vertieft. Auch nach dem Zapfenstreich sprachen sie weiter im Stockbett. Flüsternd, so, dass sie die anderen nicht störten. Wenn Florentine sich den Wecker auf vier Uhr stellte, um heimlich vor Dienstbeginn laufen zu gehen, schloss sich Lisbeth ihr an. Während die anderen noch schliefen, drehten sie auf dem Übungsplatz ihre Runden durch die Dunkelheit. Manchmal schlugen sie sich auch ins Gebüsch, rannten querfeldein und um die Wette. Sie verglichen ihre Muskeln und machten sich über die anderen lustig, vor allem die Jungen, die immer deutlicher hinter ihnen zurückblieben, mit solcher Vehemenz arbeiteten sie an ihren Körpern.

»Der kann sich gleich dazulegen«, feixten sie, als ein anderer Rekrut auf der Schießbahn aus Versehen das Gewehr fallen ließ. Auch über die anderen Soldaten machten sie sich lustig. Wenn sie grölend im Mannschaftsheim die Deutschlandhymne sangen, verdrehten sie die Augen und gingen nach draußen in den Raucherbereich, setzten sich dort auf die Hollywoodschaukel. Die anderen Rekrutinnen nahmen sie nicht ernst. Viele von ihnen klagten über Heimweh. Wenn Lisbeth und Florentine allein waren, äfften sie die Mädchen nach.

»Und die wollen Soldatinnen werden.«

»Ich sag dir, die halten noch nicht einmal die Grundausbildung durch.«

Aber sie wurden eines Besseren belehrt. Niemand von den über Heimweh Klagenden brach ab. Stattdessen hörte Kim auf, die sie immer für ihr Schweigen bewundert hatten. Dass sie Mutter eines vierjährigen Kindes war, hatte bis dahin niemand gewusst.

»Wie soll ich das auch schaffen? Es gibt hier noch nicht mal einen Betreuungsplatz für meine Tochter«, erklärte sie, während sie auf der Stube ihre Sachen zusammenpackte. Lisbeth und Florentine sahen sich an. Sie dachten beide dasselbe. Niemals würden sie zulassen, dass ihnen ein Kind in die Quere kam. Später gaben sie sich darauf die Hand.

So oft es ging, fuhren sie in die Diskothek. Manchmal gingen sie auch in einer größeren Stadt tanzen. Es gefiel ihnen, dass sie dort völlig unerkannt durch die Nacht ziehen konnten. So viel, wie sie tanzten, tranken sie auch. Lisbeth bestellte immer nur Bier. Florentine entschied sich an manchen Abenden für Schnäpse, dann orderte sie wieder ganze Flaschen Champagner. Sie mochte es, sich nicht festzulegen, jedes Wochenende eine andere zu sein. Es musste erst hell werden, damit sie genug hatten. Mit Rauch in den Haaren und dem Geschmack des Alkohols im Mund verließen sie die nächtlichen Orte, nahmen Züge oder Busse zurück zur Kaserne. Nur in diesen Momenten des ersten Lichts gab Lisbeth nach und erlaubte sich, den Kopf auf Florentines Schulter zu legen, ihr so nahe zu kommen, wie sie sich ihr fühlte. Sie tat dann, als wäre sie eingeschlafen und schreckte erst hoch, wenn sie aussteigen mussten.

Liebe Lisbeth,

meine neue Wohnung befindet sich in einem Komplex, schon fast außerhalb von Berlin. Ich wohne ganz oben, in der zwanzigsten Etage. In der Mitte der als Rondell angeordneten Hochhäuser gibt es einen Springbrunnen. Jeden Tag gehen darin Kinder baden. Ihre Rufe hallen bis zu mir. Ich sitze oft auf dem Balkon. Dort ist der Himmel weit. Er erinnert mich an das Meer.

Die Möbel aus meiner letzten Wohnung habe ich alle verkauft. In diese neue bin ich nur mit einem Koffer voller Kleidung gezogen. Seit der Beendigung meines Dienstverhältnisses scheint es mir absurd, mich noch länger mit alten Dingen zu umgeben. Kurz nach meinem Umzug bin ich zu IKEA gefahren. Ein junger Verkäufer hat mich beraten. Sein Gesicht war so glatt, dass ich das starke Bedürfnis hatte, mit der Faust hineinzuschlagen, aber stattdessen habe ich gelächelt und alles gekauft, was er mir vorgeschlagen hat.
Wenn ich jetzt zur Tür hereinkomme, fühlt es sich an, als wäre es nicht meine Wohnung, sondern die einer Fremden, als hätte ich mir unrechtmäßig Zutritt verschafft. Meine Art zu gehen verändert sich, ich laufe bedachter, berühre alle Gegenstände und rufe mir in Erinnerung, wie teuer sie gewesen sind.
Ich bin mir sicher, dass es nicht mehr lange dauert, bis ich mich an alles gewöhnt habe. Vielleicht dann, wenn ich auch meinen Schrank ausgeräumt, alles zum Altkleidercontainer gebracht und mir eine neue Garderobe zugelegt habe.
Meinst du, auch dabei soll ich mich von einem Jungen mit glattem Gesicht beraten lassen?

*Aber eigentlich wollte ich dir etwas ganz anderes erzählen. Ein
paar Tage nach meinem Einzug standen drei junge Frauen,
eigentlich noch Mädchen, vor der Eingangstür des Wohnkom-
plexes und haben geraucht. Sie trugen alle die gleiche weiße
Trainingshose. Ihre Gesichter hatten sie mit klobigen Sonnenbrillen abgeschirmt. Sie haben mich gefragt, zu wem ich will,
mit verschränkten Armen, als wären sie Türsteherinnen, und ich
habe ihnen erklärt, dass ich hier wohne. Sie wollten, dass ich
ihnen beschreibe, in welcher Etage, wo genau, erst dann sind sie
zur Seite getreten, so dass ich zwischen ihnen hindurchgehen
konnte. Hätte ich meinen Feldanzug getragen, hätten sie sich
sicherlich nicht so aufgeführt.*

*Tagsüber habe ich die Mädchen seitdem nicht mehr zu Gesicht
bekommen. Wahrscheinlich stehen sie immer erst abends auf.
Manchmal sehe ich, wie eine von ihnen in der Dämmerung auf
den Balkon tritt und eine Zigarette raucht oder Wäsche auf-
hängt. Ausschließlich helle Kleidungsstücke, die Unterwäsche
unpraktisch und unbequem, aus Spitze.*

*Vor ein paar Tagen bin ich nachts davon wach geworden, dass
unten im Hof Musik gespielt wurde. Ich habe aus dem Fenster
geblickt. Die Mädchen saßen auf dem Rand des Springbrunnen-
beckens. Sie tranken durchsichtige Getränke aus einfachen
Gläsern und hatten eine im Takt des Basses leuchtende Sound-
Box zwischen sich aufgestellt. Die dunkle, schwerfällige Musik
staute sich im Innenhof.*

*Die Mädchen saßen eng zusammen und lehnten die Köpfe beim
Sprechen zueinander. Vielleicht hatten sie Angst, belauscht zu
werden. Dann setzte mit einem Mal die Musik aus und eines der
Mädchen blickte nach oben zu meinem Fenster. Ich schreckte
zurück, dabei hatte ich nichts Verbotenes getan. Schnell habe ich*

mich vom Fenster abgewandt, bin zum Schrank gegangen, habe nach meiner Uniform gesucht, bis mir eingefallen ist, dass ich sie schon vor Wochen abgegeben habe.

Ich hoffe, du hältst dich aufrecht.
X

Der Wohnkomplex lag an einer sechsspurigen Straße. Unaufhörlich zog sich der Verkehr dahin. Lisbeth kam es vor, als versuchten sich die Autos mit Gewalt in die Stadt hineinzudrücken. Die Sonne stand gerade so, dass ihre glänzenden Metalldächer das Licht blitzartig reflektierten. Wie beim Auslösen einer Kamera bei schlechter Beleuchtung. Oder als würde etwas explodieren. Langsam stieg Lisbeth die Treppen der Unterführung hinunter. Sie rechnete mit Uringeruch, Graffiti, aber die hellen Fliesen an den Wänden waren sauber. Selbst die fest verschraubten Mülleimer wirkten unbenutzt. In einen schob Lisbeth den Strauß aus Rittersporn, Ginster und Zierfenchel, dann lief sie weiter. Ihre Schritte hallten vom Boden wider. Über ihrem Kopf donnerte der Verkehr. Sie hielt die Luft an, bis sie auf der anderen Seite wieder nach oben stieg.

Auf dem Klingelschild suchte Lisbeth nach dem Namen der Kriegerin. Die Schrift war ausgeblichen. Sie drückte den Knopf, wartete, nichts passierte. Auch beim zweiten und dritten Versuch machte niemand die Tür auf. Lisbeth ließ die Tasche von ihrer Schulter gleiten, öffnete den Reißverschluss und griff hinein. Ganz unten ertasteten ihre Finger den Schlüssel, sie zog ihn heraus, wog ihn für einen Moment in der Hand. Er hatte sich kommentarlos im letzten Brief befunden, den die Kriegerin ihr aus ihrer neuen Wohnung geschickt hatte. Sie steckte ihn ins Schloss. Er passte. Die Tür sprang auf. Lisbeth flüchtete sich ins schattige Treppenhaus. Auf der linken Seite befanden sich die Briefkästen. Auch hier suchte sie den Namen der Kriegerin. Prospekte quollen aus dem Schlitz. Lisbeths

Brustkorb verengte sich. Mit einer energischen Bewegung zog sie an den Prospekten. Ein ganzer Schwall kam ihr entgegen. Es waren nur Werbebroschüren. Sie schob alle zusammen, drückte den Packen an die Brust und trat in den Fahrstuhl. Das Licht hatte einen Grünstich. Lisbeth musterte ihre Augenringe im Spiegel, fuhr sich mit der Zunge über die trockenen Lippen. Sie drückte den obersten Knopf. Ratternd setzte sich der Fahrstuhl in Bewegung.

Der Flur war ein langer Korridor mit identischen Fußmatten und vielen Türen. Neben der letzten fand Lisbeth am Klingelschild den Namen der Kriegerin. Sie drückte den Knopf, stand still, wartete, aber kein Geräusch war zu hören, also benutzte sie den Schlüssel, der zu ihrer Erleichterung auch in dieses Schloss passte.

Lisbeth legte den Stapel Prospekte auf den Boden im Flur und lief durch die Räume. Die Wohnung war ausgeräumt. Nichts stand im Bad, in der Küche oder im Schlafzimmer. Auch Steine hatte die Kriegerin nicht zurückgelassen. Lisbeth fiel die Balkontür ins Auge. Sie durchquerte den Raum, öffnete die Tür und trat hinaus. Bis auf eine Vogeltränke und einen Futterspender war der Balkon leer. Die Markise war ausgefahren und bewegte sich leicht im Wind. Auch hier lagen keine Steine. Lisbeth musste sich setzen und lehnte den Rücken gegen die aufgeheizte Außenwand.

Der Name am Klingelschild der Nachbarwohnung war abgepult. Lisbeth klopfte und klingelte, aber niemand machte ihr auf. Dort, wo sich das Schloss befand, war am Türrahmen das Holz abgesplittert. Hier hatte jemand versucht, mit Gewalt in die Wohnung zu kommen. Lisbeth hämmerte mit der Faust gegen die Tür, doch auch darauf reagierte niemand. Frustriert fuhr sie mit dem Fahrstuhl nach unten.

Im Hof verdichtete feiner Staub die Luft. Die Blätter der drei in der Mitte gepflanzten Birken wirkten glanzlos. Auch den von der Kriegerin beschriebenen Springbrunnen mit breitem Rand gab es. Kinder in sorbetfarbenen Schwimmkostümen drückten sich zwischen den Fontänen gegenseitig unter Wasser und schossen sich mit Pistolen ab. Sie wirkten dabei, als würden sie einer Arbeit nachgehen und nicht, als spielten sie ein Spiel. Lisbeth rief nach ihnen. Die Kinder hielten in ihren Bewegungen inne und sahen zu ihr. Sie winkte ihnen. Zögernd kamen sie auf sie zu, kletterten aus dem Springbrunnen und stellten sich tropfend vor ihr auf. Lisbeth beschrieb ihnen die Kriegerin. Ob sie in letzter Zeit eine Frau gesehen hatten, die so aussah.

Die Kinder tauschten Blicke. Dann machte eines von ihnen einen Schritt nach vorne und sagte: »Sie ist ausgezogen.«

»Wann?«

»Vor einer Woche.«

Ein anderes Kind widersprach: »Nein, das ist schon länger her.« Sie diskutierten, aber konnten sich nicht auf den genauen Zeitpunkt einigen. Was sie wussten, war, dass sie die Kriegerin dabei beobachtet hatten, wie sie einen weißen Transporter belud.

»Und drei junge Frauen? Ich glaube, sie wohnen nebenan«, sagte Lisbeth. Die Kinder runzelten die Stirn, zuckten mit den Schultern. Lisbeth ging in die Hocke, suchte einen alten Kassenbon aus ihrem Portemonnaie und schrieb eine Nachricht auf die Rückseite.

»Wenn ihr die Frau oder auch die Mädchen doch noch einmal seht, müsst ihr ihnen diesen Zettel geben«, sagte sie und drückte den Kindern den Kassenbon in die Hand. »Habt ihr das verstanden?«

Die Kinder nickten mit ernsten Gesichtern. Lisbeth bedankte sich. Die Kinder sahen sie an. Sie musste an das Foto denken, das ihr die Kriegerin vor mehreren Jahren geschickt hatte, wie sie in Flecktarn, mit Sonnenbrille und Maschinengewehr über der Schulter, Süßigkeiten an eine Gruppe von Jungen verteilte, die ihr aufgeregt die Hände entgegenstreckten. Dazu der Satz: *Lass dich nicht täuschen.*

Lisbeth wandte sich ab, ging Richtung Ausgang und hörte, wie sich die Kinder zurück in den Springbrunnen stürzten.

Sie ging den Weg zurück, den sie gekommen war. Die Häuser rückten immer näher, bald würde sie zwischen ihren Mauern zerdrückt werden. In einer ruhigeren Straße blieb Lisbeth stehen, schloss die Augen, atmete in den Bauch, versuchte, das Brennen ihrer Haut auszublenden. Es gelang ihr fast. Sie öffnete die Augen wieder. Erst jetzt fielen ihr die Platanen in der Straße auf. In einer ordentlichen Reihe säumten sie den Gehsteig. Lisbeth erkannte, dass sie sich in der Nähe des Blumenladens befand. Langsam drehte sie den Kopf. Das letzte Mal, als sie an dieser Stelle gestanden hatte, war hier noch die Brache gewesen, auf der jemand die Herbstastern gepflanzt hatte. Lisbeths Herz schlug schnell. An der Stelle stand ein neues Gebäude. Glas und Stahl. Poliertes Klingelschild. Lisbeth ergriff die Flucht, stürzte davon.

Nach einer Stunde stand sie wieder auf dem Bahnhofsvorplatz. Um sie herum gleißende Bodenplatten. Touristinnen drängten sich in Grüppchen zusammen und fotografierten sich im Licht, das von den spiegelnden Oberflächen der umliegenden Gebäude reflektiert und verstärkt wurde. Außer Atem betrat Lisbeth den Hauptbahnhof, aber auch dorthin schaffte es das Licht. Es fiel durch das gläserne Dach, streute. An einem der Schalter fragte sie nach dem nächsten Zug zum Meer.

»Welches Meer?«, wurde sie gereizt gefragt.

»Die Ostsee«, antwortete Lisbeth und nannte den Ort, von dem es nicht mehr weit zum Bungalow war. Ihr wurde eine Zugverbindung ausgedruckt. Dazu das Ticket. Sie bezahlte mit ihrer EC-Karte und brauchte einen Moment, bis ihr die PIN wieder einfiel.

Der Zug fuhr von einem der unterirdischen Gleise, aber auch hier lag ein helles Rechteck Sonnenlicht auf dem Boden. Überall standen Menschen mit Koffern. Es waren Sommerferien, daran hatte Lisbeth nicht gedacht. Die vielen Körper schwitzten, zerrten Gepäck hinter sich her. Es herrschte eine allgemeine Anspannung, fast schon Aggressivität, aber vielleicht bildete Lisbeth sich das auch nur ein. Sie suchte den Abstand. Als der Zug kam, lief sie ganz ans Ende, stieg in den letzten Waggon und fand einen Platz am Fenster. Ihre Tasche legte sie auf den Sitz neben sich. Der Zug setzte sich in Bewegung, fuhr aus dem Tunnel. Schnell zog die Stadt vorbei, franste aus, verlor sich. Obwohl Lisbeth weiter hinaussah, registrierte sie kaum, wie sich mit der Zeit die Landschaft veränderte, wie die Abstände zwischen den Ortschaften größer wurden, der Himmel weiter. Es war ihr eigenes Gesicht, auf das sie sich konzentrierte. Es spiegelte sich in der Scheibe. Eine lichtdurchlässige Maske. Ihr Haar war so hell wie lange nicht mehr, fast weiß, aber diesen Gedanken schob sie sofort von sich. Sie wünschte sich robustere Züge. Einen ausgeprägteren Kiefer. Einen Mund, mit dem sich zubeißen ließ. Einen Mund, mit dem man sich wehren konnte. Aber da waren nur ihre feinen, aufgesprungenen Lippen. Nichts an ihnen sah angsteinflößend aus.
Sie wandte das Gesicht ab. Die Klimaanlage war zu stark eingestellt, fröstelnd verschränkte sie die Arme, döste dann doch ein und schreckte erst kurz vor der Station auf, an der sie aussteigen musste. Hastig griff sie sich ihre Tasche, stürzte durch den Gang und aus dem Zug.
Sie konnte die Ostsee bereits riechen.

Liebe Lisbeth,

*gestern, ich stand gerade auf dem Balkon, habe ich plötzlich das
Schlagen von Flügeln gehört. Ich dachte zunächst, jemand im Hof
würde das Geräusch abspielen, und habe mich über die Brüstung
gelehnt, aber da waren nur die Kinder, die im Springbrunnen
badeten. Also blickte ich stattdessen zum Himmel. Genau in dem
Moment tauchte über den Dächern der Hochhäuser ein Schwarm
rosafarbener Vögel auf. Mit lauten Rufen stürzten sie in den Hof
hinab und ließen sich auf den drei Birken nieder, die dort vor
Kurzem gepflanzt worden sind. Die Kinder haben gebannt das
Spektakel verfolgt. Einzelne Vögel sind immer wieder aufgeflogen,
haben einander umkreist und sich fallen gelassen, nur, um sich
kurze Zeit später wieder einen Platz in den Zweigen der Bäume
zu suchen. Ich wollte sie mit meinem Handy fotografieren, habe
das Handy aus meiner Hosentasche gezogen, aber genau in dem
Moment ist der Akku ausgegangen. Trotzdem bin ich mir sicher,
dass es sich bei ihnen um rosafarbene Papageien handelt. Sie
kamen mir wie eine Animation vor, weil die Gegend hier ja so gar
nichts mit ihrem natürlichen Lebensraum zu tun hat. Der befindet
sich nämlich, wie ich nach einer kurzen Recherche festgestellt
habe, vor allem in Australien.*
*Vom Balkon aus wäre es ein Leichtes gewesen, die Vögel zu treffen.
Aber statt einer Flinte hatte ich nur meine Zigarette in der Hand.
Ich habe sie geraucht, ohne ein einziges Mal den Blick von den
Papageien zu lösen. Dann, als hätte es ein Signal gegeben, sind sie
mit einem Mal synchron aufgestoben und davongeflogen. Unten
im Hof haben die Kinder applaudiert, sich aber kurz darauf sofort
wieder in ihr Spiel vertieft. Die kurze Unterbrechung schienen sie*

*bereits wieder vergessen zu haben. Ich dagegen konnte mich erst
nach einer Weile lösen. Bis zum Schluss hatte ich die Hoffnung,
dass die Papageien noch einmal wiederkehren würden, aber der
Himmel blieb leer, verlor nur nach und nach seine Farbe und war
schließlich dunkel, als ich den Balkon verließ.*

*Ich bin an diesem Tag früh ins Bett gegangen. Etwas am Anblick
der Vögel hatte mich benommen gemacht. Aber ich schlief nur
ein paar Stunden, denn dann klingelte es Sturm an meiner Tür.
Ich bin hochgeschreckt, habe kein Licht angeschaltet und bin
barfuß durch die dunkle Wohnung gelaufen. Noch immer halb im
Schlaf habe ich die Tür geöffnet. Im Flur standen die drei jungen
Mädchen, von denen ich dir in meinem letzten Brief geschrieben
habe. Sie trugen Pyjamas aus einem glänzenden, hellblauen
Stoff und wirkten in ihrer Haltung wie dorthin beordert und
bereit, einen Befehl von mir entgegenzunehmen. Ich musste bei
ihrem Anblick an die Puppen denken, mit denen ich als Kind
gespielt habe. Fast jeden Nachmittag habe ich damit verbracht,
auf dem ausgeblichenen Teppich in meinem Zimmer eine Welt
zu erschaffen, in der die Puppen meinen Händen vollkommen
ausgeliefert sind. Ich habe ihnen langsam und vorsichtig die Arme
verdreht, die Beine gespreizt, ihre Körper zusammengefaltet
oder gedrückt, so dass sie in einen kleinen Karton passten, ihre
Haare abgeschnitten und die Lider mit Sekundenkleber verschlossen. Vom Hocken auf dem rauen Teppich hatte ich immer
wundgescheuerte Knie und Ellbogen, aber ich habe mir mit nichts
anderem die Zeit lieber vertrieben. Meine Großmutter hat es ge-
hasst, wenn ich mit den Puppen spielte, und irgendwann hat sie
sie alle einem Gebrauchtwarenladen gespendet und mir gesagt,
wenn ich mich langweilen würde, solle ich mir die Zeit draußen
an der frischen Luft vertreiben und mit Stöcken spielen.
Jetzt, wo diese Mädchen vor meiner Tür standen, kam es mir fast
so vor, als wären die Puppen von damals zu mir zurückgekehrt.*

Stumm stand ich ihnen gegenüber und wusste nicht, was ich sagen sollte. Statt sich über mich zu wundern, überreichten mir die Mädchen ein Paket und erklärten mir, dass es fälschlicherweise bei ihnen abgegeben worden war. Dann drehten sie sich um und machten Anstalten, wieder in ihrer Wohnung zu verschwinden. Weil mir nichts anderes einfiel, was ich sie hätte fragen können, sprach ich über die Papageien und wollte wissen, ob sie sie auch gesehen hatten. Sie haben sich zu mir umgedreht und mich mitleidig angesehen. »Papageien gibt es in dieser Stadt nur im Zoo«, haben sie gesagt und die Tür hinter sich zugezogen. Ich habe noch eine Weile starr mit dem Paket in den Händen im Flur gestanden, dann bin auch ich zurück in die Wohnung. Erst im hellen Küchenlicht habe ich gesehen, dass der Klebestreifen gelöst und das Paket nicht mehr fest verschlossen war. Ich habe den Karton geöffnet und mit der Hand hineingegriffen. Er war gefüllt mit kleinen Schaumstoffkügelchen. Die Uniform, die ich bestellt hatte, befand sich noch im Inneren. Wer auch immer das Paket geöffnet hatte, hatte nichts herausgenommen. Ich habe den Karton auf dem Tisch stehen lassen, bin zurück ins Bett gegangen und sofort wieder eingeschlafen.

Am nächsten Morgen konnte ich nicht mehr sagen, ob ich die Papageien wirklich gesehen und die Mädchen mich wirklich besucht hatten. Beides kam mir wie ausgedacht vor. Ich beruhigte mich erst, als ich sah, dass der Karton noch immer in meiner Küche stand.

Am Nachmittag bin ich in den Supermarkt gegangen und habe eine Packung Mais gekauft. Zurück in der Wohnung habe ich Öl in einem Topf erhitzt, den Mais hineingefüllt und einen Deckel aufgelegt. Nach und nach sind die Kerne geploppt. Das fertige Popcorn habe ich vom Herd geschoben, es abkühlen lassen, eine Handvoll gegriffen und es auf die Metallabdeckung der Balustrade des Balkons gelegt. Jetzt warte ich darauf, dass die Vögel wiederkommen.

Weißt du, Lisbeth, manchmal habe ich das Gefühl, ich bilde mir
alles, was hier im Wohnkomplex passiert, nur ein. Die Papageien,
die Mädchen, aber auch meine neuen Möbel und die Kinder unten
im Hof im Springbrunnen.

Ich hoffe, du hältst dich aufrecht.
X

Am Bahnhof sah sich Lisbeth aufmerksam um, hielt Ausschau. Da war die unbegründete Hoffnung, die Kriegerin würde am Gleis auf sie warten. Aber der Bahnsteig war leer. Und auch auf dem Parkplatz stand die Kriegerin nicht. Lisbeth suchte einen Bus heraus, musste eine halbe Stunde warten, aß ein Softeis, rauchte mit klebrigen Händen drei Zigaretten hintereinander und behielt den Vorgarten auf der anderen Straßenseite im Blick, der voller Stiefmütterchen war.

Der Bus passierte den Deich, erreichte die Küste. Der Ort war voll. Auf der Promenade zwischen den Geschäften, die Lisbeth im Winter immer nur geschlossen und verrammelt erlebt hatte, drängten sich jetzt dicht an dicht bunt gekleidete Menschen. Vor den Läden standen Ständer mit Strandmode, Sonnenbrillen, Postkarten, Muscheln. Bei der Eisdiele hatte sich eine lange Schlange gebildet. Ein Waffelstand war umringt von Kindern. Die unzähligen Sandalen und Flipflops trugen den Sand vom Strand überallhin. Er war hell und fein, sammelte sich auf dem Bürgersteig, der Straße, zwischen den blühenden Hagebuttensträuchern, die die Wege säumten. Immer wieder liefen Menschen, ohne nach links oder rechts zu sehen, über die Straße. Der Bus hatte das Tempo auf Schrittgeschwindigkeit gedrosselt. Lisbeth fuhr sich über das verschwitzte Gesicht. Auf den Bänken und Stühlen vor den Cafés und Restaurants saßen die Menschen in der Sonne. Lisbeth sah rote Haut, verbrannte Haut, Haut, die sich bereits pellte. Kinder mit Schürfwunden und Wespenstichen. Eingegipste Füße. Krücken. Schlecht gestochene und verheilte Tattoos. Ihr fiel auf, was der Kriegerin aufgefallen wäre. Hastig zwinkerte sie und

wandte den Blick ab, heftete die Augen auf die Straße. Hier
gab es nichts zu befürchten. Niemand war ernsthaft verletzt.
Der Bus hielt an mehreren Stationen. Immer stiegen Menschen aus. Nie ein. Das Licht war grell. Lisbeth kam es vor,
als wäre sie diejenige, die es aus der Stadt mitgebracht hatte.
Sie fühlte sich schuldig, war froh um ihre Sonnenbrille, wich
jedem Blick aus, der sie streifte. Dann endlich verließ der Bus
den Ort. Er fuhr eine schnurgerade Straße entlang. Links und
rechts Wiesen. Kleine Ansammlungen von Bäumen. Erlen an
Wassergräben. Daneben ein Radfahrer. Er hob die Hand zum
Gruß. Der Bus hupte. Lisbeth sah das Meer. Ein blauer Streifen.
Dann war es wieder verschwunden. Sie drückte sich in den
Sitz. Der Bus hielt an der letzten Haltestelle. Nur noch Lisbeth war übrig. Sie stieg aus, lief die Straße weiter, bis auf der
linken Seite ein Weg Richtung Ostsee abging. Auch hier war
die Erde bereits mit Sand vermischt. Das Meer war zu hören,
weicher als in den Wintermonaten. Keine Sturmflut. Möwen
am blauen Himmel. Der Geruch von aufgeheizten Steinen,
Algen und Kiefern. Hinter den Stämmen blitzte das Wasser.
Zwischen den Dünen tauchte der Bungalow auf. Lisbeth lief
schneller. In der Einfahrt stand kein Auto. Sie klingelte an der
Tür. Niemand machte ihr auf.
Zu ihrer Erleichterung hatte die Kriegerin einen Schlüssel dort
versteckt, wo auch der Vorbesitzer ihn immer platziert hatte.
Zwischen den Mülltonnen, unter einem Stein. Eine Nachricht
oder einen Brief aber fand Lisbeth nicht.
Im Bungalow roch es nach Reinigungsmittel, Lavendel und
Chlor. Wie schon im Wohnkomplex, ging Lisbeth auch hier
jeden Raum ab. Die Wohnküche, die beiden Schlafzimmer. Das
Bad. Die Kriegerin hatte nichts verändert. Das hellgraue Eck-
sofa, der gläserne Couchtisch, die Boxspringbetten, der große
Esstisch mit Stühlen, die schmalen Schränke und Kommoden
und Beistelltischchen. Genau so hatte es bei Lisbeths letztem

Besuch ausgehen. Zurück im Eingangsbereich, fiel ihr auf, dass die Bilder fehlten. Großformatige Fotos vom Meer hatten seit dem Umbau an den Wänden gehangen. Die Kriegerin und sie hatten sich immer darüber lustig gemacht.

»Es reicht doch der Blick aus dem Fenster.«

Sie hatten sie trotzdem beim letzten Mal nicht abgenommen. Jetzt aber waren die Wände kahl. Lisbeth war erleichtert. Immerhin konnte sie sich nun sicher sein, dass die Kriegerin noch einmal hier gewesen war.

Sie brachte ihre Tasche in das kleinere der beiden Zimmer, dorthin, wo sie als Kind immer geschlafen hatte, aber nie in den Wintern mit der Kriegerin. Das Fenster ging nach vorne zur Straße. Lisbeth ließ die Jalousie hinunter und platzierte ihre Tasche auf dem Bett, holte frische Bezüge aus dem Schrank, roch an ihnen. Der Geruch war so anonym wie in einem Hotel.

In der Küche überprüfte Lisbeth die Schränke, fand eine angebrochene Packung Kaffee, setzte Wasser auf. Auch das Geschirr war noch immer dasselbe. Kurz glaubte Lisbeth ein Auto in der Einfahrt zu hören. Sie bewegte sich nicht, hielt mit der Hand die heiße Tasse umklammert, aber sie hatte sich getäuscht. Draußen war es still. Sie zog die Hand zurück. Die Haut war gerötet. Der Schmerz kam verzögert. Sie beugte sich über die Spüle, öffnete den Wasserhahn und hielt die Hand minutenlang unter den kalten Strahl, dann griff sie sich die Tasse mit links und trat auf die Terrasse. Durch die Dünen war es dort windgeschützt. Sie spannte den Schirm auf und setzte sich darunter, rauchte, trank den Kaffee. Stand schließlich wieder auf und verließ das Grundstück Richtung Meer. Sie kümmerte sich nicht um die Absperrungen, stieg über halb vergrabene Taschentücher, Plastikflaschen hinweg, erreichte den Strand. Hier war es weniger voll als im Abschnitt beim Ort, aber immer noch zu voll, wie Lisbeth fand. Die grellen Farben der Handtücher, Strandmuscheln und Badeanzüge stachen ihr in den Augen.

Sie ging bis zur Kante des Wassers. Die Wellen umspülten ihre Turnschuhe. In der Ferne, fast hinter den Bojen, zog ein Schnellboot eine riesige gelbe Plastikbanane hinter sich her, darauf saßen acht Menschen in Schwimmwesten. Das Boot beschleunigte, die Menschen schrien, dann kippte die Banane. Die Menschen fielen ins Wasser, die Schreie verstummten. Lisbeths Augen tränten vom Wind. Sie war sich jetzt sicher, dass die Kriegerin nicht ins Wasser gegangen war. Jedenfalls nicht hier, zu dieser Jahreszeit. Sie wandte sich ab, ging zurück. Ihre Schuhe hinterließen nasse Spuren im Sand.

Zurück im Bungalow setzte sich Lisbeth mit ihrem Handy auf das Sofa. Sie suchte im Internet nach Maliks Namen und fand die Seite seiner Tischlerei. Unter *Kontakt* war eine Telefonnummer gelistet. Sie schloss die Terrassentür, so dass das Meer nicht mehr zu hören war, und wählte die Nummer. Ihr Anruf wurde sofort entgegengenommen.

»Hallo, hier ist Lisbeth«, sagte sie. Sie konnte ihn atmen hören.

»Lisbeth?« Er klang verwirrt. Sie räusperte sich und sagte, dass sie ihn wegen der Kriegerin anrufe.

»Kriegerin?«, fragte Malik.

Lisbeth drückte ihre Faust gegen die Stirn. »Ich meine Florentine«, sagte sie. Diesen Namen auszusprechen, fühlte sich an, als läge etwas quer in ihrem Mund. Sie schluckte.

»Ist sie bei dir?«, fragte sie und hoffte, Malik würde ihr sagen, dass sie bei ihm eingezogen sei, dass er sie erst heute Morgen gesehen, dass sie gemeinsam gefrühstückt hatten, bevor er in die Werkstatt aufgebrochen war. Dass sie ihn zum Abschied geküsst hatte, flüchtig nur, weil sie sich bereits am Abend wiedersehen würden. Aber Malik sagte: »Nein, ich weiß nicht, wo Florentine ist. Es ist jetzt schon ein halbes Jahr her, dass ich etwas von ihr gehört habe.«

Lisbeth hätte schreien können. Ihre Hand hielt das Handy jetzt fester. Sie hörte, wie Malik auf und ab ging.

»Ich habe sie oft angerufen. Sie hat nie abgenommen. Die letzten Male war das Telefon ganz aus. Wo bist du?«

»Im Bungalow.«

»Dort, wo ihr euch immer getroffen habt?«

»Ja. Sie hat ihn gekauft. Hat sie dir das erzählt?«

Malik schwieg.

»Ich bin zu ihrer Wohnung gefahren, aber da war sie nicht. Sie hat alles ausgeräumt«, sagte Lisbeth schnell. Sie überlegte, ob sie Malik von den Träumen erzählen sollte. Wie sie vor drei Tagen schlagartig aufgehört hatten. Dass es keine Bilder mehr von explodierenden Wüstengebieten in ihren Nächten gab, keinen blutigen Sand, keine verhallenden Schüsse. Dass da nur Dunkelheit war, wenn sie morgens aufwachte und es nichts mehr zu erinnern gab.

»Und jetzt?«, fragte Malik.

»Warte ich.«

»Dass sie kommt?«

»Ja.«

Sie schwiegen. Lisbeth griff nach den Briefen der Kriegerin, zog einen Zettel heraus, faltete ihn auf und wieder zusammen. Das Papier war scharfkantig. Sie fuhr mit dem Daumen über die Kante, aber kein Schnitt entstand.

»Wäre es möglich, dass du herkommst?«, fragte sie und schob den Brief zurück in ihre Hosentasche. Ihre rechte Hand war nur noch leicht gerötet, der Schmerz fast abgeklungen.

»Eden ist bei mir.«

»Könnt ihr nicht zusammen kommen?«

»Bist du dir sicher?«

»Ich schicke dir die Adresse«, sagte Lisbeth.

Sie verabschiedeten sich förmlich. Danach blieb Lisbeth auf dem Sofa liegen. Ihr Handy war während des Telefonats warm geworden. Sie platzierte es auf ihrer Brust. Draußen nahm der Wind zu. Sand wurde über die Terrasse geweht. Lisbeth döste ein, wieder blieb die Nacht traumlos.

Lisbeth hatte Malik ein halbes Jahr, nachdem sie nach Berlin gezogen war und im Blumengeschäft angefangen hatte, kennengelernt. Auf der Suche nach einem Keramikausverkauf, bei dem es auch Vasen geben sollte, war Lisbeth in einem Labyrinth aus Hinterhöfen umhergeirrt. Der Akku ihres Handys war leer. Sie hatte versucht, zurück zur Straße zu finden, aber auch das war gescheitert. Dann, auf einem Hof, der sich zur Spree hin öffnete, hatte sie eine offen stehende Tür entdeckt. Im Inneren der Werkstatt hatte jemand gelacht. Es hatte laut und unverstellt geklungen, und Lisbeth hatte gedacht, dass die letzte Person, die sie auf eine solche Art lachen gehört hatte, die Kriegerin gewesen war. Sie hatte die schwere Metalltür geöffnet und war in die Werkstatt hineingegangen.

Malik hatte Kopfhörer aufgehabt und von ihr abgewandt gestanden, noch immer lachend, während er ein Stück Holz zur Seite räumte. Er musste gespürt haben, dass Lisbeth hereingekommen war, denn nur wenige Sekunden später drehte er sich zu ihr um, das Gesicht so offen, als gebe es nichts auf der Welt, vor dem man sich fürchten musste. Lisbeth stammelte etwas von dem Ausverkauf, aber Malik kannte keinen Keramikladen in der Nähe. Er bot ihr an, ihr Handy zu laden, und schlug vor, in der Zwischenzeit einen Kaffee zu trinken. Er habe gerade vorgehabt, Pause zu machen, sagte er, legte die Kopfhörer zur Seite, reichte ihr ein Ladekabel und hantierte in einer Kochnische mit einem Wasserkocher, während Lisbeth sich eine Steckdose suchte.

»Ist es draußen warm?«, fragte er, füllte zwei klobige Werbegeschenktassen mit Kaffeepulver und goss das kochende Wasser hinein.

»Die Sonne scheint.«

»Dann lass uns draußen trinken«, sagte er und drückte Lisbeth eine Tasse in die Hand. Sie traten vor die Tür und gingen zur Spree. Lisbeth hatte den Fluss bisher immer gemieden. Er kam ihr bedrohlich vor.

Malik setzte sich an die steinerne Kante, ließ die Beine baumeln. Lisbeth zögerte einen Moment, aber dann tat sie es ihm gleich. Sie tranken den Kaffee beide ohne Milch und Zucker, rauchten, sahen auf die andere Seite, zu den Häusern, den Kränen und dem Himmel dahinter und sprachen über die Stadt, ihre Arbeit und den Geruch von Zirbenholz.

Ein paar Wochen später holte Malik Lisbeth nach ihrer Schicht vom Blumenladen ab. Wieder gingen sie zum Fluss, aber diesmal blieben sie in Bewegung und folgten dem Ufer in westlicher Richtung. Während sie liefen, erzählte Malik, dass es in Berlin nur noch zweihundertneunzig Altbäume gab. »Im Zweiten Weltkrieg und kurz danach hatte es hier einen regelrechten Kahlschlag gegeben. Vor allem, um an Brennholz zu kommen. Einige Bäume wurden auch mit Sprengstofffallen versehen, ein letzter Versuch, den Einmarsch der sowjetischen Armee zu verhindern. Ich frage mich, ob sich diese dunklen Jahre bei den Bäumen, die den Krieg überlebt haben, am Holz ablesen lassen.«

Sie blieben auf der Mitte einer Brücke stehen. Der Wind zog an ihnen. Dort küsste Lisbeth Malik zum ersten Mal.

In der darauffolgenden Woche trafen sie sich am Sonntag. Lisbeth nahm Malik mit zu sich. Ihre Wohnung befand sich im ersten Stock im zweiten Hinterhaus.

»Ganz schön dunkel hier«, sagte Malik und sah sich in dem spärlich eingerichteten Zimmer um. Aber das wenige Licht des Tages schaffte es dann doch in den Raum hinein, in dem

sie miteinander schliefen. Ein schmaler Streifen an der Decke.
Lisbeth ließ ihn nicht aus den Augen, während sie ihre Hände
in Maliks Schultern krallte. Sie behielt den Pullover an und tat
so, als wäre es der Hast geschuldet, als wäre bloß keine Zeit
gewesen, auch dieses Kleidungsstück noch abzulegen. Maliks
Hand wanderte unter den Stoff, aber den Schorf auf ihren
Armen berührte er nicht.

Der Winter verging, es wurde Frühling. Nach einem Kino-
besuch gingen Lisbeth und Malik zu Fuß zurück. Eine Gestalt
in olivfarbener Jacke kam ihnen mit einem Hund entgegen.
Lisbeth verstummte mitten im Gespräch. Malik zog sie an sich,
fragte, ob alles in Ordnung war, aber Lisbeth konnte ihm nicht
antworten. Auch später am Abend schwieg sie beharrlich. Als
er sie vorsichtig küsste, hielt sie sein Kinn fest, zog sich aus,
navigierte ihm zum Bett. Während sie miteinander schliefen,
griff sie seinen Hals, biss ihm in die Brust, hielt sich über ihn,
drückte ihn mit ihrem ganzen Gewicht in die Matratze.
»Warte«, sagte er, aber Lisbeth lockerte ihre Beine nicht. Als er
kam, kam auch sie.
Danach stellte sich Lisbeth ans Fenster, zündete sich eine Zigarette an, rauchte, während sie spürte, wie das Sperma langsam
aus ihr herauslief.

Als sie am nächsten Tag ihre Wohnung verlassen wollte,
hörte sie im Treppenhaus einen Hund bellen. Sofort schloss
sie die Tür wieder. Auch in den Tagen darauf war es so. Ob es
wirklich seit Kurzem einen Hund im Haus gab oder sie ihn sich
einbildete, wusste sie nicht. Sie rief im Blumengeschäft an und
meldete sich krank. Die Tage vergingen. Lisbeth arrangierte die
aus der Umgebung gepflückten Blumensträuße um ihre Matratze herum, aber selbst das half ihr diesmal nicht. Sie schaffte
es nicht, aufzustehen. Ihre Haut brannte, wurde rissig, platzte

auf, suppte. Die dicken Altbauwände hielten die ersten heißen Sommertage aus der Wohnung. Lisbeth flüchtete sich in den Schlaf. Nach einer Woche schreckte sie auf. Jemand hämmerte gegen die Tür und rief ihren Namen. Benommen schälte sie sich aus dem Laken und machte auf. Malik stand im dunklen Hausflur. Er atmete schwer.

»Ich habe mir Sorgen gemacht«, sagte er und zog sie an sich. In der Hand hielt er eine Tüte mit silbernen Take-away-Schalen. Lisbeth roch das Essen, bat ihn herein. Sie aßen auf ihrem Bett. Nur das Licht der Nachttischlampe erhellte den Raum. Diesmal versteckte Lisbeth ihre Haut nicht.

»Woher kommen die Wunden?«, fragte er später, als sie nebeneinanderlagen. Warm ruhte ihre Hand auf seinem Bauch.

»Neurodermitis«, antwortete sie.

»Kann man etwas dagegen tun?«

»Es kommt in Wellen.«

»Seit wann ist es so wie jetzt?«

Lisbeth zuckte mit den Schultern.

In der Nacht hielt er sie wie ein Kind.

Als Lisbeths Regel ausblieb, war sie nicht überrascht. Sie ließ mehrere Wochen verstreichen, bevor sie sich in einer Drogerie einen Schwangerschaftstest kaufte. Inzwischen war es November. Während sie auf das Ergebnis wartete, streckte sie sich auf den kalten Fliesen ihres Badezimmers aus. Nur das Geräusch der Lüftung war zu hören. Wie der erste waren auch der zweite und dritte Test positiv.

Sie traf Malik am Fluss. Das Wasser war teilweise gefroren und trieb in schwerfälligen Schollen an ihnen vorbei, dabei hatte der Winter offiziell noch nicht begonnen. Eine Weile liefen sie schweigend durch die Kälte. Lisbeth hörte Schüsse, aber es war nur eine Plane, die der Wind gegen ein Baugerüst schlug.

»Also willst du es behalten?«, fragte Malik. Er trug Schal und Mütze. Nur seine Augen waren zu sehen. Lisbeth nickte zögernd.

Jeden Tag, wenn sie im Blumenladen stand, sah sie jetzt ein Haus vor sich. Eines, das nicht Stück für Stück gebaut, sondern als Ganzes auf ein Grundstück gesetzt wurde, auf dem sich, bis auf ein kleines Stück Rasen, einen Zaun und zwei Büsche, nichts befand. In diesem Haus sah Lisbeth sich am Fenster stehend, ein Kind im Arm, Malik winkend, wenn er morgens mit dem Auto davonfuhr, und abends winkend, wenn er wiederkam. Sie sah sich dort mit einer Haut, die so ebenmäßig war, dass das Wasser an ihr abperlte, und auch das Haar war nie verrutscht. Dieses Bild kam ihr vor wie eine Verheißung. Vielleicht, dachte sie, lässt sich eine Haut doch ablegen wie ein Kostüm, vielleicht braucht es dafür nur eine neue Rolle.

Malik fand eine Wohnung für sie. Von dort war es zum Blumengeschäft nicht weit. »Außerdem liegt sie im Vorderhaus, vierter Stock. Es gibt viel Licht«, sagte er. Die wenigen Sachen, die Lisbeth hatte, transportierte sie in einem Taxi. Während der Fahrt ruhten ihre Hände auf ihrem Bauch. Ihr kam es vor, als könne sie den zweiten Herzschlag bereits spüren.

Malik richtete die Wohnung ein. Er baute ein neues Bett, ein Bett für das Kind, einen Schrank, einen großen Tisch mit vielen Stühlen und eine Küchenanrichte. Er schliff die Dielen ab, ölte das Holz, polierte die Oberflächen und installierte Lampen mit warmem Licht. Wenn Lisbeth sich durch die Räume bewegte, fühlte sie sich wie ein Gast. Manchmal ging sie zurück in ihre alte Wohnung. Das Haus sollte bald abgerissen werden. Kurz vor ihrem Auszug hatte sie einen Zweitschlüssel anfertigen lassen. Oft lag sie nun dort für Stunden auf dem Boden und wartete auf den Streifen Licht an der Decke, aber er kam nicht. Nur das Fertighaus in ihrem Kopf leuchtete hell.

Lisbeths Fruchtblase platzte einen Monat zu früh. Bereits beim Betreten des Krankenhauses hatte sie das Gefühl, ihr Körper entgleite ihr. Auch nach etlichen Stunden starker Wehen hatte sich ihr Muttermund nicht weiter als ein paar Zentimeter geöffnet. Ihr wurde ein Notkaiserschnitt nahegelegt. Benommen von den Schmerzen unterschrieb sie die Einwilligung, ließ Maliks Hand los, wurde von nervösen Schwestern für die Operation vorbereitet, auf dem Kreißbett hinausgeschoben, in den Operationssaal gebracht, fixiert, bekam etwas zu trinken, stürzte ins Schwarz.

Als sie zu sich kam, war es draußen bereits wieder dunkel. Malik stand am Fenster mit einem Bündel im Arm. Lisbeth sagte seinen Namen, wollte ihn rufen, verlor erneut das Bewusstsein.

Eden hatte die Nabelschnur um den Hals gewickelt, erzählte Malik Lisbeth, als sie Eden das erste Mal halten durfte. Der Notkaiserschnitt sei die richtige Entscheidung gewesen.

Lisbeth glaubte, dass nun wirklich alles gut werden würde. Dem Kind fehlte nichts. Seine Haut war robust. Es schlief viel, das Gesicht glatt und ohne Schatten.

Zurück in ihrer Wohnung kochte Malik Suppe aus schwarzen Bohnen und Knochen und kaufte jeden Tag frische Blumen, bis das ganze Schlafzimmer voll mit Sträußen stand.

Dann begannen die Probleme beim Stillen. Jedes Mal, wenn Lisbeth das Kind an ihre Brust legte, fing es an zu schreien, wollte nicht trinken. Lisbeths Brustwarzen wurden wund, blutig, entzündeten sich. Ihr Körper verweigerte die Milch.

»Dann füttern wir halt mit Fläschchen«, sagte Malik, hob das aufgelöste Kind von Lisbeth. Lisbeth blieb auf dem Sessel zurück, sah, wie sie sich entfernten.

Der Frühling schritt voran. Die Bäume blühten wie explodiert. In der Straße der neuen Wohnung säumten Zierkirschen den Bürgersteig. Lisbeth sah sie nur vom Fenster aus. Erst war ihr Bettruhe verschrieben worden, dann fehlte ihr die Kraft, die Wohnung zu verlassen. Ihre Hände wurden weich, verloren die Hornhaut. Lisbeth fühlte sich weggesperrt. Unaufhörlich lief sie durch die Wohnung, immer darauf bedacht, Malik und dem Kind nicht zu begegnen. Edens Weinen wurde durch zwei geschlossene Türen gedämpft.

In der kürzesten Nacht des Jahres träumte Lisbeth das erste Mal von der verbrannten Ebene. Ziellos wandelte sie umher, sammelte Steine und verlor sie wieder.
Als sie aufwachte, hatte sie sich den ganzen Körper aufgekratzt. Im Bad, dem einzigen Raum ohne Fenster, wusch sie das Blut von der Haut. Sie sah zitternd in den Spiegel, erkannte sich nicht.
Malik erzählte sie nichts von alldem. Als er am nächsten Abend nach ihr griff, sie berühren wollte, drehte sie ihm den Rücken zu und sagte, sie sei müde.
Von da sammelte sie in jeder Nacht Steine. Oft hielt sie dabei auch das Kind im Arm, das sie meist noch vor dem ersten Stein verlor. Das Fertighaus war längst explodiert, die Asche verwehte der Wind.

Lisbeth wurde davon wach, dass Malik sie schüttelte. Erschrocken setzte sie sich auf. Er hielt sie fest und starrte fassungslos auf ihre blutigen Hände.
»Du hast nicht aufgehört, dich zu kratzen«, sagte er. Lisbeth sah an sich hinab, sah die offenen Stellen. Das Kind fing an, zu weinen. Sie wollte es hochnehmen, aber es ging nicht. Malik nahm es auf den Arm, sprach beruhigend auf es ein und verließ das Zimmer.

»Du musst zum Arzt«, sagte er am nächsten Morgen. »Wenn du
nicht aufpasst, kratzt du dich tot.«

»Man kann sich nicht totkratzen«, sagte Lisbeth.

»Bei dir wäre ich mir da nicht so sicher.«

Lisbeth versuchte, ihn ausdruckslos anzusehen.

Später schliefen sie miteinander. Lisbeths Handgriffe waren
grob, sie zog Malik an den Haaren, drückte den Unterarm auf
seinen Kehlkopf, grub die Nägel in seine Haut. Als müsste ich
auch ihn bekämpfen, dachte Lisbeth, ergab sich und kam. Danach ließ sie Malik im Bett zurück, zog sich an, ging aus der
Wohnung und lief durch die Stadt. Auf einem Platz stellte sie
sich in das erste Licht, die Sonne ging gerade auf, stand bereits
knapp über den Dächern der Häuser, aber die Kälte zog vom
Boden hoch, hielt die Wärme zurück.

Lisbeth nahm ihre Arbeit im Blumengeschäft wieder auf. Sie
gewöhnte sich an, jeden Samstag auf den Markt zu gehen.
Dort kaufte sie Orangen. In Plastiktüten trug sie sie in die neue
Wohnung. Sie waren so schwer, dass die Griffe schmerzhaft in
ihre Handgelenke schnitten.

In der Küche schälte sie die Orangen und schob sie eine nach
der anderen in den Entsafter, füllte Glas um Glas mit der Flüssigkeit und trank sie in großen Schlucken aus. Danach rochen
ihre Hände nach den Orangen. Sie ignorierte, dass die Säure der
Früchte das Brennen ihrer Haut verstärkte, und trank immer
weiter. Die Schalen ließ sie auf dem von Malik gefertigten Tisch
liegen, wo sie das Holz angriffen. Das Kind platzierte sie daneben. Ihm schien der Geruch zu gefallen. Es wurde ganz ruhig
und lag mit großen Augen da. Die Ähnlichkeit zu Malik war
unverkennbar. Zum Glück hat es nicht meine Haut geerbt, war
ein Satz, den Lisbeth oft dachte.

Mit jedem Tag spürte Lisbeth deutlicher, dass sie es nicht mehr lange in der Stadt aushalten würde. Kurz, bevor sie einschlief, kam es ihr immer so vor, als würde das dunkle Wasser der Spree das Schlafzimmer fluten und in sie hineinlaufen. Im Sommer hörte sie einen Radiobeitrag, in dem eine Wissenschaftlerin davon sprach, dass die Spree zwar noch fließen würde, allerdings rückwärts. Es gebe große Seen in Brandenburg und auch in Sachsen. Durch sie würden Wassermengen gestaut, die dann nach und nach, wenn es mal sehr trocken war, in die Spree geleitet würden. Aber diese Becken waren nun auch leer. Lisbeth hatte das Gefühl, sich mit beiden Füßen in den Boden stemmen zu müssen, um nicht dieser Rückwärtsbewegung zu folgen. Immerhin konnte sie wieder im Blumengeschäft arbeiten, doch ihr Körper war noch immer unendlich schwerfällig. Für alles brauchte sie mehr Zeit. Die Hitze hatte auch zur Folge, dass die Blumen schneller verdarben. Lisbeth kam kaum noch hinterher, füllte die Tonne im Innenhof mit verwelkten Blüten, bis sich der Deckel nicht mehr schließen ließ. Wenn sie in ihren Pausen auf dem ausrangierten Stuhl saß und rauchte, sah sie sich jedes Mal auf ihrem Handy die Autoroute zur Ostsee an.

Liebe Lisbeth,

*als ich vor zwei Tagen Altglas nach unten gebracht habe, saßen
die Mädchen mit einer Musikbox im Innenhof auf dem breiten
Rand des Springbrunnens, wie in der Nacht, in der ich sie
von meinem Fenster aus gesehen habe. Sie trugen glitzernde
Paillettenoberteile und haben Bier getrunken. Die Dosen
haben sie zusammengedrückt, sobald sie leer waren. Ich habe
bewusst nicht in ihre Richtung geschaut, habe das Altglas in den
Container geworfen und wollte gerade wieder nach oben gehen,
als sie meinen Namen riefen und mich zu sich winkten. Sie sagten
mir, dass ihnen die Kinder von den Papageien erzählt hätten,
und baten mich, sich zu ihnen zu setzen. Ich nahm zwischen
ihnen Platz und sie drückten mir eine Bierdose in die Hand und
wollten wissen, ob ich die Vögel ein zweites Mal gesehen hätte.
Sie selbst haben jeden Tag Ausschau gehalten, aber nichts war
passiert. Ich erzählte von dem Popcorn, das ich ausgelegt hatte,
das aber bisher unangetastet geblieben war, und trank das Bier
so schnell, dass ich einen Schluckauf bekam, den ich versuchte,
vor den Mädchen zu verstecken. Nachdem mein Bier leer war,
nahmen sie mir die Dose aus der Hand, reichten mir eine neue,
stießen mit mir an und sagten, dass sie hofften, ich würde ihnen
Bescheid geben, wenn es mir gelingen würde, die Papageien an-
zulocken. Etwas an der Art, wie sie mit mir sprachen, verleitete
mich dazu, ihnen darauf mein Wort zu geben und weiter bei
ihnen zu sitzen und mit ihnen zu trinken. Bis Mitternacht bin ich
im Hof geblieben. Immer, wenn es keine vollen Dosen mehr gab,
ist eines der Mädchen aufgestanden, davongegangen und nach
zehn Minuten mit zwei Plastiktüten voll mit neuem Bier wieder-*

gekommen. Obwohl ich so viel trank, fühlte ich mich die ganze Zeit nüchtern und auch die Mädchen hielten sich gerade und lallten nicht. Erst kurz bevor ich nach oben ging, habe ich mir die Etiketten genau angeschaut und gesehen, dass die Biere alkoholfrei waren.

Nachdem wir lange und ausführlich über die Papageien gesprochen hatten, wollten die Mädchen wissen, seit wann ich in Berlin wohne und womit ich mein Geld verdiene. Auf die erste Frage habe ich geantwortet. Der Frage, wie ich mein Geld verdiene, bin ich ausgewichen, aber die Mädchen haben sie einfach noch einmal gestellt und so konnte ich nicht mehr so tun, als hätte ich sie nicht gehört. Ich habe ihnen also erzählt, dass ich Soldatin gewesen bin. Sie haben genickt und mich dabei gemustert. Vielleicht haben sie versucht, an meinem Körper Spuren dieser Arbeit zu erkennen. Ich habe sie gefragt, wie lange sie schon in Berlin sind. Sie haben mir erzählt, dass sie hier geboren wurden, und als ich sie nach ihrer Arbeit fragte, sagten sie, dass sie ganz unterschiedliche Dinge machten, um über die Runden zu kommen, ohne zu verraten, um welche Tätigkeiten es sich genau handelt.
Untereinander kennen sie sich schon immer. Bereits ihre Mütter waren miteinander befreundet. Das gemeinsame Aufwachsen hat aus ihnen eine Einheit gemacht, so haben sie es mir erklärt, die durch nichts auseinandergebracht werden kann.

Später, beim Verabschieden, hat mich jede von ihnen umarmt. Ich habe es zugelassen, und als ich im Bett lag, hatte ich das Gefühl, noch immer ihre Herzschläge zu spüren, wie in dem Moment, in dem sie mich an sich gezogen haben.

Ich hoffe, du hältst dich aufrecht.
X

Lisbeth holte Malik und das Kind vom Bahnhof ab. Sie hatte sich ein Mietauto genommen, so, wie sonst, wenn sie mit der Kriegerin hier gewesen war.

Der Zug hielt. Menschen stiegen aus. Lisbeth bewegte sich nicht, stand still, suchte nur mit ihrem Blick. Dann sah sie sie. Die anderen Menschen hasteten vorbei. Malik und Eden kamen auf sie zu, liefen langsamer als alle anderen. Gleich steigen sie wieder ein, dachte Lisbeth, gleich ergreifen sie die Flucht, aber die Sekunden verstrichen und Malik und Eden liefen ihr weiter entgegen. Malik war älter geworden. Lisbeth entdeckte feine Falten in seinem Gesicht. Seine Statur hatte sich nicht verändert. Auch das Haar trug er noch immer kurz. Seine Augen waren dunkel. Der Bart stoppelig. Lisbeth musste an Holz denken, nicht an Porzellan wie die Kriegerin. Eden trottete ihm langsam hinterher. Lisbeth blinzelte. Kein Baby mehr, ein Kind, dachte sie und suchte nach Ähnlichkeiten. Die hochgezogenen Schultern vielleicht, der trotzige Mund. Jetzt standen sie beide vor ihr. So nahe, dass sie sie hätte berühren können. Eden sah zu ihr auf, schien sie nicht zu erkennen.

»Hallo«, sagte Malik. Auch sein Blick suchte in Lisbeths Gesicht nach den Jahren. Er streckte ihr die Hand entgegen, Lisbeth gab sich einen Ruck und griff nach ihr. Wie ihre war auch seine Haut schwielig. Sofort hatte sie ihn in seiner Werkstatt vor Augen. Umgeben von Holz. Die Luft staubig. Sandig, dachte sie, aber schob diesen Gedanken wieder fort. Der Sand gehörte der Kriegerin und ihr.

Auch Eden reichte ihr die Hand. Sie war weich und klebrig. In Lisbeths Kopf zerplatzten Orangen.

Malik sprach nicht viel auf der Fahrt, sah nur immer wieder zu Lisbeth herüber. Auch sie hatte sich verändert, seit sie sich das letzte Mal gesehen hatten, das wusste sie. Eden saß auf der Rückbank und starrte hinaus, ähnlich zusammengesunken wie Malik.

»Ich dachte, wir fahren erst einkaufen. Der Kühlschrank im Bungalow ist leer«, sagte sie, als sie das Auto bereits vor dem Supermarkt parkte. Die Schwere, die sie spürte, versuchte sie aus ihrer Stimme herauszunehmen.

»Was hast du gegessen, seitdem du hier bist?«

»Ich habe mir etwas bestellt.«

»Du kochst also noch immer nicht gerne«, sagte Malik und lächelte.

Sie stiegen aus, holten einen Einkaufswagen, passierten die sich automatisch öffnenden Glasschiebetüren. Lisbeth begann, wahllos Fertiggerichte aus dem Kühlregal im Wagen zu stapeln. Frische Pasta, abgepackte Salate, vorgeschnittenes Obst. Malik und Eden beugten sich über die Gefriertruhen, gingen weiter zu den Kühlregalen, holten Butter, Käse, Milch, liefen zurück zum Gemüse und Obst. Aus einem der mit Wasser gefüllten Eimer nahm Lisbeth zwei Blumensträuße. Gerbera, Nelken und Schleierkraut und zehn weiße Rosen, eingeschlagen in Plastikfolie. Die Farben waren schlecht aufeinander abgestimmt, aber das war nicht wichtig. Sie schob den Einkaufswagen in Richtung der Kühlregale, dort, wo sich die Fleischabteilung befand. Eine Verkäuferin hockte auf dem Boden. Lisbeth wollte an ihr vorbeigehen, als sie die verstreuten Innereien in einer Blutlache sah. Die Verkäuferin versuchte, sie aufzuwischen. In Lisbeths Ohren dröhnte der über Lautsprecher gespielte Jingle einer Werbeaktion metallisch. Eine Welle zerschellte an einem Felsen. Andere Bilder flackerten auf. Ein staubiger Körper, verlaufendes Blut. Das Gefühl eines Rückstoßes. Der Hund in der Mitte der Lichtung. Reglos lag er auf dem Boden. Lisbeth schluckte. Die Verkäuferin erhob sich und warf den rot gefärbten Lappen in den neben ihr stehenden Putzeimer. Die Innereien hatte sie zurück in die aufgeplatzte Plastikverpackung gefüllt und versenkte sie jetzt in einer Mülltüte. Eine zweite Verkäuferin kam mit einer Scheuersaugmaschine. Die Vibration des Gerätes übertrug sich auf ihren Körper. Ihre Unterlippe zitterte, während sie das unhandliche Gerät über die Fliesen schob. Sie nahm keine Notiz von Lisbeth, verrichtete still ihre Arbeit.

»Magst du Pistazien?« Eden hatte sich direkt vor Lisbeth aufgebaut und hielt ihr eine Hand mit den Nüssen hin. Sie zuckte zusammen. Das Bild der Innereien stand ihr noch immer vor den Augen.

»Du brauchst dafür eine Tüte«, sagte Malik. Er war zu ihnen getreten, lotste das Kind zurück zur Gemüse- und Obstabteilung und wog mit ihm die Nüsse.

Nachdem Lisbeth den Einkauf bezahlt hatte, standen sie noch eine Weile auf dem Parkplatz. Lisbeth bot Malik eine Zigarette an, aber er schüttelte den Kopf. »Ich habe aufgehört.«

Eden schob die Hände unter die Gurte des Rucksacks, drehte sich im Kreis, immer schneller, ohne das Gleichgewicht zu verlieren.

Lisbeth parkte das Auto in der Einfahrt. Sie ließ sich Zeit beim Aussteigen, beobachtete Eden im Rückspiegel. Auf dem Schiff war sie Kindern möglichst aus dem Weg gegangen, war froh gewesen, dass die meisten Passagiere im Rentenalter waren.

»Wie viel hat sie bezahlt?«, fragte Malik. Sie standen jetzt nebeneinander und schauten beide zum Bungalow.

»Darüber haben wir nicht gesprochen, aber wenig kann es nicht gewesen sein. Allein schon die Lage«, sagte Lisbeth.

Eden stellte sich zu ihnen und griff nach Maliks Hand, lehnte den Kopf gegen seine Seite.

Sie brachten das Gepäck in den Bungalow und Lisbeth zeigte ihnen das größere Schlafzimmer.

»Ich habe euch das Bett frisch bezogen.«

Malik nickte, wollte etwas sagen, aber da war Lisbeth schon wieder hinausgegangen. Sie räumte die Einkäufe in den Kühlschrank, löste die beiden Sträuße aus der Plastikverpackung, machte einen daraus und stellte ihn in die Vase, nahm sie und platzierte sie in der Mitte auf dem großen Esstisch. Dann trat sie auf die Terrasse und setzte sich auf eine der Liegen, neben der sich ihre am Tag zuvor benutzten Kaffeetassen stapelten, blickte zum Meer, rauchte, tarierte sich aus.

Als sie wieder ins Wohnzimmer kam, hatte das Kind seinen Rucksack ausgekippt, in dem sich, wie Lisbeth jetzt feststellte, ausschließlich Bauklötze befunden hatten. Sie waren aus hellem Holz, fast weiß. Lisbeth dachte an die Steine aus der Blumenrabatte in der Stadt. Sie befanden sich noch immer in ihrer Hosentasche. Eden hatte einen hüfthohen Turm auf dem Teppich aufgebaut. Versunken in das Spiel, bemerkte Eden Lisbeth nicht. Malik hantierte in der Küche.

»Hast du Hunger?«, rief er.

»Ein bisschen«, sagte Lisbeth und ging zu ihm. Er bewegte sich, als wäre er mit dem Ort vertraut.

Er sah sie an. »Alles ok?«

»Warst du schon mal hier?«, fragte Lisbeth und verschränkte die Arme vor der Brust.

Malik schüttelte den Kopf. Lisbeth ließ ihn nicht aus den Augen. Er machte einen Schritt auf sie zu. »Glaubst du mir nicht?«

Lisbeth nickte vorsichtig. »Doch.«

»Warum schaust du mich dann immer noch so an?«

»Ich glaube dir«, sagte sie mit Nachdruck, nahm Teller und Besteck aus den Schränken, brachte alles nach draußen auf die Terrasse. Sie verspürte das starke Bedürfnis, das Geschirr an einem Felsen zu zerschlagen. Wind war aufgekommen. Die Ecken der Tischdecke bauschten sich auf.

»Denkst du, sie hat sich umgebracht?«, fragte Malik. Lisbeth fuhr herum. Er stellte einen Topf auf den Tisch. Bandnudeln in einer hellen Soße. Lachs. Dazu eine Flasche Wein.

Lisbeth setzte sich. »Sie hat nie eine Andeutung in diese Richtung gemacht«, sagte sie.

Malik schien beruhigt. Er fuhr sich über das Gesicht, die müden Augen. »Manchmal kommt mir der Gedanke, dass ich sie gar nicht kenne.«

Wahrscheinlich tust du das auch nicht, wäre Lisbeth fast herausgerutscht. Sie presste die Lippen zusammen, hielt den Satz zurück.

Eden kam zu ihnen auf die Terrasse, kletterte auf den Stuhl. Malik füllte ihre Teller. Erst beim Essen fiel Lisbeth auf, dass die Kriegerin im vorletzten Winter das gleiche Gericht gekocht hatte. Sie kommentierte es nicht. Eden erzählte von Muscheln, versteinerten Tieren und dann von toten Korallenriffen im Meer.

»Sie verlieren ihre Farben und werden ganz weiß. Und nichts ist dort dann noch lebendig.«

Woher es das alles wisse, wollte Malik wissen. Das Kind erzählte von einem Meeresprojekt in der Schule. Es hatte den Kopf auf die Hand gestützt. Die Augen fielen ihm fast zu.

»Komm, ich bringe dich ins Bett« sagte Malik, hob Eden vom Stuhl und trug das Kind hinein. Lisbeth räumte den Tisch ab, brachte das benutzte Geschirr in die Küche, holte ihre Zigaretten und setzte sich wieder auf die Terrasse. Erst da bemerkte sie die drei weißen Bauklötze auf dem Tisch. Eden musste sie dort platziert haben. Lisbeth legte die drei weißen Steine aus ihrer Hosentasche dazu.

Als Malik wieder zu ihr nach draußen kam, war die Weinflasche fast leer. Lisbeth wollte ihm den letzten Rest einschenken, aber er schüttelte den Kopf. Auch vom Licht war nicht mehr viel übrig. Die Brandung verlor sich in der Dunkelheit.

»Ich habe in der Kaserne angerufen.«, sagte Malik.

»Wann?«

»Gestern, nach deinem Anruf.«

»Und?«

»Erst wollten sie mir keine Auskunft geben. Wir sind ja nicht verheiratet. Aber dann haben sie mir doch ein bisschen erzählt. Sie hat keine der Weiterbildungsmaßnahmen genutzt und sich stattdessen auszahlen lassen«, sagte er.

»Aber sie wissen nichts über ihren aktuellen Aufenthaltsort?«, fragte Lisbeth.

»Seit dem Ablauf ihrer Dienstzeit haben sie nichts mehr von ihr gehört.«

Lisbeth drückte ihre Zigarette aus.

»Ich bin froh, dass du mich angerufen hast«, sagte Malik. Er beugte sich vor. »Darf ich?« Er deutete auf ihre Zigaretten.

»Jetzt also doch?«

Er zuckte mit den Schultern. Das Feuerzeug flammte auf. Beim Rauchen sah er ungelenk aus. Als wäre es die erste Zigarette in seinem Leben.

»Sechs Jahre«, sagte Malik.

Lisbeth schwieg.

»Hast du an uns gedacht?«, fragte er.

»Natürlich.«

»Wirklich?«

Lisbeth nickte. »Weiß Eden, wer ich bin?«, fragte sie.

»Nein.«

»Aber Florentine hast du es erzählt?«

Malik schüttelte den Kopf.

Lisbeth runzelte die Stirn. »Aber woher wusste sie es dann?«

»Als ich verstanden habe, dass ihr euch kennt, dachte ich, dass du es ihr sagen würdest.«

»Es gab nie den richtigen Zeitpunkt.«

»Den richtigen Zeitpunkt?«

»Sie hat es auch so herausgefunden«, sagte Lisbeth.

»Aber wer hat es ihr erzählt, wenn wir es nicht waren?«, fragte Malik.

»Keine Ahnung.«

»Hat sie auch manchmal von mir gesprochen?«, fragte er.

»Manchmal.«

»Ok.«

Lisbeth nahm einen großen Schluck aus ihrem Weinglas. »Ich glaube, du hast ihr gutgetan.«

Malik sah sie an. »Sagst du das nur, um mich zu beruhigen?«

Lisbeth schüttelte den Kopf.

Jetzt war es vollkommen dunkel. Sie rauchten schweigend.

»Es ist schon spät. Ich gehe ins Bett«, sagte Lisbeth und erhob sich. Malik nickte, wünschte ihr eine gute Nacht.

Beim Zähneputzen kam Lisbeth dem Spiegel so nahe, dass sie ihr Gesicht verschwommen sah. Sie zog eine Grimasse, fletschte die Zähne. Im Schlafzimmer öffnete sie die Jalousien und kippte das Fenster. Sie rechnete damit, lange wach zu liegen, doch stattdessen schlief sie sofort ein. Im Morgengrauen schreckte sie auf, tastete nach der anderen Seite des Bettes, glaubte, dort die Kriegerin liegen zu sehen, doch es war nur ein verrutschtes Kissen, das ihre Hände zu fassen bekamen, kein lebendiger Körper, und sie schlief wieder ein.

Liebe Lisbeth,

ich verbringe immer mehr Zeit mit den Mädchen. Zuerst nur im Hof, dann haben sie mich auch zu sich in die Wohnung eingeladen und ich sie zu mir. Jedes Mal gibt es etwas Bestimmtes, worüber sie mit mir sprechen wollen. Währenddessen lackieren wir uns die Nägel, essen Popcorn oder fotografieren den Himmel. Aber erst letztes Wochenende habe ich erfahren, was vor einem Jahr passiert ist. Wir saßen auf ihrem Balkon, die Mädchen trugen wieder ihre Paillettenoberteile. Wir tranken Bier mit Alkohol. Ich wollte mich gerade verabschieden und gehen, als sie meine Hände griffen und mich baten, mit ihnen hinaus in die Nacht zu kommen. Nach einigem Hin und Her habe ich mich überreden lassen. Zum ersten Mal seit meinem Umzug schien mir die Stadt offen und verheißungsvoll. Wir haben uns Elektrofahrräder genommen und sind losgefahren. Ich saß auf dem Gepäck-träger und konnte wie die Mädchen nicht aufhören zu lachen. Berlin zerlief in Lichtern. Autos hupten, aber kamen nicht an uns vorbei. Die Luft war weich und alle Ampeln sprangen im richtigen Moment auf Grün. Bei einem größeren Rasenstück vor einem Verwaltungsgebäude machten wir eine Pause. Wir haben uns dort eine Flasche lauwarmen Sekt geteilt, und ich habe die Mädchen vor Steinfiguren fotografiert. Aus einer ihrer Taschen haben sie ein viertes Paillettenoberteil genommen und es mir angezogen. Ich habe sie gewähren lassen und dabei die Wärme ihrer Hände gespürt. Dann sind wir weitergefahren, bis zu einem Bunker nahe den Gleisen. Davor eine Schotterfläche. Metallzäune. Weit entfernt hat eine gedrungene Frau Flaschen gesammelt, aber die meisten waren zerschellt und ihre Scherben

über das ganze Gebiet verteilt. Mir kam dieser Ort vor wie ein
Loch in der Stadt, als wäre dort etwas aufgerissen und freigelegt,
was sonst tagsüber sorgfältig unter Verschluss gehalten wird.
Der Bunker, musst du wissen, ist überhaupt kein Bunker mehr,
sondern ein Club. Die Türsteherinnen vor dem Eingang trugen
verspiegelte Sonnenbrillen und wirkten hart in ihren Posen. Beim
Zeigen meines Ausweises aber habe ich eine von ihnen aus Versehen am Handgelenk berührt und gemerkt, dass ihre Haut ganz
zart war.
Drinnen zuckte bereits eine Menge auf der Tanzfläche. Seit dem
letzten Afghanistan-Einsatz meide ich Menschenmassen, aber
mit den Mädchen an meiner Seite und dem Paillettenoberteil als
Rüstung verlor sich die Panik. Die Mädchen haben mich zur Bar
gezogen. Sie haben sich über den Tresen gelehnt und mit lauten
Stimmen ihre Bestellung aufgegeben. Die Schnäpse wurden in
einer Reihe vor uns aufgestellt. Ich habe getrunken, ohne mit den
Mädchen anzustoßen, so groß war mein Durst. Der Alkohol hat
mir für einen Moment den Atem geraubt. Ich habe zur Tanzfläche hinübergesehen. Die Musik hat den ganzen Raum in
Beschlag genommen. Ich wusste, dass ich auf keinen Fall tanzen
konnte, denn wenn ich es getan hätte, wäre etwas in mir aufgebrochen. Weil die Mädchen und ich aber noch immer die ganze
Zeit lachten, glaubte ich, der Dunkelheit entkommen zu sein. Was
ich nicht wusste: sie hatte uns längst umstellt.
Beim Umdrehen habe ich dann den Schmerz in den Gesichtern
der Mädchen gesehen, den sie zuvor gut versteckt hatten. Ich
habe erkannt, wie verbissen sie sich in diese Nacht stürzen wollten. Und erst da habe ich verstanden, dass sie einer Art Skript
folgten. Dass das alles die Nachahmung einer anderen Nacht
war. Ich habe sie danach gefragt, aber statt mir zu antworten,
haben sie mich in die Menge gezogen. Dort stand ich ganz still,
während sie sich unaufhörlich bewegten. Ihr Tanzen erinnerte an
ein Marschieren. Jedes Mal, wenn ich die Flucht ergreifen wollte,

rannten sie mir hinterher, legten mir die pink lackierten Nägel auf die Brust und zogen mich zurück in ihren Kreis.

Dann glaubte ich plötzlich, ich würde dich auf der Tanzfläche sehen. Ich war mir sicher, deinen Körper im flackernden Stroboskoplicht auszumachen. Für einen Moment war ich wie erstarrt, dann stürzte ich vor, erreichte die Mitte, aber du warst es nicht, die dort tanzte, die Frau hatte nur eine gewisse Ähnlichkeit mit dir, vor allem aber glich sie dir in ihren Handbewegungen, wie sie die Finger drehte, im Takt der Musik. Ich hielt inne, starrte sie an. Die Frau hat sich zu mir umgedreht. Ihre Pupillen waren so weit und so dunkel wie die Nacht. Ich bin zurückgestolpert, wurde von der Menge an den Rand gedrängt, bin an der Bar zusammengesackt, habe wahllos aus den herumstehenden Gläsern getrunken. Kurz darauf waren die Mädchen wieder an meiner Seite. Eine von ihnen bekam Nasenbluten. Ich habe ihr ein Taschentuch gereicht und sie hat es sich fest auf das Gesicht gepresst und gelacht mit rot verschmierten Zähnen, und auch mich hat dieses Lachen gepackt, durchgeschüttelt, aufgerieben. Die anderen Mädchen haben sich das Lametta gegriffen, mit dem die Bar dekoriert war, und es sich um den Hals gehängt. Im Licht sah es aus wie flüssiges Gold.

Irgendwann sind wir nach draußen geflüchtet. Im Außenbereich des Bunkers haben unsere Getränke im Schwarzlicht geleuchtet. Am Himmel war kein einziger Stern zu sehen. Mehrmals habe ich versucht, ein Gespräch zu beginnen, doch es ist jedes Mal zwischen uns versandet und keine von uns hat Anstalten gemacht, es danach wieder aufzugreifen.

Erst gegen Morgen haben wir den Bunker verlassen. Auf der Freifläche davor sind die Mädchen stehen geblieben. Das Licht der Stadt hat nicht bis zu uns gereicht. Auch der Bass aus dem Club war nicht mehr zu hören. Die Mädchen haben sich vor mir aufgebaut, auf den Bunker gezeigt und mir von der Nacht vor einem Jahr erzählt.

»Wenn wir feiern gehen, sind wir unzertrennlich. Aber manchmal verlieren wir uns doch. Dann suchen wir uns spätestens nach einer halben Stunde, so haben es uns unsere Mütter eingebläut. Denn natürlich kann in diesen Nächten etwas passieren, kann die Nähe, die beim Tanzen entsteht, ausgenutzt, kannst du gegen deinen Willen in eine Toilette gedrängt, können in dein Getränk K.-o.-Tropfen gemischt, kannst du fotografiert, berührt, gepackt, geküsst werden, ohne dass du selbst dabei ein Mitspracherecht hast. All das wussten wir und sind trotzdem mit der Zeit nachlässiger geworden, unvorsichtig, unaufmerksam, haben mehr Zeit verstreichen lassen, bevor wir uns suchten. Genau vor einem Jahr sind wir zum ersten Mal in diesen Bunker gegangen, aber schon nach wenigen Minuten haben wir uns im Gedränge auf der Tanzfläche verloren. Zwei von uns haben sich irgendwann wiedergefunden, die dritte aber tauchte nicht auf. Wir haben den ganzen Bunker auf den Kopf gestellt. Sind alles abgelaufen, immer wieder und wurden trotzdem erst im Morgengrauen fündig.«

»Die anderen haben mir später erzählt, dass sie mich zurückgelassen in einer Ecke gefunden haben. Meine Kleidung war verrutscht, der Rock hochgeschoben, die Haut freigelegt, mein Puls kaum spürbar. Die beiden anderen haben mich nach draußen getragen, hier in den Sand gelegt und meinen Kopf in ihren Schoß gebettet, während ein paar Fremde den Notruf tätigten. Als der Krankenwagen kam, bin ich aufgewacht und habe in die vom Blaulicht erhellten Gesichter geschaut. Die Rettungskräfte untersuchten mich und teilten mir mit, dass ich großes Glück gehabt habe. Weil ich nicht mit ihnen fahren wollte, ließen sie mir eine goldene Rettungsdecke da und sagten den anderen, sie sollen in Zukunft besser auf mich aufpassen.«

»Seit dieser Nacht hat uns eine Unruhe erfasst, die sich nicht abschütteln lässt, egal, wie sehr wir es versuchen. Der Boden ist brüchig und wir misstrauen allen, geben nie nach, verbieten uns jede Empfindlichkeit.«

Die Mädchen blickten mich an. Während sie gesprochen hatten, hatte ich die ganze Zeit genickt, so, als schriebe ich an einem Protokoll, würde all das, was sie sagten, festhalten, damit es nicht verschwindet, und vielleicht tat ich das auch auf eine gewisse Art, denn wie du merkst, habe ich kein Wort davon vergessen. Die Mädchen sackten danach in sich zusammen. Für sie war das Erinnern ein körperlicher Akt, der ihnen alles abverlangt hatte. Die Sonne war immer noch nicht aufgegangen, obwohl es gefühlt schon seit Stunden dämmerte. Ich wusste, wir müssen uns bewegen, griff nach den Schultern der Mädchen und bat sie, mir einen hellen Ort zu zeigen. Zu meiner Erleichterung kamen sie meiner Bitte nach, führten mich zu einem Park und brachten mich dort auf einen Hügel, der, wie ich erst später erfuhr, aus Trümmern bestand, wie viele Erhöhungen hier in Berlin. Wir standen also ganz oben auf dem Schutt des Zweiten Weltkrieges und warteten darauf, dass die Sonne aufging. Es gab eine Aussichtsplattform, eine Bank und für einen Euro ließ sich ein fest verschraubtes Fernglas benutzen, aber weder den Mädchen noch mir war danach, die Umgebung näher an uns heranzuholen und den Blick auf Details zu lenken. Stattdessen haben sich die Mädchen auf der Bank niedergelassen. Genau in dem Moment, in dem ich mich neben sie setzte, stieg die Sonne über den Häusern auf. Wir haben diesen Vorgang schweigend betrachtet. Von dort, wo wir saßen, wirkte die Stadt golden. Das Rauschen der Bäume aber hat mechanisch geklungen, und ich habe versucht, das Flimmern aus meinem Blick zu blinzeln, das dort war, seitdem wir den Bunker verlassen und mir die Mädchen ihre Geschichte erzählt hatten.

Die Sonne stand als rote Scheibe am Himmel. Die Mädchen haben zu mir gesagt, dass es die meisten der Orte hier, die sie von früher kannten, nicht mehr gebe und dass auch der Bunker bald einem neuen Bürogebäude weichen werde.

»Es fühlt sich an, als würde nach und nach alles verschwinden,

bis die Stadt einmal komplett ausgewechselt ist. Vielleicht wird auch dieser Trümmerberg irgendwann begradigt«, sagten sie mir. »Weißt du, das macht etwas mit den Erinnerungen, wenn die realen Orte, auf die sie sich beziehen, nicht mehr existieren.« Nachdem sie das gesagt haben, haben sie sich synchron erhoben, und diesmal bin ich ihnen gefolgt, ohne dass sie nach mir greifen mussten. Wir sind das letzte Stück zum Wohnkomplex zu Fuß gelaufen, haben geschwiegen, und ich habe meine Bewegungen an ihre angepasst.

Die Mädchen haben mich mit in ihr Apartment genommen. Aus Decken und Matratzen haben sie in einem Raum ein Lager gebaut und ein schwarzes Tuch vor das Fenster gehängt. In der künstlichen Dunkelheit haben wir uns schlafen gelegt. Ich bin weggedämmert, ohne ein einziges Mal meine Position zu verändern. In meinem Traum ist es dunkel geblieben. Keinen einzigen Stein habe ich gesammelt. Dann bin ich aufgewacht. Beim Aufstehen bin ich fast über eines der Mädchen gestolpert. Schlaftrunken hat sie sich aufgesetzt.

»Wir sehen bestimmt ganz schön abgewetzt aus«, hat sie gesagt, sich dann zurückfallen lassen und ist wieder eingeschlafen. Ich bin ins Bad gegangen und habe das Paillettenoberteil ausgezogen. Mein ganzer Oberkörper war zerkratzt. Ich sah aus, als wäre ich in einen Kampf geraten. Ich habe lange und heiß geduscht, aber der Zigarettenrauch, der sich in dieser Nacht auf meiner Haut abgesetzt hatte, löste sich nicht.

Zurück in meiner Wohnung habe ich mich auf den Teppichboden in meinem Schlafzimmer gelegt, die Augen geschlossen und bin wieder eingeschlafen. Aufgewacht bin ich durch das Geräusch von Flügelschlagen. Ich habe die Augen geöffnet, mich aufgesetzt, langsam erhoben und bin barfuß in die Küche gegangen. Dort sah ich, dass der ganze Balkon von den rosafarbenen Papageien bevölkert war. Dicht gedrängt saßen sie auf der Balustrade, ließen sich in die Tiefe fallen, stiegen wieder auf, landeten erneut auf dem Metall, pickten nach den letzten Resten Popcorn. Vorsichtig habe ich mich der offen stehenden Balkontür genähert. Ich hatte sie fast erreicht, da sind die Vögel in ihrer Bewegung erstarrt, wie eingefroren. Auch ich habe mich nicht mehr gerührt. Dann gab es einen lauten Knall. Die Papageien haben einen Pulk gebildet und sind davongeflogen.

Ich hoffe, du hältst dich aufrecht.
X

Beim Aufwachen fühlte Lisbeth sich benommen, wusste nicht, wie spät es war, blieb liegen und starrte an die Decke. Ihr Körper hatte ein Gewicht, gegen das sie nicht ankam. Die Schwerkraft hielt sie in die Matratze gedrückt. Sie fühlte, wie sie immer weiter einsank. Erst, als sie Maliks und Edens Stimme aus dem Wohnzimmer hörte, verschob sich etwas. Ihr gelang es, das eine, dann das andere Bein über die Kante des Bettes zu schieben, sich aufzurichten, anzuziehen und die Taubheit im Zimmer zurückzulassen.

Malik und Eden saßen am Tisch und aßen Cornflakes. Sie hatten die Terrassentür weit geöffnet. Das Sonnenlicht füllte den ganzen Raum. Lisbeth hatte das starke Bedürfnis, zu ihnen zu gehen, die Hand nach ihnen auszustrecken, ihre Echtheit zu überprüfen, ihnen durch die Haare zu fahren, über die Milchmünder zu wischen, sicherzugehen, dass sie wirklich mit ihr im Bungalow waren, an der Ostsee, dass das hier keiner der Träume der Kriegerin war, in denen auch immer alles zunächst ganz real wirkte und ungefährlich, bevor die Situation sich abrupt änderte.

»Da steht noch Kaffee auf dem Herd«, sagte Malik. Lisbeth nahm sich eine Tasse und setzte sich zu ihnen. In der Mitte lagen ihre Steine und die von Eden. Malik bemerkte ihren Blick. »Ich habe sie gestern Abend noch mit reingeräumt.« Er räusperte sich. »Das hat Florentine auch immer gemacht. Steine sammeln. Sie hat sie auf jeder möglichen Ablagefläche in meiner Wohnung zurückgelassen. Einmal, nach einem Streit, habe ich sie alle zusammengesammelt, in eine Tüte gepackt und in der Nähe des Hauses auf einem Parkplatz ausgekippt.«

»Wie hat sie reagiert?«

»Sie hat nichts gesagt. Nur nach und nach jeden Stein von dort zurück in meine Wohnung gebracht.«

»Hat sie dir erzählt, warum sie es tut?«, fragte Lisbeth.

Malik schüttelte den Kopf. »Ich dachte, das ist einfach ein Tick.«

Lisbeth lehnte sich auf ihrem Stuhl zurück. Auch Malik veränderte seine Position. »Du weißt also mehr als ich?«

Lisbeth nickte.

»Es tut gut, zu wissen, dass sie sich wenigstens dir anvertraut hat«, sagte er.

Sie verbrachten den Tag am Strand, hatten eine Tasche mit Decken und Handtüchern, Obst und Keksen, geschmierten Broten, Badekleidung und Sonnencreme gepackt. In der Nähe der Dünen suchten sie sich einen Platz. Der Himmel war blau. Es war windig, aber nicht kalt. Drei Mädchen ließen einen Drachen steigen. Lisbeths Blick folgte seinem Flug. Ihre Augen lagen im Schatten ihrer Sonnenbrille. Malik hatte sich auf der Decke ausgestreckt. Eden buddelte im Sand. Von außen mussten sie wirken wie eine intakte, glückliche Familie, dachte Lisbeth. Ruckartig stand sie von der Decke auf.

»Ich gehe eine rauchen«, sagte sie, hielt Malik und Eden demonstrativ die Zigarettenpackung vor die Nase, dann lief sie davon, den Strand entlang, das Meer zu ihrer Linken.

Einmal, während sie mit der Kriegerin diese Strecke gelaufen war, war ihnen ein Mann in einer zerschlissenen Uniform und Krücken entgegengekommen. Er hatte ausgesehen wie aus einem Traum der Kriegerin. Vertraulich hatte die Kriegerin ihm zugenickt.

»Kanntest du ihn?«, hatte Lisbeth gefragt. Die Kriegerin hatte den Kopf geschüttelt. »Ich dachte, man grüßt sich am Strand.«

Später hatte sich Lisbeth noch einmal nach dem Mann umgedreht und gesehen, dass er bis zu den Knien im Wasser stand, die Hosenbeine hochgerollt. Erst da erkannte sie, dass eins seiner Beine eine Prothese war.

»Wusstest du, dass hier früher viele ins Wasser gegangen sind?«, sagte die Kriegerin. Sie war Lisbeths Blick gefolgt. »Die, die schwimmen konnten, mit Steinen in den Taschen.«

»Wo hast du das schon wieder her?«

»Das hat mir meine Großmutter erzählt.«

»Sollen wir rufen?«, fragte Lisbeth verunsichert.

»Er sieht nicht aus, als würde er Hilfe benötigen«, sagte die Kriegerin und lief weiter. Sie hatte schnelle Schritte gemacht, schien die Distanz zwischen dem noch immer unbewegt im Wasser stehenden Mann und sich selbst so schnell wie möglich vergrößern zu wollen. Und Lisbeth war ihr gefolgt. Der Himmel hatte dunkel und schwer über ihnen gehangen, an einem Tag Ende Januar.

Jetzt kam es Lisbeth vor wie ein anderer Strand, ein anderes Land. Sie zog ihre Hose aus, dann ihr T-Shirt und watete in Unterwäsche ins Wasser. Das Sommermeer war ihr vertraut. Sie versuchte, Bilder aus ihrer Kindheit über die Erinnerungen aus dem Winter zu legen, ging tiefer hinein, schwamm, tauchte, schmeckte das salzige Wasser, erreichte die Sandbank, tastete mit den Füßen nach dem Grund. Die Menschen am Strand waren nur noch kleine, bunte Punkte. Sie versuchte, Malik und Eden auszumachen, aber auch sie waren zu weit entfernt.

»Das hier ist kein Urlaub«, sagte sie am Abend. Sie ärgerte sich, wie hilflos sie dabei klang. Zu dritt saßen sie auf der Terrasse. Eden zwischen ihr und Malik. Sie rochen alle drei nach Salzwasser. Lisbeth schob den Salat auf ihrem Teller hin und her.

»Du hast mich angerufen«, sagte Malik. Er sah zerbrechlich aus.

Jetzt also doch Porzellan, dachte Lisbeth und ballte die Hand zur Faust.

»Und wenn wir die Polizei rufen?«, fragte er.

»Und dann?«

»Wir melden sie als vermisst.«

»Sie werden sie nicht finden.«

»Woher willst du das wissen?«

»Wenn sie nicht gefunden werden will, wird sie nicht gefunden«, sagte Lisbeth. Erst danach fiel ihr auf, dass sie über sich selbst gesprochen hatte, nicht über die Kriegerin.

»Was schlägst du vor?«, fragte Malik.

Lisbeth schwieg. »Wir müssen warten.«

»Warten worauf?«

»Dass sie hier auftaucht.«

»Warum glaubst du, wird sie das tun?«

»Ich habe im Wohnkomplex eine Nachricht hinterlassen. Sie wird sie lesen, und dann wird sie hierherkommen«, sagte Lisbeth.

Sie fühlte sich behäbig, versteinert. Noch einmal würde sie nicht in die Stadt fahren können, egal, wie viele Sträuße sie binden würde.

»Wenn wir nichts anderes tun können, außer zu warten, dann mach ich auch Urlaub, dann gehe ich zum Strand und bade mit Eden. Oder glaubst du, sie kommt schneller, wenn wir den ganzen Tag hier im Bungalow sitzen?«.

Das Kind war beim Lauterwerden seiner Stimme zusammengezuckt. Lisbeth wollte es an sich ziehen, aber ihre Arme gehorchten ihr nicht. Malik stand in einer ruckartigen Bewegung auf, räumte den Tisch ab, brachte das Geschirr nach drinnen.

»Er meint es nicht so«, sagte Eden und legte Lisbeth die Hand auf den Arm. Ihr gelang ein Lächeln.

Es war am helllichten Tag passiert. Diese Tatsache kam Lisbeth auch noch Jahre später absurd vor. Sie hatte gelernt, dass solche Dinge nur in der Nacht geschahen, in Seitenstraßen, in der Dunkelheit. Dass es Fremde waren, die einem auflauerten. Auf dem Weg nach Hause, von einer Party. In einem abgelegenen Viertel einer Stadt.

Der Raum aber, in dem sie zu Boden gebracht wurde, war lichtdurchflutet. Eines der Fenster stand auf kipp. Sogar Vögel waren zu hören, Blaumeisen, sie tobten in einem nahe stehenden Baum.

Lisbeth hatte noch einmal zur Kaserne zurück gemusst. Sie hatte ihre Sonnenbrille vergessen. Florentine war über das Wochenende fort, sie besuchte ihre Großmutter. Lisbeth wollte nur kurz in den nächsten Ort fahren. Einen Kaffee in der Sonne trinken. Die Bäume blühten bereits. Seit einer Woche waren die Temperaturen schon fast sommerlich. Sie hatten viel geschwitzt in ihren Uniformen. Jetzt genoss Lisbeth die Leichtigkeit ihrer eigenen Kleidung. Ein luftiges T-Shirt, die Shorts. Ihr Haar fiel ihr offen auf den Rücken. Das Gebäude war an diesem Tag vollkommen ausgestorben. In den Gängen begegnete ihr niemand. Auf der Stube fand Lisbeth ihre Sonnenbrille unter das Bett gerutscht. Sie setzte sie auf und verließ den Raum. Im Gang stellte sich ihr plötzlich einer der Feldwebel in den Weg. Sie kannte ihn, hatte schon öfter beim Kartenspielen im Mannschaftsheim gegen ihn gewonnen, wusste sogar, wie er tanzte, wenig Bewegung, dafür ein gutes Taktgefühl. Sie hielt es zunächst für einen Scherz, lachte und wollte sich an ihm vorbeischieben. Aber er verzog keine Miene und packte sie am

Oberarm. Sein Griff war fest. Er wirkte routiniert. Mit seinem Körper drängte er sie vom Gang durch eine Tür. Scharfkantig fiel das Sonnenlicht durch die Fenster. Was sich sonst noch in dem Raum befunden hatte, konnte Lisbeth später nicht mehr sagen. Die Helligkeit war das Einzige, was blieb.

Lautlos brachte der Feldwebel sie zu Boden. Lisbeth wollte sich wehren, aber ihr Körper gehorchte ihr nicht. Sie zwinkerte, merkte, wie alles taub wurde. Selbst ihr Mund war wie erstarrt. Es gelang ihr nicht, um Hilfe zu rufen, sich zu befreien, ihn von sich zu schieben, niederzustrecken, niederzuschlagen, bewusstlos zu treten, umzubringen. Ihr Körper kam ihr vor wie ein weicher Schwamm, ihre Haut riss, das Eindringen war einfach möglich, nichts an ihr leistete Widerstand.

»Ein Soldat, der sich nicht wehrt«, sagte der Feldwebel, nachdem er fertig war. Er setzte ihr die Sonnenbrille wieder auf, die währenddessen heruntergefallen war, und ging davon, als wäre das ein Kartenspiel gewesen, bei dem er gegen sie gewonnen hatte.

Lisbeth blieb liegen, sah, wie das Licht wanderte, roch den Zitrusgeruch des Scheuermittels, mit dem der Boden gereinigt worden war. Von den Stiefeln des Feldwebels hatte sich Sand gelöst. Er lag als feine Spur auf dem glänzenden Linoleum. Nach einer gefühlten Ewigkeit stand sie auf, richtete sich ihre Kleidung, fuhr sich durch das Haar, schluckte. Die Sonnenbrille behielt sie auf. Mit erhobenem Kinn ging sie in den Duschraum, zog sich bis auf die Sonnenbrille aus, stellte das Wasser an. Sie ballte die Hand zur Faust, schlug erst vorsichtig, dann fester gegen die Fliesen. Die Knöchel platzen auf, sie lutschte sich das Blut von den Knochen, biss sich fest, das weiße Licht der Halogenlampen gefiltert durch die Sonnenbrille.

In anderer Kleidung fuhr sie in die Stadt. Für sie war es überlebenswichtig, an ihrem alten Plan festzuhalten. Am liebsten aber hätte sie ihre Uniform angezogen, die schweren Stiefel, vielleicht auch den Helm. Sie zwang sich, in der Eisdiele am Markt einen Kaffee zu bestellen. Während sie ihn trank, schmeckte sie nichts. Das Gesicht behielt sie im Schatten unter dem Schirm. Auf dem Rückweg hielt sie bei einer blühenden Weißdornhecke und erbrach sich.

Lisbeth erzählte Florentine erst ein paar Tage später davon. Sie saßen auf dem Sandhügel, wie nach ihrer ersten Nacht in der Diskothek, und tranken Dosenbier. Florentine scherzte, alberte herum. Bis Lisbeth es nicht mehr aushielt. Sie packte sie bei den Schultern und schlug ihr ins Gesicht. Überrascht schaute Florentine sie an. Blut tropfte aus ihrer Nase, verschmierte ihr die Zähne, kleckerte in den Sand.
»Was ist denn in dich gefahren?«, fragte sie und kramte in ihrer Jacke nach einem Taschentuch. Lisbeth reichte ihr eine ganze Packung. Dann begann sie zu erzählen, ohne Florentine dabei anzusehen. Sie entschied sich für das Wort Übergriff und schilderte stockend, wie sich alles zugetragen hatte.
»Er hat dich vergewaltigt!«, sagte Florentine. Lisbeth spürte das Ausrufezeichen, das sie hinter diesen Satz setzte. Da war es, das Wort, was Lisbeth nicht hatte aussprechen können.
»Wirst du ihn melden?«
Lisbeth schwieg.
»Willst du ihn wirklich damit davonkommen lassen?«, fragte Florentine und Lisbeth bemerkte, dass ihr Blick jetzt anders war. Plötzlich fühlte sie sich klein, kleiner als Florentine.
»Es ist keine große Sache«, sagte sie schnell.
Sie wechselte das Thema. Florentine ließ es zu. Am Hang des Hügels wuchsen Büsche, die der Winter ausgetrocknet hatte, die Zweige wie Porzellan, hell und zerbrechlich. Am Ende waren sie so betrunken, dass sie nur auf allen vieren den Sandberg hinabkamen, in das Gebüsch stürzten, dessen Äste nachgaben und brachen.

Noch Tage danach fanden sie Sand in ihrem Stockbett. Sie wechselten die Bezüge, aber der Sand war hartnäckig. Er rieb ihnen auf der Haut, knirschte, hinterließ Rückstände.

Eine Woche später kam Florentine mit dem Hund an. Lisbeth saß in ihrem Auto, das auf dem leeren Parkplatz des Supermarktes stand. Es dämmerte bereits. Florentine hatte sie dorthin bestellt, ohne ihr den Grund dafür zu verraten. Als sie nun mit dem Hund auf das Auto zukam, erkannte Lisbeth sie erst nicht, dabei trug sie wie immer den Staubmantel ihrer Großmutter.

»Was soll das?«, fragte Lisbeth. Florentine war vor der geöffneten Tür des Autos stehen geblieben und wickelte die Leine des Hundes um ihre Hand.

»Das ist sein Hund.«

Verständnislos sah Lisbeth sie an.

»Der Hund des Feldwebels«, sagte Florentine triumphierend.

»Bist du übergeschnappt?«, fragte Lisbeth, aber Florentine grinste nur. Sie öffnete den Kofferraum, klopfte auf den Boden, der Hund sprang hinein, sie schloss die Klappe. Mit einem zufriedenen Seufzer ließ sie sich neben Lisbeth auf den Beifahrersitz fallen. »Jetzt fahren wir in den Wald.«

Lisbeths Hände zitterten, trotzdem startete sie den Motor, fuhr an, beschleunigte. Während der Fahrt redeten sie nicht. Auch der Hund blieb ruhig.

Florentine hatte alles bis ins Detail geplant. Sie gab Lisbeth genaue Anweisungen, sagte ihr, wo sie parken sollte, und lotste sie und den Hund einen schmalen Weg in den Wald hinein bis zu einer Lichtung, an dessen Rändern dicht die Haselnusssträucher standen. Dort, im letzten Licht, überreichte sie Lisbeth die Pistole.

»Wo hast du die her?«

»Liegt bei meiner Großmutter unter dem Kopfkissen.«

Lisbeth wog die Waffe in der Hand.

Florentine zündete sich eine Zigarette an. Die Leine des Hundes hielt sie jetzt beiläufig, als wäre dies ein ganz normaler Spaziergang im Wald. »Er hat sich das Gesicht auf den Oberarm tätowiert.«

»Das Gesicht vom Hund?« Florentine nickte. »Nur deshalb bin ich draufgekommen. Scheint ihm wichtig zu sein, das Tier. Seine Mutter passt drauf auf, wenn er in der Kaserne ist.«

»So genau will ich das gar nicht wissen«, sagte Lisbeth schnell. Der Hund hatte sich zwischen ihnen ausgestreckt und den Kopf auf die Vorderpfoten gelegt. Sie widerstand dem Impuls, sich zu bücken und ihm über das weiße Fell zu streichen, stattdessen machte sie zwei Schritte zurück und hielt die Waffe auf ihn gerichtet.

»Fühlt sich an wie eine Übung«, sagte sie. Florentine stellte sich neben sie. Die Leine des Hundes lag jetzt im Gras. »Eigentlich schade um den Hund. Hübsch ist er ja.«

Lisbeth nickte. Dann dachte sie an das Licht, die Taubheit ihres Körpers, wie versteinert sie gewesen war. Aber eben kein echter Stein. Stattdessen nur weiche Masse. Sie veränderte ihren Stand, entsicherte die Pistole, zielte und drückte ab. Der Schuss verhallte im Wald. Der Hund sackte zu Boden. Reglos lag er da.

Lisbeth ließ die Waffe sinken. »Und jetzt?«

»Gehen wir.«

Florentine wandte sich ab und lief los. Lisbeth zögerte einen Moment, dann folgte sie ihr durch die Dunkelheit. Erst beim Auto drehte sich Florentine zu ihr um. »Ich fahre«, sagte sie. Lisbeth gab ihr den Schlüssel. Sie stiegen ein. Florentine startete den Motor. Die Scheinwerfer leuchteten in den Wald. Für einen Moment glaubte Lisbeth, jemanden zwischen den Bäumen stehen zu sehen, doch es war nur ein vertrockneter Strauch. Sie atmete aus.

Schweigend fuhren sie zurück zur Kaserne.

»Ich weiß nicht, ob es etwas ändert«, sagte Lisbeth, als Florentine gerade aussteigen wollte. Sie sahen sich an. Florentine lehnte sich zurück in den Sitz: »Der Hund hat ihm viel bedeutet.«

Lisbeth sagte nichts.

Florentine warf ihr den Schlüssel in den Schoß. »Schlaf eine Nacht drüber«, sagte sie und stieg aus.

Lisbeth schreckte auf. Schüsse waren zu hören. Maschinen donnerten in der Ferne. Barfuß stand sie auf, öffnete die Tür und ging ins Wohnzimmer. Malik saß auf dem Sofa. Nur das Licht des Fernsehers erhellte den Raum. Wieder erklangen Schüsse. Soldaten lagen in einem Schützengraben. Eine Stimme erklärte das Geschehen.

»Immer, wenn sie nicht schlafen konnte, hat sie alte Kriegs-dokumentationen geschaut«, sagte Malik. Lisbeth setzte sich neben ihn auf das Sofa, zog die Knie an. Zitternd lagen die Soldaten in den Gräben. »Wann hat sie dir eigentlich erzählt, dass sie bei der Bundeswehr ist?«, fragt sie.

»Sie hat es mir nicht erzählt.«

Überrascht sah Lisbeth ihn an.

»Ich habe sie zufällig am Bahnhof getroffen. In Uniform.«

»Und wie hat sie reagiert?«, fragte sie.

»Sie stand ganz starr. Hat mich an ein verschrecktes Tier er-innert. Ich dachte, vielleicht rennt sie einfach davon.«

Auf dem Fernseher war jetzt eine Historikerin zu sehen, die das, was sie sprach, mit fließenden Handbewegungen unter-malte. Ihre Kleidung wirkte grell im Gegensatz zu den zuvor gezeigten Aufnahmen in schwarz-weiß. Malik schaltete den Ton des Fernsehers aus.

»Wir haben dann dort am Bahnhof in einer dieser Bistroketten Kaffee getrunken«, sagte er. »Sie hat mich dabei nur wenig angesehen, stattdessen immer zu dem Bildschirm hinter mir geschaut, auf dem ein flackerndes Kaminfeuer zu sehen war. Richtig erzählt hat sie mir dann alles am nächsten Wochenende. Wie lange sie schon dient. Wo sie war. Die Auslandseinsätze. Da hat sie auch zum ersten Mal deinen Namen erwähnt.«

Lisbeth spürte, wie sich ihr Körper verkrampfte. Auf dem Fernseher waren wieder die Soldaten zu sehen. Es waren Tausende, die in Reih und Glied marschierten. Eine uniformierte Masse, in der kein Gesicht herausstach.

»Wusstest du gleich, dass ich diejenige bin, von der sie spricht?«

»Lisbeth ist nicht unbedingt ein häufiger Name. Und sie hat erwähnt, dass du vorher eine Ausbildung zur Floristin gemacht hast.«

»Was hat sie dir noch erzählt?«

»Dass ihr euch bei der Grundausbildung kennengelernt habt und von euren Urlauben hier im Bungalow nach ihren Einsätzen hat sie gesprochen.«

Lisbeth wandte sich wieder dem Fernseher zu. Flugzeuge schnitten durch den Himmel. Heckklappen öffneten sich. Lautlos fielen die Bomben.

»Warum hast du mir nie erzählt, dass du bei der Bundeswehr warst?«, fragte Malik.

»Es hat keine Rolle mehr gespielt, als wir uns kennengelernt haben«, sagte Lisbeth.

Malik seufzte. »Wenn ich jetzt an die Zeit mit dir zurückdenke, habe ich das Gefühl, du hast mir überhaupt nichts von dir erzählt.«

»Florentine hat einmal etwas Ähnliches gesagt«, stellte Lisbeth fest.

»Und haben wir recht?«

Lisbeth stand auf. »Ich muss an die frische Luft. Kommst du mit?«, sagte sie, schob die Terrassentür auf und trat hinaus.

Die Ostsee war in der Dunkelheit kaum auszumachen. Malik trat neben sie. Ruhig und aufrecht stand er da. Porzellan würde im Meer hinabsinken wie ein Stein, dachte Lisbeth, Holz dagegen schwamm auf dem Wasser.

Kaum merklich wurde in der Ferne der Himmel heller.

»Lass uns zum Strand gehen«, sagte sie.

Die Dunkelheit verlor an Gewicht. Am Strand stießen sie auf eine Feuerstelle. Steine waren in einem Kreis angeordnet. Das Holz glühte noch. Aber niemand war dort. Lisbeth griff sich ein Stück Treibholz, das daneben lag, und platzierte es auf der Glut. Schnell fing es Feuer, knackte. Malik hockte sich in den Sand. Lisbeth hätte gerne die Hand nach ihm ausgestreckt, wäre ihm über die Haut gefahren, so, wie es die Kriegerin zuletzt getan haben musste, und so, wie sie es selbst einmal getan hatte. Aber sie behielt ihre Hände bei sich und sagte stattdessen: »Florentine und ich haben uns ein Stockbett geteilt. Sie schlief unten, ich oben.« Sie legte ein zweites Stück Holz auf. Wind kam auf, blies den Rauch in ihre Richtung, aber weder sie noch Malik machten Anstalten, auszuweichen. Im Hintergrund brandete das Meer.

Und dann erzählte Lisbeth Malik in aller Ausführlichkeit, wie sie die Kriegerin kennengelernt hatte. Sie starrte dabei in das Feuer, konzentrierte sich auf das Meer, das Salz, stellte sich vor, einen Brief zu schreiben.

»Danke«, sagte Malik.

»Wofür.«

»Fürs Erzählen.«

Lisbeth sagte nichts. Sie hatte das Gefühl, hören zu können, wie die Küste abrutschte, wie ein gewaltiges Stück Land abbrach und im Wasser versank. Mit verschränkten Armen wartete sie darauf, dass die Erschütterung sie erreichen, dass sie den Halt verlieren und mit in die Tiefe gezogen werden würde. Aber die Minuten vergingen und nichts passierte. Stattdessen nahm sie wahr, wie etwas von dem Druck auf ihrem Brustkorb verschwand.

Als sie vom Strand zurückkehrten und durch die Dünen zum Bungalow liefen, saß Eden in einem leuchtend gelben Handtuch auf der Terrasse. Der Blick vorwurfsvoll.

»Ihr habt mich nicht mitgenommen.«

»Du hast geschlafen«, sagte Malik, hob Eden hoch. Eden schlang die Arme um seinen Hals und vergrub das Gesicht an seiner Brust.

»Das nächste Mal weckst du mich, ok?«

»In Ordnung. Aber jetzt wird noch ein bisschen geschlafen«, sagte Malik und zu Lisbeth gewandt: »Du solltest dich auch noch mal hinlegen.«

Lisbeth nickte. Malik trug Eden hinein und verschwand im Schlafzimmer.

Auf dem Fernseher im Wohnzimmer lief noch immer die stummgeschaltete Kriegsdokumentation. Lisbeth überlegte, ob das Kind zuerst auf dem Sofa gesessen, ob es die Bilder der jungen Männer gesehen hatte, die emporgereckten Arme, die fratzenhaft verzogenen Gesichter. Sie schaltete den Fernseher aus. Der jetzt schwarze Bildschirm spiegelte den Raum, den Morgen, sie selbst, wie sie seltsam krumm dastand.

Liebe Lisbeth,

*letztes Wochenende habe ich mit den Mädchen einen Ausflug
unternommen. Wir sind zu einem in der Nähe der Stadt liegenden
Naturschutzgebiet gefahren. Schon dort, wo wir geparkt haben,
hatte ich ein seltsames Gefühl, obwohl die Hügel, Baumgruppen,
Wäldchen, Wiesen, Kuhlen und dicht stehenden Sträucher
nichts Ungewöhnliches an sich hatten. Erst auf der höchsten
Erhebung, wo wir die mitgebrachten Handtücher auf dem Gras
ausbreiteten, erzählten mir die Mädchen, dass es sich bei dem
Gelände um einen ehemaligen Truppenübungsplatz handele.
Vielleicht war es diese Militärvergangenheit, die ich gespürt habe
und die mein Befremden ausgelöst hat.*

*Die Zeit vergeht anders, wenn ich sie mit den Mädchen verbringe.
Vielleicht liegt es daran, dass ihre Tage keine Struktur haben.
Früher haben sie als Servicekräfte in einem Restaurant gearbeitet. Durch das ständige Anfassen von vorgewärmten Tellern
und dem Ein- und Ausräumen der Industriespülmaschine sind
ihre Hände nicht mehr schmerzempfindlich. Um mir das zu
demonstrieren, haben sie einmal ein Feuerzeug gezückt und
ihre Finger dicht über die Flammen gehalten. Die Arbeit an sich
hat ihnen gefallen, nur dass sie immer nett und freundlich sein
mussten, selbst wenn es nicht angebracht war, hat schließlich
dazu geführt, dass sie gekündigt haben. Seitdem verbringen sie
jeden Tag anders und verdienen sich ihr Geld, indem sie getragene
Slips im Internet verkaufen oder Videos von sich auf der Toilette
aufnehmen und es so aussehen lassen, als hätte eine versteckte
Kamera alles aufgezeichnet. Eine Zeit lang haben sie auch*

Ecstasy-Pillen verkauft. Weil junge, weiße Frauen kaum verdächtigt werden, auf irgendeine Art kriminell zu sein, hatten sie kaum etwas zu befürchten.

Die Mädchen haben sich vor Kurzem bei H&M Hosen in Camouflage-Muster gekauft, die sie seitdem immerzu, auch an diesem Tag im Naturschutzgebiet, trugen. Du musst wissen, Lisbeth, wir gehen nicht mehr aus, um uns in der Nacht zu verlieren. Stattdessen haben wir jetzt eine Aufgabe. Unaufhörlich scannen wir die Umgebung, um herauszufinden, ob unter den Anwesenden auch Personen sind, die ungefragt andere Körper berühren oder etwas in Getränke mischen. Zu jedem, der uns auffällt, notieren wir etwas auf einer Liste. Wenn sich die Möglichkeit bietet, machen wir zusätzlich ein Foto. Ich habe den Mädchen beigebracht, wie man sich unauffälliger bewegt und worauf es noch ankommt, beim Observieren. In manchen Nächten sind wir fast unsichtbar.

In das Naturschutzgebiet sind wir gefahren, weil wir drei Tage hintereinander draußen unterwegs waren und ich gesagt habe, dass uns eine Pause von dieser Arbeit guttun würde. Wir haben den Tag damit verbracht, herumzuliegen und Sekt auf Eis zu trinken. Die Eiswürfel haben die Mädchen in einer Styroporkiste mitgebracht. Bis zum Abend konnten wir uns aus ihr bedienen, nichts war geschmolzen. Ich wusste, die Mädchen hatten diesem Ausflug auch zugestimmt, weil sie mich etwas fragen wollten, doch sie warteten damit bis kurz vor Sonnenuntergang.

Gegen Mittag zeigten sie mir auf dem Handy das Video eines träumenden Oktopusses. Auf seiner Haut changierten die Farben. Wir haben es uns mehrmals hintereinander angesehen und die Mädchen haben mich gefragt, ob ich schon einmal etwas Schöneres gesehen habe. Seltsamerweise musste ich beim Anblick dieses träumenden Meerestieres an dich denken, Lisbeth.

Wusstest du, dass man auch dir, wenn du schläfst, ansieht, was du träumst? In manchen Nächten kam mir deine Haut vor wie eine weiße Wand, auf die ein Beamer verschwommene Bilder projiziert. Aber vielleicht habe ich das auch nur selbst geträumt.

Kurz bevor das Licht begann, abzunehmen, öffneten wir die letzte Sektflasche und schminkten uns die Münder. Danach erzählte eines der Mädchen, dass sie vor Kurzem am Rand eines künstlichen Sees, der einem selbst an der tiefsten Stelle nur bis zu den Schultern reicht, zum ersten Mal mit einem Jungen geschlafen habe. Keine ihrer Bewegungen sei ihr intuitiv vorgekommen, stattdessen habe sie das imitiert, was sie aus Pornos kannte, aber nachdem sich auch das falsch anfühlte, habe sie ganz aufgehört, sich zu bewegen. Der Junge hatte einfach weitergemacht, als wäre es ihm egal, ob sie reagierte oder stilllag. Danach war ihr ihr Körper fremd vorgekommen, und in ihrem Brustkorb war ein Taubheitsgefühl zurückgeblieben, das sich erst verflüchtigte, nachdem sie aufgestanden, zum Wasser gegangen und bis in die Mitte des Sees geschwommen war. Dort hatte sie in den Nachthimmel geschaut, der aber hier in der Stadt nie Sterne zeigt, sondern nur einen orangefarbenen Dunst.
Nach dieser Erzählung haben mich die Mädchen lange angesehen und dann haben sie mich gefragt, ob mein Körper mir ganz gehören würde. Ich habe ihren Blick erwidert, den Kopf geschüttelt und gesagt, dass wir es aber selbst in der Hand hätten, dass wir ihn uns zurückholen können.

Wenn sie wollen, werde ich ihnen das Schießen beibringen.

Ich hoffe, du hältst dich aufrecht.
X

Im Radio wurde eine Sturmwarnung für die Ostseeküste ausgesprochen. Lisbeth hörte sie, während sie einen Pfirsich aufschnitt, ihr der Saft über die Finger lief und draußen am Himmel keine einzige Wolke zu sehen war.

Bereits kurz danach rüttelte der Wind am Bungalow. Eine schwarze Wand war am Horizont aufgetaucht. Lisbeth kam sie vor wie eine verfrühte Ankündigung des Herbstes. Der Sommer schien vorbei. Sie klappte den Schirm auf der Terrasse zusammen, stapelte die Stühle, ging zurück nach drinnen, schloss alle Fenster und schaltete das Licht an. Im Wohnzimmer turnte das Kind auf dem Teppich, verrenkte sich, kreiselte um sich selbst, bis es umfiel, außer Atem, mit geröteten Wangen.

»Kannst du Musik anmachen?«, fragte Eden Lisbeth, als sie gerade frisches Wasser in die Vase mit den Blumen aus dem Supermarkt füllte.

»Musik?«

»Zum Tanzen«, sagte Eden, rappelte sich auf und sah sie an.

»Was für Musik?«, fragte Lisbeth und hockte sich vor die Anlage.

»Keine langsame.«

Lisbeth schloss ihr Handy an, scrollte sich durch Alben und Titel und drückte auf Play.

»Das ist viel zu leise«, sagte Eden, kniete sich neben Lisbeth, stützte die Ellenbogen auf ihren Oberschenkel und betrachtete die Anlage mit gerunzelter Stirn. »Wo kann ich das lauter machen?«

Lisbeth zeigte auf den Regler. Eden drehte ihn hoch. Die Musik wurde so laut, dass sie beide zurückzuckten. Eden lachte und drehte die Lautstärke wieder zurück, sprang auf, lief wieder zum Teppich und begann zu tanzen, so ausgelassen, wie Lisbeth lange niemanden mehr tanzen gesehen hatte.

»Du musst auch mitmachen«, rief Eden. Lisbeth schüttelte den Kopf, aber Eden kam zu ihr, griff nach ihren Händen. Etwas schwerfällig erhob sie sich vom Boden. Eden hielt noch immer ihre Hände, zog sie auf den Teppich und nahm das Tanzen wieder auf. Unbeholfen wippte Lisbeth im Takt. Sie wusste nicht, wann sie das letzte Mal getanzt hatte. In den Nächten auf dem Kreuzfahrtschiff hatte sie sich in der Crewbar immer an der Theke festgehalten und getrunken, statt sich zu bewegen.

Eden wurde immer ausgelassener, ließ Lisbeths linke Hand los, drehte Pirouetten, sprang auf und ab. Lisbeth schloss die Augen, versuchte, alles auszublenden und sich nur noch auf die Musik zu konzentrieren. Sie spürte, wie ihr Körper weicher wurde, nachgiebig. Hastig öffnete sie wieder die Augen und hörte auf. Als ahnte das Kind, was in Lisbeth vorging, griff es wieder nach ihren Händen, hielt sie auf dem Teppich und in der Musik. Lisbeth schloss ihre Augen erneut, atmete aus, fand zurück in den Takt. Und auf einmal war es ganz leicht. Sie hörte auf, zu denken. Ihr Körper folgte dem Rhythmus. Eden lachte, sie drehten sich umeinander, gingen in die Hocke, rissen die Arme nach oben, reckten sich empor, warfen die Köpfe zurück. Eden hatte ihre Hände losgelassen, war ganz in der Musik. Und obwohl Eden Lisbeth nicht ansah, bewegte sich Eden ähnlich wie sie, fast, als wäre Lisbeth diejenige gewesen, die Eden das Tanzen beigebracht hatte.

Der Song endete, aber Lisbeth und Eden hörten nicht auf, zu tanzen, und als ein neuer begann, wurden sie noch ausgelassener, nutzten jetzt den ganzen Raum, wurden immer wilder in ihren Bewegungen.

Dass Malik im Türrahmen lehnte, bemerkte Lisbeth erst, als der dritte Song endete. Sofort blieb sie stehen. Sie sahen sich an.

»Ich wollte nicht stören«, sagte Malik.

»Tust du nicht«, sagte Eden, sprang auf das Sofa, ließ sich fallen und trat mit den Beinen in die Luft.

»Ich kümmere mich mal um den Abwasch«, sagte Lisbeth.

»Du musst hierbleiben«, sagte Eden.

»Lass mich das machen«, sagte Malik.

»Wir können später noch einmal tanzen«, sagte Lisbeth.

»Versprochen?«

»Versprochen.«

Eden jauchzte. Lachend verließ Lisbeth das Wohnzimmer, ging in die Küche, ließ Wasser ins Spülbecken.

Malik erschien im Türrahmen. »Ich trockne ab«, sagte er und holte ein frisches Tuch aus der Schublade.

»In Ordnung.« Lisbeth beugte sich über die Spüle, griff mit den Händen in das heiße Wasser, fuhr mit dem Schwamm über das Geschirr und stellte es auf das Abtropfgitter. Malik nahm sich Zeit, polierte die Oberflächen und stapelte die Teller vorsichtig im Regal. Auf die gleiche Art bearbeitet er Holz, dachte Lisbeth. Auch bei anderen Tätigkeiten waren seine Bewegungen nie schnell oder unbedacht. Immer führte er seine Hände präzise. Nichts fiel ihm so einfach aus der Hand. Selbst wenn er aß, gab es hinterher keine Krümel, er bekleckerte sich nie. Darin waren sie sich ähnlich. Lisbeth hatte es so von ihrem Vater gelernt. »Wer mit den Händen arbeitet, darf sich keine Fehler erlauben«, hatte er ihr eingebläut, wenn sie ihm in der Gärtnerei geholfen hatte. Und: »Unnötige Bewegungen kosten unnötig Kraft.« Auch weil sie das so sehr verinnerlicht hatte, war ihr das Schießen so leichtgefallen.

»Florentine hat mir erzählt, dass du, an dem Abend, an dem ihr euch kennengelernt habt, so betrunken warst, dass sie dich nach Hause bringen musste«, sagte Lisbeth und wrang den Schwamm aus.

»Hm.«

»Das hat mich überrascht.«

»Überrascht?«

»Ich habe dich eigentlich immer so eingeschätzt, als wärst du jemand, der nie die Kontrolle verliert.«

Malik schwieg. Dann sagte er. »Glaubst du, es war einfach für mich?«

»Was?«

»Dass du gegangen bist.«

Lisbeth hielt in der Bewegung inne.

»Es gab Tage, da musste ich für mich sein. Da konnte ich für niemanden die Verantwortung übernehmen, auch nicht für Eden. Willst du mir das jetzt vorwerfen?«, fragte er.

»Natürlich nicht.«

»Weißt du, was mir geholfen hätte? Eine Nachricht von dir. Ein Anruf. Von mir aus auch eine Postkarte. Irgendeine Erklärung.«

Lisbeth schluckte. Intuitiv sah sie sich nach einem Fluchtweg um, dabei wusste sie, dass das keine Situation war, in der sie einfach den Raum verlassen konnte. Sie ließ das Wasser ab. Ein einzelner Löffel lag noch am Boden des Spülbeckens. Im Nacken spürte sie Maliks Blick. Er faltete das Geschirrhandtuch zusammen, wieder auseinander und legte es dann mit einem Seufzer zur Seite.

»Die Rolle der Mutter liegt mir nicht«, sagte Lisbeth, griff den Löffel aus dem letzten Schaum, hielt ihn in der Hand.

»Du meinst, die Rolle einer geliebten Person.«

»Geliebten?«

»Von mir und Eden geliebten.«

Lisbeth lachte auf. Es klang schrill. Malik verschränkte die Arme vor der Brust, machte einen Schritt zurück. Fast sah es so aus, als wollte er vor ihr in Deckung gehen.

»Entschuldigung«, sagte sie.

Malik hatte sich abgewandt. Er zuckte mit den Schultern. Lisbeth drückte den Rücken durch. »Es tut mir leid, dass ich mich nicht gemeldet habe.«

»Ich verstehe einfach nicht, warum du nicht versucht hast, mit mir zu reden. Vielleicht hätten wir gemeinsam eine Lösung gefunden.«

»Ich dachte, wenn ich einfach verschwinde, wenn Eden vergisst, dass es mich überhaupt gegeben hat, ist es für euch am einfachsten.« Lisbeth sah ihn ernst an. »Ich kann die Zeit nicht zurückdrehen, aber ich möchte, dass du weißt, dass es mir leidtut.«

Malik schüttelte den Kopf, wandte sich ab.

Lisbeth zögerte, aber dann machte sie einen Schritt auf ihn zu und lehnte sich an ihn. Sein Geruch war ihr noch immer vertraut. Für eine Weile standen sie nur so da.

Am Nachmittag spielten Malik und Eden im Wohnzimmer auf dem Teppich. Lisbeth setzte sich auf das Sofa und sah ihnen zu. Sie hatten aus den Steinen lauter Türme errichtet, die sie nun mit anderen Gebäuden ergänzten.

»Was wird das?«, fragte Lisbeth.

Eden richtete sich auf. »Eine Stadt.«

»Was für eine Stadt?«

»Die wurde erst zerstört von einem Feuer und jetzt bauen wir sie wieder auf.«

»Müsste sie dafür nicht zuerst ganz abgerissen werden?«, fragte Lisbeth.

Eden seufzte. »Das geht nicht.«

»Warum denn nicht?«

»Dann wären die alten Häuser zu traurig.«

Lisbeth tauschte einen kurzen Blick mit Malik, der sich ein Grinsen nicht verkneifen konnte.

»Das leuchtet mir ein«, sagte Lisbeth.

Malik lachte. »Ich muss aufs Klo!«, rief Eden, sprang auf, rannte hinaus. Lisbeth lehnte sich gegen das raue Polster des Sofas und sah Eden nach.

»Was ist?«, fragte Malik. Er streckte sich neben der Stadt aus und sah sie an. »Woran denkst du?«

Daran, wie es war, bevor ich gegangen bin, wollte Lisbeth sagen, aber stattdessen rieb sie sich über die Augen, stand auf und richtete die Sofakissen. »Brauchst du was aus der Küche?«, fragte sie und wandte sich ab.

»Deine Mutter hat mir erzählt, dass du als Kind nie geweint hast«, sagte Malik.

Lisbeth kniff die Augen zusammen.

»Du sprichst mit Rita?«

»Dachtest du, sie hat den Kontakt abgebrochen?«

Lisbeth biss sich auf die Lippen.

»Sie macht sich Sorgen, genau wie ich.«

»Sie nimmt es mir übel, dass ich euch verlassen habe.«

»Sie wollte nicht, dass du davonrennst.«

»Es ging nicht anders.«

»Auch sie liebt dich.«

Lisbeth schwieg.

»Genau wie Florentine«, sagte Malik.

Lisbeth lachte auf.

»Was redest du da?«

Malik zog die Augenbrauen hoch.

»Florentine ist verliebt in dich. Aber was erzähle ich dir da, das weißt du natürlich.«

Lisbeth sah ihn an.

Malik schlug sich gegen die Stirn.

»Mein Gott. Du weißt es nicht.« Er grinste. »Sie hat es dir nie gesagt?«

Lisbeth stand auf. Ohne ein Wort zu sagen, öffnete sie die Terrassentür, verließ den Bungalow und lief, ohne sich nochmal umzusehen, über die Dünen zum Strand. Niemand war dort. Der Regen hatte etwas nachgelassen. Der Himmel war dunkel. Der Wind stark. Eine Fahne flatterte wild umher. Lisbeth zog

sich aus, watete ins Wasser, tauchte unter, wollte hinaus-
schwimmen, doch die Ostsee spülte sie immer wieder zurück
an den Strand, wo Lisbeth schließlich zitternd auf dem nassen
Sand liegen blieb und trotz der Kälte nicht das Gefühl für ihren
Körper verlor.

Als Lisbeth wieder in den Bungalow kam, hörte sie Malik und
Eden im Bad. Mit tropfenden Haaren ließ sie sich auf das Sofa
fallen und streifte ihre Turnschuhe von den Füßen. Die Stadt
nahm nun den gesamten Teppich ein.
»Warst du im Wasser?«, fragte Malik. Lisbeth drehte sich um.
Er stand im Türrahmen.
»Wie lange war ich unterwegs?«
»Lang genug, um sich Sorgen zu machen.«
Lisbeth wischte sich über das Gesicht. »Sie hat dir gesagt, dass
sie in mich verliebt ist?«
»Das musste sie nicht.«
»Wie kannst du dir dann so sicher sein?«
Malik lächelte. »Die Art, wie sie über dich gesprochen hat. Ihr
Blick dabei. Selbst in ihren Handbewegungen war es zu er-
kennen.«
Lisbeth atmete aus und ließ sich zurückfallen.

Lisbeth mied das Mannschaftsheim. Auch aus allen anderen Freizeitaktivitäten hielt sie sich heraus. Nachts im Stockbett war der Juckreiz nicht auszuhalten. Nicht nur die Armbeugen kratzte sie sich wund, auch die Innenseite ihrer Oberschenkel, die Brust, den Bauch. Sie schnitt sich die Nägel kurz, trotzdem schafften es ihre Finger, die Hautschichten abzureiben. Auch die Cortison-Creme, die sie auftrug, wenn die anderen schon schliefen, half nicht. Tagsüber achtete sie darauf, dass die Uniform richtig saß, dass ihre Ärmel nicht verrutschten. Ihr Körper kam ihr doppelt so schwer vor. Nicht immer schaffte sie es, beim morgendlichen Laufen mit Florentine Schritt zu halten. Im Unterricht wanderte ihr Blick oft aus dem Fenster. Wenn sie den Raum verließen, erinnerte sie sich an nichts, was gesagt worden war. Ihre Aufzeichnungen wurden immer kryptischer, sie konnte ihre eigene Handschrift nicht mehr lesen. Aber in der Masse der anderen gelang es ihr, damit nicht aufzufallen.

Die Vereidigung stand kurz bevor. Seit Beginn der Grundausbildung vor zwei Monaten hatten Lisbeth und Florentine diesem Tag entgegengefiebert. Jetzt spürte Lisbeth nichts. Am Wochenende davor verfrachtete Florentine sie ins Auto.
»Wir gehen jetzt tanzen«, sagte sie, fuhr viel zu schnell, drehte die Musik laut, lachte und sang. Lisbeth ließ sich anstecken von ihrer guten Laune, stimmte mit ein, kurbelte das Fenster nach unten und hielt den Kopf in den Fahrtwind. In der Diskothek tranken sie ein schnelles Bier im Stehen an den Tresen gelehnt und gingen dann sofort auf die Tanzfläche. Die Stimmung war aufgeheizt. Die Musik hart und schnell. Lisbeth schloss die

Augen und konzentrierte sich nur noch auf die Bewegungen ihres Körpers. Plötzlich rempelte sie jemand an. Eine Gruppe von bulligen Typen hatte angefangen zu pogen. Die anderen Menschen wichen ihnen aus, bildeten einen Kreis, nur noch Lisbeth stand in ihrer Nähe. Sie sah ihre verschwitzten Gesichter, wie sie die Zähne fletschten, die Muskeln unter ihren eng anliegenden T-Shirts. Ohne lange darüber nachzudenken, warf sie sich in ihre Mitte, rammte ihre Schulter gegen ihre Körper, drückte ihr Gewicht in sie hinein, strauchelte, fing sich wieder, sprang erneut. Sie waren ein wogender Mob. Die Musik wurde noch schneller und lauter. Lisbeth schrie mit den Männern, lachte mit ihnen, zeigte ihre eigenen Muskeln. Aber den nächsten Sprung in ihre Mitte kalkulierte sie falsch. Sie stürzte, brachte einen der Typen zu Fall, mit seinem ganzen Gewicht fiel er auf Lisbeth. Heiß und schwer lag er auf ihr. Sie roch seinen Bieratem, versuchte ihn von sich zu schieben, aber kam nicht gegen ihn an. Erst jetzt registrierte er sie richtig, sah ihr ins Gesicht, lachte.

»Ich steh auf, wenn ich das will«, raunzte er und blieb, wo er war. Lisbeth bekam keine Luft, fühlte wieder alles taub werden, wie ihr Körper sie zum zweiten Mal in kurzer Zeit im Stich ließ. Die Musik war weit entfernt. Sie sah in einen grellen Scheinwerfer an der Decke, zwinkerte, schnappte nach Luft. Der Boden unter ihr vibrierte vom Bass. Fremder Schweiß tropfte ihr ins Gesicht. Sie schloss die Augen, verlor sich.

»Sag mal, hast du nicht mehr alle Tassen im Schrank«, Florentine beugte sich über den Typen, packte ihn am Kragen, zog ihn von Lisbeth herunter, schlug ihm ins Gesicht. Er taumelte zurück, seine Freunde mussten ihn auffangen. Entgeistert sahen sie Florentine an, die ihnen, einen Kopf kleiner, mit gereckten Fäusten, gegenüberstand, tänzelnd auf der Stelle, bereit für den nächsten Schlag. Aber bevor sie erneut ausholen konnte, wurde sie von einem Türsteher gepackt, der sich in der Zwischenzeit seinen Weg durch die Menge gebahnt hatte, auch Lisbeth griff er sich. Er zog sie beide über die Tanzfläche, die Treppe nach oben und warf sie auf die Straße.

»Werdet erst mal wieder nüchtern«, rief er kopfschüttelnd und knallte ihnen die Tür vor der Nase zu.

»Wir haben ein Bier getrunken«, brüllte Florentine und trommelte mit den Fäusten gegen das Metall, aber auf der anderen Seite rührte sich nichts. Sie drehte sich zu Lisbeth um. »Alles ok?«, fragte sie. Lisbeth saß noch immer dort, wo der Türsteher sie abgesetzt hatte. Noch nicht einmal den kleinen Finger konnte sie bewegen. Florentine hockte sich neben sie, streckte die Hand nach ihr aus, ließ sie dann aber doch wieder fallen.

»Was für Arschlöcher.« Sie zündete sich zwei Zigaretten an und steckte Lisbeth eine davon zwischen die Lippen.

In Zeitlupe nahm Lisbeth die Zigarette aus dem Mund, hielt sie vor sich, sah dabei zu, wie sich die Glut durch den Tabak fraß. Florentine schaute sie an.

»Was ist?«, fragte Lisbeth. Florentine sagte nichts, rückte ein Stück zur Seite.

»Ich werde nicht immer in deiner Nähe sein.«

»Was?«, fragte Lisbeth und wusste längst, was Florentine ihr sagen wollte.

»Du musst lernen, dich selbst zu beschützen.«

Da waren sie, die Worte, von denen Lisbeth gewusst hatte, dass sie Florentine die ganze Zeit auf der Zunge gelegen hatten.

»Ich habe dich nie darum gebeten«, sagte sie. Ihr gelang es aufzustehen, sich abzuwenden, mit gerecktem Kinn zum Auto zu laufen. Florentine folgte ihr, ließ sie nicht aus den Augen. Gleich bietet sie mir ihren Arm an, will mich stützen, dachte Lisbeth und presste die Zähne aufeinander.

Ohne ein einziges Wort zu sprechen, fuhren sie zurück zur Kaserne.

Am Tag des Gelöbnisses war Lisbeths Körper noch immer ein Brocken Granit. Selbst nachdem sie geduscht hatte und ordentlich frisiert im für diesen Anlass vorgeschriebenen grauen Dienstanzug in der Stube stand, fühlte sie nichts. Die Aufregung der anderen prallte an ihr ab. Florentine tat, als hätte es das Gespräch vor der Diskothek nicht gegeben, verhielt sich wie immer, war aufgekratzt wie die anderen.

»Gleich lernst du meine Großmutter kennen«, sagte sie und drückte ihren Arm. Erst da fiel Lisbeth auf, dass sie ihre Mutter nicht eingeladen hatte.

Mit den anderen sammelten sie sich draußen vor dem Kompaniegebäude. Die Hitze des Tages war bereits jetzt deutlich spürbar.

»Wenn Sie später auf dem Platz das Gefühl haben, umzufallen, geben Sie ein Zeichen und treten zurück. Die Sanitäter kümmern sich dann um Sie«, wurden sie belehrt.

Florentine zog die Augenbrauen hoch und sah Lisbeth an. »Wer umfällt, sollte sich das mit dem Soldatenberuf grundsätzlich noch mal überlegen«, flüsterte sie und lachte.

Lisbeth zog am Ärmel ihrer Jacke, die ein Stück hochgerutscht war, so dass die verschorfte Haut ihres Handgelenks frei lag.

Als die Familienangehörigen kamen, rauchten sie zu zweit etwas abseits. Florentine hob immer wieder den Kopf und hielt nach ihrer Großmutter Ausschau, aber es war Lisbeth, die sie zuerst entdeckte. Die Großmutter trug einen Hosenanzug im selben Farbton wie die Uniform der Rekruten. Durch die Schulterpolster wirkte ihr zierlicher Körper kantig. Ihre Augen waren durch eine dunkle Sonnenbrille verdeckt. Zielstrebig kam sie auf sie zu. In ihren Bewegungen glich sie Florentine. Wie sie den Kopf hielt und den Rücken durchstreckte.

»Du stiehlst ihnen allen die Show«, sagte sie, als sie vor ihnen stand, und strich dabei über die Uniform Florentines, die grinste. »Lisbeth, Siegrid. Siegrid, Lisbeth«, sagte sie.

Siegrid begutachtete Lisbeth von Kopf bis Fuß und streckte ihr dann ihre Hand entgegen. Ihr Griff war fest. Noch immer trug sie die Sonnenbrille. In den Gläsern spiegelte sich Lisbeths Gesicht.

»Sie sehen etwas blass aus«, sagte sie.

Lisbeth versuchte, es mit einem Lächeln abzutun, doch ihr Mund gehorchte ihr nicht.

Ein Bus brachte sie zum Gelöbnis. Er war klimatisiert. Lisbeth lehnte den Kopf gegen das Glas, während Florentine neben ihr unaufhörlich sprach. Sie hörte ihr nicht zu, blickte hinaus. Der Bus passierte eine Ortschaft. Ein Hund lief hinter einem Zaun, stützte sich mit den Vorderpfoten auf das Tor, bellte, doch im Bus war nichts zu hören.

Später auf dem Platz rann ihnen allen der Schweiß die Gesichter hinab. Eine Tribüne war aufgebaut worden. Darauf saßen die Familien und wedelten sich mit den Programmheften Luft zu. Links und rechts des Rednerpults waren üppige Blumengestecke platziert. Die roten Gladiolen leuchteten grell im Sonnenlicht. Lisbeth schaffte es nicht, sich auf die Reden zu konzentrieren. Sie schloss die Augen und stellte sich vor, an der Ostsee zu sein. Langsam ging sie ins Wasser, ging tiefer. Die Schwerkraft zog an ihr. Ihre Beine gaben nach, sie wollte schwimmen, aber ihr Körper gehorchte ihr nicht. Sie ergab sich, kippte nach hinten, spürte, wie Hände sie griffen, schloss die Augen, stürzte ins Schwarz.

Lisbeth kam in einem hell ausgeleuchteten Raum zu sich. Die Wände flackerten vor ihren Augen. Statt ihrer Uniform trug sie ein leichtes Krankenhaushemd. Ihre wunden Arme lagen gut sichtbar auf der Bettdecke. Ein Pfleger kam herein, sprach mit ihr. Nachdem er den Raum verlassen hatte, hatte sie bereits vergessen, worum es gegangen war. Später entfernte man den Infusionsschlauch und sie erhielt ihre Kleidung zurück. Die junge Ärztin fing sie ab, als sie gerade gehen wollte. Warum sie den Truppenarzt nicht über ihre Neurodermitis informiert hatte, wollte sie von Lisbeth wissen, in den Akten habe nichts darüber gestanden.

»Ich wusste nicht, dass es von Relevanz ist.«

»Haben Sie Schmerzen?«, fragte die Ärztin.

Lisbeth zuckte mit den Schultern.

»Stehen Sie unter Stress?«

»Es war heiß. Ich habe zu wenig getrunken.«

Aber die Ärztin ließ nicht locker. »Schlafen Sie schlecht in letzter Zeit? Haben Sie Ihren Appetit verloren?«

»Worauf wollen Sie hinaus?«

Die Ärztin seufzte, notierte etwas auf ihrem Klemmbrett. »Sie scheinen mir aggressiv, leicht reizbar. Ein neuer Schub kann auch immer psychische Ursachen haben, aber das wissen Sie sicherlich.«

Lisbeth merkte, wie ihr Körper wieder taub wurde. Sie dachte an die Hände, die sie auf dem Platz aufgefangen hatten. Wie leicht es ihr plötzlich gefallen war, nachzugeben. Und sie dachte an Florentine, daran, was sie im Bus gesagt hatte. Wieder hatte sie den Hund vor Augen, wie er in sich zusammengesackt war.

Ihre Uniformjacke rutschte ihr aus den Händen.

»Ich will nicht mehr«, sagte sie leise.

»Was haben Sie gesagt?«

»Die Bundeswehr ist nicht der richtige Ort für mich.«

Die Ärztin wirkte nicht überrascht. »Nicht alle sind den Anforderungen hier gewachsen. Es ist gut, sich das einzugestehen«, sagte sie, und Lisbeth spürte, wie sehr sie sich bemühte, dabei verständnisvoll zu klingen.

Die Stube war leer, als Lisbeth sie betrat. Sie hatte alle nötigen Formulare abgegeben. Offiziell war sie schon nicht mehr Rekrutin. Sie atmete aus und beeilte sich, ihre Sachen aus dem Spind zu räumen. Vor dem Stockbett blieb sie stehen. Die Bettdecke von Florentine warf keine einzige Falte. Sie streckte die Hand aus und fuhr über den Stoff. Vor sich sah sie Florentine, wie sie in ihrer Uniform stand und sie ansah, mit diesem veränderten Blick. Kein Zwinkern, nur kalte Herablassung. *Wer umfällt, sollte sich das mit dem Soldatenberuf grundsätzlich noch mal überlegen.*

Lisbeth beeilte sich, ihr Bett abzuziehen. Sand rieselte aus dem Deckenbezug auf den Boden. Sie ließ ihn im Zimmer zurück, schulterte ihre Tasche und lief zum Parkplatz. Sie wollte gerade in das Auto steigen, als sie den Feldwebel sah. Er stand bei seinem Auto, rauchte, blickte sie an, grüßte sie mit einem Nicken. Lisbeth Hand ballte sich um den Griff der Tür. Der Feldwebel hielt ihrem Blick stand, grinste und zwinkerte ihr zu. Lisbeths Körper begann zu zittern. Sie schaffte es gerade so, sich ins Auto zu setzen und die Tür zuzuschlagen. Ihre Bewegungen waren mechanisch. Sie drehte den Schlüssel im Zündschloss. Das Radio sprang an.

Lisbeth fuhr aus der Parklücke. Der Feldwebel hatte sich wieder in sein Handy vertieft. Er blickte nicht auf, während Lisbeth dicht an ihm vorbeifuhr. Ihr kam der Gedanke zu wenden und mit dem Auto auf ihn zuzufahren, direkt auf ihn zuzusteuern. Ihn einfach umzufahren, über ihn zu fahren und ihn dann auf dem Parkplatz zurückzulassen, so, wie er sie in dem lichtdurchfluteten Raum zurückgelassen hatte, aber als sie in den Rückspiegel sah, war er verschwunden.

DRITTER TEIL

TRÄNEN

Ein Krachen ließ Lisbeth hochfahren. Sie war auf dem Sofa eingeschlafen. Benommen setzte sie sich auf. Der Sturm war wieder stärker geworden. Sie erhob sich, trat an die Fensterfront, blickte hinaus. Heftig schlug der Regen gegen das Glas. Am dunklen Himmel rasten die Wolken vorbei. Lisbeth wandte sich ab, lief um die Stadt auf dem Teppichboden herum und setzte sich zurück auf das Sofa. Die Tür zum großen Schlafzimmer stand einen Spalt offen. Malik sang Eden ein Gute-Nacht-Lied vor. Seine weiche, dunkle Stimme vermischte sich mit dem Heulen des Windes. Lisbeth rieb sich die Augen, schaltete den Fernseher an, zappte sich durch das Programm. Auf einem Sender lief eine Dokumentation. Schwarz-Weiß-Aufnahmen der zugefrorenen Ostsee wurden gezeigt. Im Schnee versunkene Strände. Im Eis steckende Schiffe. Eine Sprecherinnenstimme erklärte, dass alles stillgestanden habe, damals in diesem Jahrhundertwinter. Lisbeth versuchte, sich vorzustellen, über Salzwasser zu laufen, das gefroren war. Das Meer einmal gehend zu überqueren. Worin lag der Unterschied zu einer Ebene aus Sand? Draußen hupte ein Auto und riss sie aus ihren Gedanken. Sie hob den Kopf. Das Hupen erklang erneut. Lisbeth beeilte sich aufzustehen, zur Tür zu gehen und sie zu öffnen. Der Wind zog an ihr, peitschte Regen in ihr Gesicht.
In der Einfahrt stand ein Taxi. Der Motor lief noch, die Scheinwerfer leuchteten grell in Lisbeths Richtung. Sie hielt sich die Hand vor die Augen, um nicht geblendet zu werden. Die hintere Tür ging auf. Eine junge Frau mit zerzausten Haaren in einem glitzernden Paillettenoberteil und einer Hose mit Camouflagemuster stieg aus. Blinzelnd stand sie im Licht und sah zum Bungalow. Der immer stärker werdende Regen schien

sie nicht zu stören. Sie trug blinkende Turnschuhe und hatte pink lackierte Nägel.

»Lisbeth?«, fragte das Mädchen und sah sie an. Lisbeth zögerte einen Moment, dann nickte sie. Aus dem Mund des Mädchens war ihr Name ihr fremd vorgekommen.

»Sie muss noch bezahlen«, rief die Taxifahrerin. Sie hatte das Fenster heruntergelassen.

Lisbeth löste sich aus ihrer Starre, holte ihr Portemonnaie von drinnen, ging an dem Mädchen vorbei und beugte sich zur Fahrerin ins Auto.

»Von wo kommen Sie?«, fragte sie.

»Aus Berlin. Sie hat darauf bestanden, dass ich sie die ganze Strecke bis hierherfahre.«

Lisbeth drückte ihr mehrere Scheine in die Hand. »Reicht das?«

Die Taxifahrerin nickte, blickte noch einmal kopfschüttelnd zu dem Mädchen und fuhr dann davon.

Eine Windböe erfasste die Hecke, drückte die Zweige zu Boden. Unbeweglich stand das Mädchen Lisbeth gegenüber.

»Darf ich hereinkommen?«, fragte sie.

In dem Moment erschien Malik in der Tür. Irritiert sah er zu ihnen. Das Mädchen musterte ihn, wie sie zuvor den Bungalow gemustert hatte, aufmerksam und distanziert zugleich.

»Ich erkläre es dir später«, sagte Lisbeth zu Malik und bedeutete dem Mädchen, mit nach drinnen zu kommen. Sie schoben sich an ihm vorbei. Das Mädchen schlüpfte aus ihren nassen Turn-schuhen. Lisbeth holte zwei Handtücher aus dem Bad und reichte ihr eines davon.

»Ich kann dir auch etwas Trockenes zum Anziehen geben«, sagte sie.

»Schon in Ordnung«, sagte das Mädchen und wischte sich mit dem Handtuch über das Gesicht. Im Wohnzimmer blieb das Mädchen unschlüssig in der Mitte stehen und sah sich um.

Ihr Blick blieb an der Stadt auf dem Teppichboden hängen. »So etwas habe ich früher auch immer gebaut«, sagte sie und lächelte.

»Kann mir jetzt mal jemand erklären, was hier los ist?«, fragte Malik.

»Kann ich mich setzen?«, fragte das Mädchen und deutete auf den großen Esstisch.

Lisbeth nickte. Das Mädchen hängte das Handtuch über die Stuhllehne und nahm Platz. Lisbeth setzte sich ihr gegenüber und gab Malik mit einem Kopfnicken zu verstehen, zu ihnen an den Tisch zu kommen. Das Licht der Deckenlampe warf die Blumen, die in der Mitte standen, als Schatten auf das Holz. Lisbeth schob ihre Hände über die Umrisse, veränderte die Form. Das Mädchen zog beide Beine an und schlang die Arme um die Knie.

»Die Kinder haben mir gesagt, dass du nach mir und meinen Freundinnen gefragt hast«, sagte sie und sah Lisbeth aufmerksam an. »Sie haben mir deinen Zettel gegeben.«

»Wo ist sie?«, fragte Lisbeth.

Das Mädchen senkte den Blick. »Ich weiß es nicht genau.«

»Wer?«, fragte Malik.

»Florentine«, sagte Lisbeth.

»Ich habe sie zuletzt vor ein paar Tagen gesehen.«

»Ging es ihr gut?«, fragte Lisbeth.

»Nicht wirklich.«

»Sorry, aber kannst du mir kurz sagen, wer du bist?«, fragte Malik und sah das Mädchen an.

»Chloe«, sagte das Mädchen.

»Sie und ihre Freundinnen haben in dem Apartment neben Florentine gewohnt«, sagte Lisbeth.

»Ihr kennt euch?«, fragte Malik. Lisbeth schüttelte den Kopf.

»Florentine hat sie in Briefen erwähnt.«

»Was hat sie in den Briefen über uns erzählt?«, fragte Chloe.

»Dass sie euch das Schießen beibringen will.« Malik gab ein seltsames Geräusch von sich.

Chloe fuhr sich über die Lippen. »Wir hatten nie wirklich vor, jemanden umzubringen. Für uns war das bloß ein Spiel.« Sie veränderte ihre Position. »Dass es das für Florentine nicht war, haben wir zu spät verstanden. Und dann ist sie verschwunden.«

»Verschwunden wohin?«

»Ich bin mir nicht ganz sicher, aber ich glaube sie ist nach Süddeutschland gefahren.«

»Warum Süddeutschland?«

»Dort wohnt einer, den sie immer nur den Feldwebel genannt hat.«

Lisbeth richtete sich auf.

»Was ist das für ein Feldwebel?«, fragte Malik.

Chloe zuckte mit den Schultern.

»Ich kenne ihn«, sagte Lisbeth.

Chloe beugte sich über den Tisch zu ihr. »Du musst Florentine finden und sie von ihrem Plan abbringen.«

»Ich?«, fragte Lisbeth.

Chloe nickte.

»Aber wo genau wohnt der Feldwebel?«

»Das ist seine Adresse, sagte Chloe und holte einen Zettel aus ihrer Hosentasche. Lisbeth erkannte die Schrift der Kriegerin. Sie griff nach dem Papier, steckte es ein, erhob sich.

»Du willst jetzt sofort los?«, fragte Malik.

»Natürlich.«

»Das ist völlig wahnsinnig bei dem Sturm.«

»Wir wissen endlich, wo Florentine ist, aber ich soll hier noch weiter warten?«

»Ich werde dich auf jeden Fall begleiten«, sagte Malik. »Aber es ist mitten in der Nacht.«

Lisbeth sah Chloe an. »Was denkst du?«

»Er hat recht. Gerade ist wegen des Sturmes kaum ein Durch-
kommen. Wenn wir gleich morgen früh losfahren, werden die
Straßen auf jeden Fall geräumt sein.«
»Du willst auch mitkommen?«, fragte Lisbeth überrascht.
Chloe nickte. Lisbeth ließ sich auf den Stuhl zurücksinken. »In
Ordnung, wir fahren morgen früh.« Malik atmetet erleichtert
aus.

Lisbeth zog für Chloe die Couch aus und holte Decken und
Kissen aus dem Schrank.
»Danke«, sagte Chloe.
Malik hatte sich schon zu Eden gelegt. Lisbeth löschte alle
Lichter, verschwand im kleinen Zimmer und setzte sich dort
auf das Bett. Noch immer fegte der Sturm übers Haus, aber
Lisbeth kam er nicht mehr ganz so stark vor, wie noch bei
Chloes Ankunft. Sie ließ die Leuchtziffern des Weckers auf
dem Nachttisch nicht aus den Augen und wartete. Nach einer
Stunde stand sie auf, nahm ihre Jacke, zog sich eine lange Hose
an und trat aus dem Zimmer. So leise wie möglich schlich sie
durch den Flur und stieg in ihre Schuhe.
Der Regen hatte aufgehört. In der Einfahrt vor dem Bungalow
war eine riesige Pfütze. Schwarz spiegelte sich in ihr die Nacht.
Lisbeth umrundete sie, stieg in das Auto, startete den Motor.
Sie wollte gerade losfahren, als die Tür aufging und Malik he-
rauskam. Er hielt Eden auf dem Arm. Verschlafen drückte Eden
den Kopf gegen seine Brust.
Lisbeth ließ das Fenster hinunter. »Ihr müsst mich fahren
lassen.«
»Du solltest dort nicht alleine hin«, sagte Malik.
»Ich kann nicht bis morgen früh warten.«
»Dann fahren wir jetzt«, sagte Malik, öffnete die hintere Tür,
setzte das Kind auf die Rückbank, schnallte es an, deckte es mit
seiner Jacke zu.

»Ich wecke Chloe.« Er ging zurück zum Bungalow.

»Wohin fahren wir?«, fragte Eden benommen.

»Nur ein Ausflug«, sagte Lisbeth. »Mach die Augen wieder zu. Es wird eine Weile dauern, bis wir da sind.«

Eden murmelte etwas und sank in den Sitz zurück. Malik und Chloe kamen aus dem Bungalow und stiegen ein. Chloe sah aus, als habe sie noch gar nicht geschlafen. Lisbeth gab Gas und lenkte das Auto auf die Straße.

Sie fuhren schweigend. Immer wieder passierten sie entwurzelte Bäume, aber keiner lag auf ihrer Seite der Fahrbahn. Nur einmal versperrte ihnen ein großer Ast die Weiterfahrt. Lisbeth und Chloe stiegen aus und räumten ihn zu Seite. Ihre Hände rochen danach nach Harz. Der Wind wurde langsam schwächer.

Auf der Autobahn waren kaum andere Fahrzeuge unterwegs. Eden und Chloe schliefen. Immer wieder sah Lisbeth nach Malik, in der Erwartung, dass auch ihm die Augen zugefallen waren, doch er schaute genauso unverwandt auf die Straße wie sie selbst. Langsam kam die Dämmerung. Das Land wurde immer hügeliger.

»Warum will sie ihn umbringen?«, fragte Malik.

Lisbeth starrte auf die Straße. Ganz ruhig saß Malik neben ihr. Mehrere Minuten vergingen, in denen keiner etwas sagte. Aber dann begann sie doch zu sprechen, erzählte stockend von dem Tag in der Kaserne, zu Beginn des Frühlings, wie der Feldwebel sie zu Boden gebracht und danach einfach dort zurückgelassen hatte.

Malik hörte ihr nur zu, unterbrach sie nicht.

»Du weißt, dass es nicht deine Schuld war, oder?«, fragte Chloe. Überrascht schaute Lisbeth in den Rückspiegel. Chloe saß jetzt aufrecht und erwiderte ihren Blick.

»Wie meinst du das?«

»Du hast es so erzählt, als könntest du etwas dafür. Als hättest du es verhindern können, wenn du nur stärker gewesen wärst.«

»Ich hätte mich wehren müssen. Ich wollte Soldatin werden.«

»Das spielt keine Rolle«, sagte Malik.

Lisbeth schwieg. Die Sonne war aufgegangen. Ihr Licht flutete das Auto. Lisbeth kam es vor, als glühe der Lack, die Polster, ihre Haut. Malik streckte die Hand nach ihr aus, berührte sie vorsichtig an der Schulter.

»Kannst du es sagen?«

»Was?«

»Dass du keine Schuld hast.«

Lisbeth lachte auf.

»Ich meine es ernst«, sagte Malik.

Lisbeth griff fester nach dem Lenkrad, sagte nichts. Malik seufzte, lehnte den Kopf gegen die Scheibe und schloss die Augen. Chloe schien wieder zu schlafen. Nur das leise Dröhnen des Motors war zu hören.

»Mich trifft keine Schuld«, flüsterte Lisbeth.

Die Siedlung bestand aus fast identischen Häusern. An ihrem Rand wurde bereits weitergebaut. Die neuen Grundstücke waren schon abgesteckt. Neonorangenes Absperrband flatterte im Wind.

»Weißt du noch, welches Haus?«, fragte Lisbeth Chloe, während sie das Auto in Schrittgeschwindigkeit durch die Siedlung lenkte.

Chloe schüttelte den Kopf. »Aber ich erkenne es wieder, wenn ich es sehe.«

Nirgendwo wuchs ein Baum. Die kleinen Rasenflächen waren so streng gepflegt, dass sie künstlich aussahen. Alles wirkte ausgestorben. In der Ferne waren die ersten Ausläufer des Gebirges erkennbar. Schroff schnitten die Bergkämme in den Himmel. Genau wie die Siedlung sahen auch sie aus wie eine Fototapete.

Sie passierten einen künstlich angelegten Teich. Lisbeth war froh, als ein Schwarm Enten vom Geräusch des Autos aufgescheucht wurde und schnatternd davonflog.

»Hier ist es«, sagte Chloe und deutete auf ein Haus, dessen Vorgarten aus schwarzen Steinen bestand, über denen bereits jetzt, früh am Morgen, die Hitze flimmerte. Pflanzen sah Lisbeth keine. Sie ließ den Wagen ausrollen und parkte gegenüber vor einem Spielplatz. Am Haus des Feldwebels waren die Jalousien heruntergelassen. In der zweiten Etage klebten Window-Color-Bilder an den Scheiben.

Weder die Kriegerin noch ihr Motorrad waren zu sehen. Lisbeth ließ das Fenster herunter. Es war gespenstisch still. Das Kind schlief noch immer auf der Rückbank. Sein Kopf war zur Seite gerutscht, das Gesicht friedlich.

»Und jetzt?«, fragte Malik.

»Warten wir«, antwortet Lisbeth.

Lange passierte nichts. Einmal bewegten sich in einem Nachbarhaus die Gardinen, aber ein Mensch war nicht zu sehen.

»Als ich schwanger war, habe ich mir manchmal vorgestellt, dass wir irgendwann in so einem Haus wohnen«, sagte Lisbeth.

»In so einem schrecklichen Fertigbauhaus?«, fragte Malik.

Lisbeth nickte. »Damals kam mir das verheißungsvoll vor.«

»Ich kann mir nicht vorstellen, dass du in einer solchen Siedlung glücklich geworden wärst.«

»Ich habe mir halt gewünscht, eine andere sein zu können.«

Malik nickte. »Ist das noch immer dein Wunsch?«

»Manchmal.«

»Wer wünscht sich das nicht ab und zu«, sagte Chloe.

Lisbeth lächelte, schaute wieder zu dem Haus des Feldwebels. Genau in diesen Moment ging dort die Tür auf. Lisbeth hielt die Luft an. Ein groß gewachsener Mann trat heraus, einen Hund an der Leine.

»Ist er das?«, fragte Malik. Lisbeth kniff die Augen zusammen. Dann nickte sie. »Er lebt noch«, flüsterte sie und war selbst überrascht, dass es sie mit Erleichterung erfüllte. Der Feldwebel öffnete das Gartentor, warf einen Blick in ihre Richtung. Der Hund bellte und zog an der Leine, der Feldwebel lief weiter, verschwand um die nächste Straßenecke.

Lisbeth atmete aus. Plötzlich spürte sie, wie weit sie sich von der Ostsee entfernt hatten. Ihre Beine wurden schwer.

»Wer ist das?«, fragte plötzlich Eden, rieb sich verschlafen die Augen, setzte sich auf und sah Chloe an.

»Das ist Chloe«, sagte Lisbeth.

»Wir wollten mit ihr und dir dort auf den Spielplatz gehen«, sagte Malik und deutete aus dem Fenster.

»Du willst aussteigen?«, fragte Lisbeth.

»Ja, warum nicht. Wenn Florentine hier auftaucht, ist es vielleicht gut, wenn sie uns gleich sieht. Außerdem wirkt es ziemlich seltsam, wenn wir den ganzen Morgen hier in dem Auto hocken, findest du nicht?«

Chloe stimmte ihm zu, öffnete die Tür, stieg aus, streckte sich gähnend. Malik und Eden folgten ihr. Lisbeth versuchte, ihre Hände zu bewegen, aber sie gehorchten ihr nicht. Eden erschien an ihrem Fenster, öffnete die Tür, streckte die Hand aus. »Du brauchst keine Angst haben.«

Lisbeths Körper entspannte sich, ließ sich bewegen. Schnell griff sie Edens Hand und stieg aus.

Aufgeregt zog Eden sie zum Spielplatz, öffnete das Tor und stürzte zum Klettergerüst. Lisbeth stieg mit Eden die Leiter nach oben. Zusammen liefen sie über den Holzsteg. Er mündete in einem Aussichtstürmchen, von dem eine Rutsche abging. Kreischend ließ sich Eden hinabgleiten, landete im Sand, rappelte sich auf. »Jetzt du.«

Lisbeth duckte sich unter dem Balken hindurch, stieß sich ab, rutschte hinunter. Begeistert sprang das Kind auf und ab. »Und jetzt du«, sagte es und griff nach Chloes Hand, die sich mitziehen ließ. Immer wieder kletterten sie und Eden auf das Gerüst und nahmen die Rutsche nach unten. Unauffällig behielt Lisbeth die Straße im Blick. Auch Malik blieb wachsam. Eine junge Frau joggte am Spielplatz vorbei, musterte sie, drehte sich noch mehrmals nach ihnen um. Von irgendwo waren jetzt Kinderrufe zu hören. Lisbeth lehnte sich gegen den Zaun, stellte sich vor, auf der anderen Seite des Gebirges würde sich das Meer befinden. Zwei Autos fuhren langsam die Straße entlang. Die Scheiben getönt. Eden und Chloe waren zur Seilbahn weitergezogen. Ein Hund bellte. Lisbeth fuhr herum. Der Feldwebel lief die Straße entlang, zog den Hund weiter, der nicht aufhören wollte, zu kläffen. Malik trat neben Lisbeth. Der Feldwebel verschwand im Haus. Auf einem anderen Grundstück wurde ein Rasensprenger angestellt und zuckte auf der Wiese. Eine Frau trat aus der Tür und fegte die Einfahrt. Als ein Handy klingelte, konnte Lisbeth das Geräusch nicht zuordnen. Malik deutete auf ihre Tasche.

»Ich glaube, das ist deins.«

Hastig holte Lisbeth es heraus und sah auf das Display. Es war ihre Mutter.

»Hallo«, sagte Lisbeth, drückte das Handy fest an ihr Ohr und entfernte sich ein paar Schritte vom Klettergerüst.

»Bist du auf dem Schiff?«, fragte Rita.

»Nein.«

»Du musst zu mir kommen.«

»Was ist los?«

»Sie ist bei mir.«

Lisbeth blieb stehen. »Wer?«

»Florentine. Heute im Morgengrauen stand sie vor meiner Tür.«

»Bei dir?«

»Komm her, dann erkläre ich es dir.«

»Ich bin ganz im Süden. Das wird eine Weile dauern.«

»Sie wird noch hier sein.«

»Ok.«

»Fahr vorsichtig«, sagte Rita. Sie verabschiedeten sich voneinander. Lisbeth ließ das Handy sinken.

»Wer war das?«, fragte Malik.

»Meine Mutter.«

»Was wollte sie?«

»Florentine ist bei ihr.«

Malik schaute überrascht. »Bei Rita?«

»Sie hat gesagt, sie erklärt es mir, wenn ich da bin.«

Malik zog die Augenbrauen hoch. »Also fahren wir zu ihr?«

Lisbeth fühlte sich benommen. Sie rieb sich über die Stirn, dann nickte sie.

Die kürzeste Strecke führte über die Berge. Das Auto surrte auf der Straße, die sich immer weiter emporschraubte. Links und rechts ragten Felswände empor. Eden drückte das Gesicht an die Scheibe, schaute hinaus. In den Tälern hing der Nebel. Lisbeth schaltete die Heizung an.

»Wir sollten hier einen Zwischenstopp machen«, sagte sie.

Malik sah sie vom Beifahrersitz an. »Bist du müde? Soll ich fahren?«

Lisbeth schüttelte den Kopf. »Wir alle brauchen eine Pause.«

Sie übernachteten in einem Gasthaus, das so nahe am Hang gebaut worden war, dass Lisbeth von ihrem Fenster aus den Stein berühren konnte. Kühl und glatt fühlte er sich an.

Sie aßen im holzvertäfelten Gastraum zu Abend. Das Essen war deftig. Fettig glänzender Schweinebraten. Chloe und Eden bauten auf dem karierten Tischtuch eine Pyramide aus Bierdeckeln, ließen sie einstürzen, errichteten sie erneut. Lisbeth spürte Maliks Blick auf sich ruhen.

»Mir geht es gut«, sagte sie leise, verschob ihr Weinglas.

Früh am nächsten Morgen wurde Lisbeth davon wach, dass der Flur gereinigt wurde. Jemand schob einen dröhnenden Staubsauger an der Zimmertür vorbei. Leise, um die anderen nicht zu wecken, zog sich Lisbeth an und verließ das Zimmer, trat vor das Gasthaus. Die Berghänge lagen im ersten Licht, leuchteten rot. Lisbeth konnte den Blick nicht abwenden, rauchte eine Zigarette, eine zweite, dritte.

»Kann ich auch eine?«

Lisbeth fuhr herum. Chloe war aus dem Gasthaus gekommen,

rieb sich die Augen. Lisbeth reichte ihr die Packung, hielt ihr ihr Feuer hin.

»Danke.«

Sie rauchten schweigend, die Arme verschränkt.

»Warum ist Florentine aus ihrer Wohnung ausgezogen?«, fragte Lisbeth.

Chloe aschte ab.

»Sie hat gesagt: In diesem Krieg darf nichts an mich erinnern.«

Lisbeth verzog den Mund. »Das klingt ganz nach ihr.«

Chloe lachte.

»Und wo hat sie dann gewohnt?«

»Bei uns.«

»Als ich bei euch geklingelt habe, hat mir niemand aufgemacht.«

»Wenn wir schlafen, hören wir nicht, wenn jemand an der Tür ist.«

»Warum sind deine Freundinnen nicht mit zum Bungalow gekommen?«

»Sie wollten die Polizei rufen.«

»Du aber nicht?«

»Was hätten wir denen sagen sollen?«

»Das, was du uns gesagt hast.«

Chloe schnipste ihre Zigarette weg. »Sie hätte es nicht verstanden. Du schienst mir die bessere Wahl. Sie hat ziemlich oft von dir gesprochen, weißt du das?«

Lisbeth schwieg.

»Ich glaube, ich habe das Richtige getan«, sagte Chloe. Aus der Gaststube war jetzt das Klirren von Tellern zu hören.

»Ich gehe mal die anderen wecken.« Sie lächelte Lisbeth an und ging nach drinnen. Für einen Moment stand Lisbeth noch draußen, dann trat sie ihre Zigarette aus und folgte Chloe nach drinnen.

Nach dem Frühstück fuhren sie weiter, passierten den höchsten Punkt, bewegten sich von dort wieder abwärts.

An einem Aussichtspunkt machten sie eine Pause. Sie stiegen aus und vertraten sich die Beine. Unter ihnen erstreckte sich ein Tal, kleine Dörfer, ein Bach. Hinter ihnen erhob sich steil das Gebirge. Eden zog Lisbeth zu der an einem Holzgestell angebrachten Informationstafel. Auf ihnen die Abbildungen versteinerter Muscheln, Korallen, Fische.

»Früher war das ein Ozean. Dann hat sich alles verschoben«, erzählte das Kind und deutete auf die Hänge. Lisbeth sah es sofort vor sich, spürte das Salz, das Wasser.

»Eigentlich war überall schon mal Meer«, sagte Eden.

Lisbeth drückte Edens Hand.

Sie fuhren weiter, ließen das Gebirge hinter sich. Die Landschaft wurde Lisbeth vertrauter. Malik, Chloe und Eden spielten *Ich sehe was, was du nicht siehst*. Lisbeth beschleunigte auf der Autobahn.

Es war bereits früher Nachmittag, als sie den Rand von Jena erreichten. Kinder turnten auf der Straße, wichen dem Auto aus, winkten ihnen nach. Lisbeth hielt das Lenkrad fest umklammert. Das Haus ihrer Mutter tauchte vor ihnen auf.

»Wann warst du das letzte Mal hier?«, fragte Malik.

Lisbeth schluckte. »Kurz bevor ich zur Bundeswehr gegangen bin.«

Damals war der Garten kahl gewesen. Alle Blumen waren am Grab ihres Vaters. Jetzt aber blühten dicht die Hortensien im Vorgarten. Dazwischen Schwertlilien, Malven, Mädesüß, Lupinen, Palmlilien. Sie stiegen aus. Eden griff Maliks Hand. Chloe richtete ihr Paillettenoberteil. Lisbeth öffnete das Gartentor und zu viert liefen sie den Weg zur Eingangstreppe.

Ohne dass sie klingeln mussten, öffnete Rita ihnen die Tür.

»Oma«, rief Eden überrascht und warf sich in ihre Arme. Lisbeths Mutter lachte, erwiderte die Umarmung. »Wie schön, dass ihr mich endlich mal besuchen kommt.«

Lisbeth fuhr sich nervös durchs Haar.

»Komm her«, sagte ihre Mutter und zog sie an sich. Sie roch wie immer. Lisbeth musste für einen Moment ihre Augen schließen. Rita ließ sie wieder los, begrüßte Malik, stellte sich Chloe vor.

»Wo ist Florentine?«, fragte Lisbeth.

»Sie sitzt hinten im Garten. Am besten ihr kommt erst einmal herein.«

Im Wohnzimmer standen alle Fenster offen. Die Sonne schien in den Raum. Rita bat sie, auf dem Sofa Platz zu nehmen. Chloe, Eden und Malik setzten sich. Lisbeth blieb stehen, verlagerte ihr Gewicht erst auf den einen, dann auf den anderen Fuß. Rita hatte umgeräumt, neu gestrichen. Auf der Anrichte standen mehrere Fotos in Rahmen. Lisbeth sah das Gesicht ihres Vaters. Ein Bild von sich selbst als junges Mädchen am Strand. Malik und Eden an einem Zoogehege, wie sie ein Reh fütterten. Die Kriegerin und sie breit grinsend nebeneinander in Uniform. Lisbeth griff nach dem Rahmen.

»Warum ist sie hier bei dir?«, fragte sie und hielt das Bild so, dass sich ihr Gesicht im Glas spiegelte.

Ihre Mutter nahm auf dem Sessel Platz, streckte ihre Beine aus.

»Das ist nicht das erste Mal, dass sie mich besucht.«

Lisbeth drehte sich zu ihr.

»Wir halten schon seit Jahren Kontakt«, sagte Rita.

»Seit Jahren?«

Rita lächelte. »Ein paar Wochen, nachdem du die Grundausbildung abgebrochen hast, stand sie plötzlich vor meiner Tür und hat sich nach dir erkundigt. Ich habe sie reingebeten und wir haben im Garten Kaffee getrunken.«

»Ihr habt zusammen Kaffee getrunken?«

»Sie wollte wissen, wie es dir geht und was du jetzt machst.« Lisbeth stellte das Bild zurück.

»Sie hat mich danach noch öfter besucht«, sagte Rita.

Lisbeth fuhr über die Anrichte, folgte mit dem Finger der Maserung des Holzes.

»Als du dann auf dem Kreuzfahrtschiff gearbeitet hast, war sie diejenige, die mir von dir berichtet hat. Du wolltest ja nicht mehr viel mit mir sprechen.« Rita seufzte.

»Und jetzt ist sie hinten im Garten?«

»Ins Haus wollte sie nicht, also habe ich ihr eine Liege im Garten aufgebaut«, sagte ihre Mutter und deutete zur offen stehenden Terrassentür.

Lisbeth blieb, wo sie war.

»Willst du nicht zu ihr?«, fragte Rita.

»Vielleicht schläft sie.«

»Nun geh schon«, sagte Malik. Lisbeth drehte sich zu ihm um. Aufmunternd sah er sie an.

»Darf ich mitkommen?«, flüsterte Eden.

»Wir gehen später raus«, sagte Malik.

»In der Küche habe ich Kuchen für euch«, sagte Rita, stand auf. Malik und Eden folgten ihr, auch Chloe erhob sich. Bevor sie den Raum verließ, drückte sie Lisbeths Schulter, nickte ihr zu.

»Sie wird sich freuen, dich zu sehen.«

Allein stand Lisbeth im Wohnzimmer. Ihr Körper warf einen Schatten auf den Boden. Langsam näherte sie sich der Terrassentür, blickte hinaus. Ihre Mutter hatte den Garten umgestaltet. Das Gewächshaus war verschwunden. Auch die akkuraten Beete. Stattdessen gab es jetzt verschiedene Stauden um die alten Obstbäume herum. Lisbeth lockerte ihre Schultern und trat nach draußen. Die Luft war schwer vom

Geruch der Blüten. Ein Schwarm Stare flog auf, landete im Kirschbaum. Mit der Hand schirmte Lisbeth die Augen ab. Die Liege stand ganz am Ende des Gartens. Direkt unter dem Magnolienbaum, im Schatten der dichten grünen Blätter.

Langsam stieg Lisbeth die Steinstufen nach unten in den Garten. Keine einzige Wolke war am Himmel zu sehen. Lisbeth lief weiter, erreichte den Magnolienbaum. Florentine saß von ihr abgewandt und hatte den Blick auf das hinter dem Garten liegende Feld gerichtet, auf dem ein Mähdrescher langsam über den Weizen fuhr und eine Staubwolke hinter sich herzog. Wie immer trug sie ihren malvenfarbenen Mantel, nur passte er ihr nicht mehr richtig, schien ihr zwei Nummern zu groß. Lisbeth blieb stehen. Florentine drehte den Kopf. Für eine Weile sahen sie sich nur an. Dann hockte Lisbeth sich neben sie ins Gras. Der Mähdrescher wendete. Die wieder näher kommenden Motorengeräusche vermischten sich mit dem Rauschen von Flügelschlagen.

»Sie sind mir gefolgt«, sagte Florentine und lächelte.

Lisbeth blickte auf. Rosafarbene Vögel ließen sich zu den Staren im Kirschbaum nieder.

»Ich habe ihn nicht umgebracht.«

»Ich weiß. Ich –«, sagte Lisbeth. Weiter kam sie nicht. Ihre Stimme brach. Florentine rutschte von der Liege, griff nach ihr, zog sie an sich, hielt sie fest, flüsterte ihr etwas ins Ohr. Lisbeth begann zu weinen.

Ich danke:

Iris Wolff für das Salz,
dem *Blumenstand* für die Recherchemöglichkeit,
Ingrid Nehls für das Schreibzimmer am Meer,
Lucas Henke für die Haut und das Halten,
Malvine Bukowski für die erste Lektüre,
Luca Manuel Kieser für die letzte Lektüre,
Anvar Čukoski für die Bodenhaftung,
Marina Schwabe für die grundlegenden Fragen und die Namen,
Nick-Julian Lehman für das Ordnen und das Tanzen,
dem *Bund Deutscher EinsatzVeteranen*, insbesondere Klaus
Bretschneider, für die Offenheit,
und allen anderen Soldat:innen für ihre Interviews, Bücher, Berichte,
Videos und Filme.

Die Arbeit an dem Roman wurde durch das Berliner Senatsstipendium, das Künstlerdorf Schöppingen und das Aufenthaltsstipendium *Literarisches Tandem »900 Jahre jung«* der Stadt Freiburg gefördert.

ISBN 978-3-351-05107-5

Blumenbar ist eine Marke der Aufbau Verlage GmbH & Co. KG

2. Auflage 2022
© Aufbau Verlage GmbH & Co. KG, Berlin 2022
© Helene Bukowski, 2022
Satz Greiner & Reichel, Köln
Druck und Binden CPI books GmbH, Leck, Germany
Printed in Germany

www.aufbau-verlage.de
www.blumenbar.de